ABITUR 2013

Prüfungsaufgaben
mit Lösungen

Wirtschaft

Gymnasium
Baden-Württemberg

2008–2012

STARK

ISBN 978-3-8490-0004-2

5. ergänzte Auflage
www.stark-verlag.de

Inhalt

Stichwortverzeichnis

Das Kernfach Wirtschaft – Tipps und Hinweise

1 Ein Blick in den Bildungsplan lohnt sich II

2 GFS – G(leichwertige) F(eststellung von) S(chülerleistungen) II

3 Die schriftliche Abiturprüfung III
3.1 Rahmenbedingungen und Inhalte III
3.2 Verrechnungspunkte III
3.3 Anforderungsbereiche und Operatoren IV
3.4 Einführung in den Umgang mit statistischem Material VII

4 Die mündliche Abiturprüfung (5. Prüfungsfach) IX
4.1 Wirtschaft als freiwillige mündliche Zusatzprüfung X
4.2 Wirtschaft als mündliches Prüfungsfach (Präsentationsprüfung) XI
4.2.1 Themen XI
4.2.2 Die Präsentation XII
4.3 Die Beurteilung der Präsentation XV
4.4 Training XV

Übungsaufgaben zur schriftlichen Abiturprüfung im Fach Wirtschaft

Übungsaufgabe 1
Wirtschaftliches Handeln im Sektor Unternehmen 1

Übungsaufgabe 2
Wirtschaftliches Handeln im Sektor Unternehmen 11

Übungsaufgabe 3
Wirtschaftliches Handeln im Sektor Ausland 19

Übungsaufgabe 4
Wirtschaftliches Handeln im Sektor Ausland 26

Fortsetzung nächste Seite

Schriftliche Abiturprüfungen Wirtschaft

Abiturprüfung 2008
Aufgabe I: Markt und Preise 2008-1
Aufgabe II: Die Zukunft der Sozialen Marktwirtschaft 2008-13

Abiturprüfung 2009
Aufgabe I: Markt und Preise 2009-1
Aufgabe II: Die Zukunft der Sozialen Marktwirtschaft 2009-10

Abiturprüfung 2010
Aufgabe I: Markt und Preise 2010-1
Aufgabe II: Die Zukunft der Sozialen Marktwirtschaft 2010-9

Abiturprüfung 2011
Aufgabe I: Unternehmen im Wirtschaftsgeschehen 2011-1
Aufgabe II: Internationale Wirtschaftsbeziehungen 2011-11

Abiturprüfung 2012
Aufgabe I: Wirtschaftliches Handeln im Sektor Unternehmen 2012-1
Aufgabe II: Wirtschaftliches Handeln im Sektor Ausland 2012-11

Jeweils im Herbst erscheinen die neuen Ausgaben
der Abiturprüfungsaufgaben mit Lösungen.

Autoren:

Yvonne Burghardt (Abituraufaben 2010 II, 2011 II, 2012 II)

Rolf Mattes (Hinweise zur Prüfung)

Christoph Mühlthaler (Abituraufgaben 2008, 2009)

Joachim Traub (Übungsaufgaben 1 bis 3)

Sebastian Völkel (Abituraufaben 2010 I, 2011 I, 2012 I)

Martin Weil (Übungsaufgabe 4)

Stichwortverzeichnis

Aktiengesellschaft 7 f., 10; 2011-9 f.
Allokation 2010-4
Anbieter 17, 35 f.; 2011-5 ff., 9 f., 15
Angebot 16, 34 ff.; 2008-7 ff., 11, 19; 2010-5 f.; 2011-15, 19; 2012-8, 19
Arbeitslosigkeit 6, 25; 2011-20
Arbeitsteilung 2012-16, 18

Bildung 24; 2010-12, 16
Bruttoinlandsprodukt 22

Corporate Social Responsibility (CSR) 2012-10
Crowding-out 2008-19; 2010-16

Deregulierung 2009-8 f.; 2011-14
Dienstleistungssektor 7
Direktinvestitionen 2012-15 ff.
Dreistufenmodell 2010-13

Effekte, externe 2008-3, 10; 2010-4
Einkommen 23, 39; 2010-8, 12 ff.; 2011-9
Emissionshandel 2010-5
Emissionszertifikate 2010-5, 7
Europäische Union 24 f., 38 f.; 2011-16 f.
Existenzgründung 6 f.; 2011-5

Freihandel 23, 37 f.; 2011-15, 17 ff.; 2012-17 f.

Gerechtigkeit
– Bedarfs~ 2007-16; 2009-12
– Chancen~ 2009-12
– Generationen~ 2009-12; 2010-16
– Leistungs~ 2009-12
– Teilhabe~ 2009-14
– Verteilungs~ 2008-10
Gesamtwohlfahrt 33 ff.; 2008-9; 2009-8; 2011-16
Gleichgewichtspreis 2008-7 ff.
Gleichheitsprinzip 2009-12, 14; 2011-15
Globalisierung 22; 2011-14; 2012-10, 15, 19
GmbH 7 f.; 2011-9 f.
Grundeinkommen 2008-15, 21 f.

Haftung 8; 2008-12; 2011-9 f.
Handel, intraindustriell 32; 2012-18
Handelshemmnisse, (nicht)tarifär 24, 38; 2011-14, 19
Haushaltsdefizit 2008-19 f.; 2010-15

Informationsasymmetrie 2010-8
Investition 10; 2010-12, 16; 2011-14, 19; 2012-15

Kapitalgesellschaft 8 f.
Kartell 6
Knappheit 2010-4
Konjunktur 10, 39; 2010-16; 2011-20
Konsumentenrente 34 ff.; 2008-8 f.; 2009-6 ff.; 2011-15
Konsumentensouveränität 17; 2008-11 f.; 2012-9
Kosten, externe 2008-10
Kostenvorteile, komparative 23, 30 f.; 2011-17 ff.; 2012-18

Liberalisierung 22 ff., 38; 2009-4, 8; 2011-14

Liquidation 7
Lizenznehmerrente 33 f.
Lohnnebenkosten 2012-17

Marketing 14 ff.; 2008-11; 2011-8 f.; 2012-5, 7 f.
Markt, vollkommener 2008-6 f.
Marktmacht 2008-11 f.; 2011-18
Marktmechanismus 2008-10
Marktungleichgewicht 6
Marktversagen 2008-10; 2010-4
Marktwirtschaft 2010-12
– freie 2009-4 f., 8 f.
Mindestlohn 2008-13 ff.; 2010-6
Monopol 6; 2009-4, 8 f.

Nachfrage 18, 25, 35 f.; 2008-3 ff., 19 f.; 2010-6; 2011-15, 18 f.
Neuverschuldung 2008-20 f.; 2010-15 f.
Niedriglohnsektor 2008-13 ff., 22; 2011-20

Opportunitätskosten 30 f.; 2010-16; 2011-17

Portfolio-Analyse 2012-5 f.
Preisbildung 2010-5; 2011-8 f.
Preiselastizität 2008-5
Preis-Mengen-Diagramm 33; 2008-19; 2009-6 f.; 2010-5; 2011-15
Produktivität 30, 38 f.; 2008-17, 22; 2010-16; 2011-17 ff.; 2012-17 f.
Produktlebenszyklus 15, 17; 2011-7 f.; 2012-5, 18
Produzentenrente 34 ff.; 2008-9; 2009-6 ff.; 2011-15
Protektionismus 25, 37 ff.; 2011-18 ff.

Rezession 2010-16

Schuldendienst 2010-15
Sozialleistungen 2009-14; 2010-15
Sozialstaat 6
Staatsverschuldung 2008-20; 2009-15 f.; 2010-15 f.; 2012-19
Stakeholder 2012-10
Standortfaktoren 17; 2012-10, 18 f.
Standortverlagerung 17 f., 38; 2008-22
Steuer 10, 17, 38; 2009-5, 8; 2010-5 ff., 12 ff.; 2011-15; 2012-10, 17, 19
Steuern, direkte und indirekte 2009-12 ff.; 2010-15
Steuerprogression 2010-14
Substitute 2008-5
Subvention 6, 10, 24 f., 37, 39; 2008-7 ff., 20; 2009-14; 2010-8; 2011-18, 20

Tertiärisierung 7
Transferleistungen 2009-14; 2010-15
Triade(nhandel) 22, 32

Unternehmensziele 10, 14; 2012-7, 9
Unternehmerpersönlichkeit 6; 2011-5

Welthandel 22, 25, 32, 37 f.; 2011-14, 16 f.; 2012-15, 18
Wettbewerb 6, 10, 17, 24, 37 ff.; 2008-3 f., 6, 10 ff., 14; 2009-3 f., 8 f.; 2010-6; 2011-19 f.; 2012-4 f., 16 f.

Das Kernfach Wirtschaft – Tipps und Hinweise

Liebe Schülerinnen und Schüler,

wir freuen uns über Ihre Entscheidung für das Kernfach Wirtschaft, da wir meinen, dass es als vierstündiges Kernfach interessant und attraktiv ist – unter anderem, weil es sich mit einem der herausragend wichtigen Lebensbereiche eines jeden Einzelnen beschäftigt.

Sie können in diesem Kurs vieles für wirtschaftswissenschaftliche Studiengänge, für eine Menge anderer Studiengänge und auch für das Leben außerhalb der Bildungsinstitutionen lernen – wir bekommen inzwischen Rückmeldungen von Schülern der ersten Abiturjahrgänge in diesem Fach, die sich bei Bewerbungsverfahren mithilfe ihrer in Wirtschaft erworbenen Kompetenzen erfolgreich durchsetzen konnten. Um im Kernfach Wirtschaft gute Semester- und Abiturergebnisse zu erzielen, ist es nach unseren Erfahrungen und denen unserer Schülerinnen und Schüler besonders hilfreich,

- wenn Sie mit Freude und Interesse viele Medien nutzen: Presse, Fachlektüre, Funk und Fernsehen und das Internet. Insbesondere die regelmäßige Nutzung von Tages- und Wochenzeitungen ist schon fast so etwas wie „die halbe Miete“, da Sie sich auf diese Weise quasi „automatisch“ wesentliche Teile des Fachwissens auf dem aktuellen Stand aneignen;
- wenn Sie sich neben Wirtschaft für Politik, Gesellschaft und Recht interessieren;
- wenn Sie eine Aufgabenstellung schnell und präzise erfassen und rasch eine gut gegliederte Stichwortsammlung als Konzept entwerfen können;
- wenn Sie zügig auch umfangreichere Lösungen zu Papier bringen können;
- wenn Sie mit Modellen arbeiten können;
- wenn Sie gerne mit statistischem Material umgehen;
- wenn Sie einfachere mathematische Berechnungen durchführen können.

Darüber hinaus hat Wirtschaft im Unterschied zu manch anderem Fach den Charme eines gewissen Neuanfangs. Dennoch ist es natürlich sehr vorteilhaft, wenn Sie sich ein gutes Stück „Durchblick“ aus den vorangegangenen Jahren Wirtschaftsunterricht bewahren konnten (wenn es Ihnen möglich ist: Behalten Sie Ihre alten Gemeinschaftskunde-/Wirtschaftsbücher und -ordner bzw. -hefte!). Denn Sie begegnen auch bereits Bekanntem auf einem höheren Anspruchsniveau wieder.

Dieses Buch hilft Ihnen dabei, sich anhand von Übungs- bzw. der Abituraufgaben der letzten Jahre zielgerichtet auf Klausuren und auf die schriftliche Abiturprüfung im Kernfach Wirtschaft vorzubereiten. Die nachfolgenden Hinweise und Tipps sollen Sie zusätzlich bei Ihrer optimalen Vorbereitung auf Klausuren und das Abitur unterstützen. Sollten nach Erscheinen dieses Bandes noch entscheidende Änderungen in der Abitur-Prüfung 2013 vom Kultusministerium bekannt gegeben werden, finden Sie aktuelle Informationen dazu im Internet unter:
www.stark-verlag.de/info.asp?zentrale-pruefung-aktuell

Liebe Schülerinnen und Schüler, wir wünschen Ihnen Freude und Interesse im und am Wirtschaftsunterricht und viel Erfolg bei Ihrer Abiturprüfung!

1 Ein Blick in den Bildungsplan lohnt sich

Im Bildungsplan 2004 finden Sie die Themen, die für Sie wegen der Schwerpunktthemen für das schriftliche Abitur 2013 von höchster Bedeutung sind. Aber auch für die GFS und die mündlichen Prüfungen ist es wichtig, dass Sie diese Themen kennen und wissen, über welche Kompetenzen Sie verfügen sollten.
So werden z. B. in der Lehrplaneinheit 1 folgende Kompetenzen eingefordert:

„Die Schülerinnen und Schüler können […]
- den Wirtschaftskreislauf in seinen Interdependenzen darstellen […];
- Leistungen und Grenzen der Preisbildung (Marktversagen) auf freien Märkten erläutern […]".

Eine Kopie des Bildungsplans haben Sie vermutlich schon von Ihrem Kursleiter erhalten, vielleicht sogar auch eine Kopie der Standards. Sie können beide auch über den Landesbildungsserver (http://www.schule-bw.de/entwicklung/bistand) herunterladen.

2 GFS – G(leichwertige) F(eststellung von) S(chülerleistungen)

Sie müssen in mindestens drei Fächern Ihrer Wahl üblicherweise im Laufe der ersten drei Semester je eine GFS leisten. Wenn Sie Wirtschaft als mündliches Prüfungsfach (siehe 4.2) wählen wollen, sollten Sie die Chance wahrnehmen, mittels einer GFS im Kernfach Wirtschaft schon für die mündliche Prüfung zu „trainieren".
Hierbei ist es hilfreich, ein GFS-Thema dem aktuellen Bildungsplan zu entnehmen. So wäre z. B. ein denkbares GFS-Thema aus der Lehrplaneinheit 2 „Wirtschaftliches Handeln im Sektor Unternehmen" zum Unterpunkt „Bedeutung grundsätzlicher Marketingentscheidungen […] für den Erfolg eines Unternehmens": „Bio – ein erfolgreiches Absatzinstrument?". Dabei ist es wichtig, dass diese GFS sich an den Vorschriften zum mündlichen Prüfungsfach ausrichtet.

3 Die schriftliche Abiturprüfung

3.1 Rahmenbedingungen und Inhalte

Im Abitur müssen Sie sich in den drei Kernfächern Deutsch/Fremdsprache/Mathematik schriftlich prüfen lassen. Dazu müssen Sie noch ein viertes schriftliches Prüfungsfach aus Ihren weiteren vierstündigen Kernfächern wählen, in unserem Fall also Wirtschaft.
Sie bekommen in Wirtschaft zwei Aufgaben. Jede bezieht sich auf jeweils eines der folgenden derzeitigen Schwerpunktthemen des Schnittmengenlehrplans:
– **I:** Lehrplaneinheit 2: Wirtschaftliches Handeln im Sektor Unternehmen
– **II:** Lehrplaneinheit 4: Wirtschaftliches Handeln im Sektor Ausland.

„Schwerpunktthema" bedeutet nicht, dass Ihre Kompetenzen in ausschließlich dieser Lehrplaneinheit überprüft werden, sondern die Aufgaben können auch Aspekte anderer Lehrplaneinheiten einbeziehen. Sie wählen eine dieser Aufgaben aus und haben, einschließlich Auswahlzeit, dafür **270 Minuten** zur Verfügung.

Als **Hilfsmittel** sind ein grafikfähiger Taschenrechner, eine unkommentierte Ausgabe des Grundgesetzes und ein Nachschlagewerk zur deutschen Rechtschreibung und Zeichensetzung zugelassen.

Wichtig zu wissen ist für Sie noch, dass zu den Aufgaben zum Überprüfen der Fachkompetenz auch Aufgaben aus dem Bereich der Methodenkompetenz dazukommen. Von großer Bedeutung ist dabei sowohl die Arbeit mit Texten als auch die Auswertung von statistischem Material, also Tabellen und Grafiken. Unter 3.4 bieten wir Ihnen in diesem Kapitel eine Einführung in den Umgang mit statistischem Material in der schriftlichen Abiturprüfung an. Auch die mögliche Auswertung von Bildquellen (z. B. Karikaturen) oder Karten wird in der Vorschrift genannt.

3.2 Verrechnungspunkte

Eine Prüfungsaufgabe im Abitur hat, auf etwa fünf bis sieben Teilaufgaben verteilt, 60 Verrechnungspunkte (VP). In der Regel stehen diese Teilaufgaben in einem thematischen Zusammenhang. Die Verrechnungspunktezahl beträgt üblicherweise etwa zwischen sechs und zwölf Verrechnungspunkten pro Teilaufgabe. Daraus können Sie auf den Arbeits-/Schreibumfang und das Anforderungsniveau schließen. Das Nachzählen in als „sehr gut" bewerteten Klausuren hat ergeben, dass ca. ein bis (häufiger) zwei Sätze mittlerer Länge pro Verrechnungspunkt eine gute Richtschnur dafür abgeben, wie umfangreich Sie schreiben sollen, wenn es sich um eine Textlösung handelt. Gegebenenfalls überschreiten wir diesen Umfang im vorliegenden Buch, da die Aufgaben teilweise so offen gestellt sind, dass die Breite der Antwortmöglichkeiten einen umfangreicheren Lösungsvorschlag erfordert.

3.3 Anforderungsbereiche und Operatoren

Die Anforderungsbereiche in der schriftlichen Prüfung reichen von der Wiedergabe von Wissen (**Reproduktion**) über die vertiefende Bearbeitung und das angemessene Anwenden gelernter Inhalte und Methoden auf andere Sachverhalte (**Reorganisation und Transfer**) bis zur **Reflexion und Problemlösung**. Um Ihnen Sicherheit zu geben, was in einer Teilaufgabe von Ihnen erwartet wird, finden Sie in jeder Teilaufgabe eine Arbeitsanweisung, die als Aufforderung formuliert ist – einen sogenannten **Operator**. Ihr Kursleiter sollte im Besitz eines Papiers mit dem Titel: „Basisoperatorenkatalog in den gesellschaftswissenschaftlichen Fächern in Baden-Württemberg" sein. Bitten Sie ihn, dass Ihr ganzer Kurs eine Kopie des Papiers erhält. Dort finden Sie alle **Operatoren** mit Erklärung der Arbeitsanweisung. Den wesentlichen Teil dieses Papiers finden Sie auch hier im Anschluss abgedruckt. Die meisten Kursleiter lassen ihre Schüler den Operatorenkatalog während der Kursklausuren zum Nachlesen der Definitionen nutzen.

Wir möchten Sie hier auf einige uns besonders wichtig erscheinende Aspekte hinweisen: Die Operatoren wie „beschreiben", „darstellen", „vergleichen" oder „beurteilen" verlangen, dass Sie in einer durchgehend formulierten Antwort die Aufgabe lösen. Empfehlenswert ist der klassische Aufbau mit Einleitungssatz, in Absätze gegliedertem Hauptteil und Schlusssatz. Vermeiden Sie „Stichwortbrocken" hinter Pfeilen oder in Klammern ebenso wie unverbundene Auflistungen hinter Spiegelstrichen bei diesen Operatoren. Spiegelstriche erlaubt nur der Operator „nennen". Ganz wichtig ist auch, dass Sie in der ganzen Klausur die Fachsprache und -begriffe sicher anwenden. Last but not least: Achten Sie auf eine saubere Darstellung und auf die Sprachrichtigkeit, sonst müssen ein bis zwei Notenpunkte abgezogen werden. Es lohnt sich also für Sie, sauber zu schreiben und mindestens zehn Minuten zum Korrekturlesen einzuplanen!

Die Operatoren verteilen sich auf drei unterschiedliche, im Schwierigkeitsgrad ansteigende **Anforderungsbereiche**. Im Bereich I „Reproduktion" müssen Sie Gelerntes wiedergeben. Der Bereich II „Reorganisation und Transfer" verlangt, dass Sie selbstständig erklären, bearbeiten, ordnen und auf andere Sachverhalte übertragen können. Im Bereich III „Reflexion und Problemlösung" müssen Sie mit neuen Problemstellungen umgehen, einen Sachverhalt selbstständig erörtern und Ihre eigene Urteilsbildung reflektieren.

Die folgende Liste umfasst den „Basisoperatorenkatalog in den gesellschaftswissenschaftlichen Fächern in Baden-Württemberg" und verweist jeweils auf eine Aufgabe in diesem Buch, die den entsprechenden Operator enthält. Dabei bedeutet z. B. der Zusatz 09/I/5a, dass das Beispiel aus den Abiturprüfungsaufgaben des Jahres 2009 stammt. Man findet es dort unter Aufgabe I, Teilaufgabe 5a.

Anforderungsbereich I

nennen	Entweder Informationen aus vorgegebenem Material entnehmen oder Kenntnisse ohne Materialvorgabe anführen.	Ü1/1a
herausarbeiten	Informationen und Sachverhalte unter bestimmten Gesichtspunkten aus vorgegebenem Material entnehmen und wiedergeben und/oder gegebenenfalls berechnen.	08/II/2a
beschreiben	Wesentliche Informationen aus vorgegebenem Material oder aus Kenntnissen zusammenhängend und schlüssig wiedergeben.	09/I/1
charakterisieren	Sachverhalte und Vorgänge mit ihren typischen Merkmalen beschreiben und in ihren Grundzügen bestimmen.	Ü3/1b

Anforderungsbereich II

erstellen	Sachverhalte inhaltlich und methodisch angemessen grafisch darstellen und mit fachsprachlichen Begriffen beschriften (z. B. Fließschema, Diagramm, Mind Map, Wirkungsgefüge).	09/I/5a
darstellen	Strukturen und Zusammenhänge beschreiben und verdeutlichen.	10/I/2
analysieren	Materialien und Sachverhalte systematisch und gezielt untersuchen und auswerten.	Ü4/2
ein-, zuordnen	Sachverhalte, Vorgänge begründet in einen vorgegebenen Zusammenhang stellen.	11/I/4
begründen	Komplexe Grundgedanken argumentativ schlüssig entwickeln und im Zusammenhang darstellen.	Ü2/3
erklären	Informationen durch eigenes Wissen und eigene Einsichten begründet in einen Zusammenhang stellen (z. B. Theorie, Modell, Gesetz, Regel).	11/I/5
erläutern	Sachverhalte im Zusammenhang beschreiben und anschaulich mit Beispielen oder Belegen erklären.	Ü4/3c
vergleichen	Gemeinsamkeiten und Unterschiede gewichtend einander gegenüberstellen und ein Ergebnis formulieren.	10/II/3

Anforderungsbereich III

überprüfen	Vorgegebene Aussagen bzw. Behauptungen an konkreten Sachverhalten und innerer Stimmigkeit messen.	08/I/3
beurteilen	Aussagen, Behauptungen, Vorschläge oder Maßnahmen im Zusammenhang auf ihre Stichhaltigkeit bzw. Angemessenheit prüfen und dabei die angewandten Kriterien nennen.	10/I/5
bewerten	Aussagen, Behauptungen, Vorschläge oder Maßnahmen beurteilen, eine persönliche Stellungnahme abgeben und dabei die eigenen Wertmaßstäbe offenlegen.	12/I/6
erörtern	Zu einer vorgegebenen Problemstellung durch Abwägen von Für- und Wider-Argumenten ein begründetes Urteil fällen.	11/I/7
gestalten	Sich produkt-, rollen- bzw. adressatenorientiert mit einem Problem durch Entwerfen z. B. von Reden, Streitgesprächen, Strategien, Beratungsskizzen, Szenarien oder Modellen auseinandersetzen.	12/I/4

Zu einigen Operatoren möchten wir noch weitere Hinweise geben bzw. sind von der Abituraufgabenkommission Präzisierungen zu den derzeitigen Anforderungen vorgenommen worden.

Zu „**Herausarbeiten**": Bezieht sich die Aufgabe auf ein Textmaterial, müssen Sie in der Regel unter einem bestimmten Gesichtspunkt Textteile **strukturiert** wiedergeben – also nicht den gesamten Text bzw. nicht die einfache Textabfolge. In der Einleitung zur Lösung sollen Autor, Titel, Erscheinungsort und -zeit, die Hauptthese und das Thema genannt bzw. formuliert werden. Bei wörtlichem Zitieren [„…" (Z. 5 f.)] und bei indirektem Zitieren (vgl. Z. 8 ff.) müssen Sie die Zitierregeln beachten. Beziehen Sie sich in einem Satz nicht direkt auf den Autor (z. B. *Nach Meinung des Autors …*), geben aber eines seiner Argumente wieder, müssen Sie den Konjunktiv verwenden. Diese Zitierregeln gelten natürlich auch bei anderen Aufgabentypen, wenn Sie sich auf ein Textmaterial beziehen möchten.
Müssen Sie etwas **rechnerisch** herausarbeiten, wird von Ihnen die Kompetenz des sogenannten „bürgerlichen Rechnens" (Grundrechenarten, Prozentrechnen, Anwendung bekannter Formeln wie z. B. der zur Berechnung der Preiselastizität) verlangt. Dabei und bei Aufgaben zu statistischem Material hilft Ihnen ggf. der als Hilfsmittel zugelassene Taschenrechner.

Zu „**Erstellen**": Hier müssen Sie in der Regel ein Preis-Mengen-Diagramm erstellen, oft verbunden mit „**Erklären**".

Zu „**Analysieren**“: Dieser Operator eignet sich besonders mit Bezug auf statistisches Material. Bei dieser Aufgabenstellung sollten Sie zunächst die Fundstelle/Quelle und das Thema benennen. Danach sollten Sie knapp den formalen Aufbau beschreiben. Die gezielte und systematische Untersuchung des Inhalts geht weit über eine beschreibende Wiedergabe hinaus und sollte den Hauptteil Ihrer Lösung ausmachen. Im abschließenden Teil Ihrer Lösung sollten Sie – soweit möglich – Ergebnisse der inhaltlichen Untersuchung interpretativ begründen oder erklären sowie ein zusammenfassendes Ergebnis formulieren. Lesen Sie sich zu diesem Aufgabentyp auch unsere Ausführungen zum Umgang mit statistischem Material unter 3.4 durch.

Zu „**Gestalten**“: Dabei geht es darum, dass Sie einen Kommentar oder einen Leserbrief schreiben oder eine Strategie entwerfen müssen – was natürlich wie auch die anderen Kompetenzen ausreichend im Unterricht eingeübt werden muss. Eine Strategie umfasst normalerweise einen komplexen Sachverhalt. Im Rahmen einer Wirtschaftsklausur muss sie aber auf einen klar definierten und begrenzten Problembereich beschränkt werden, z. B. beim Schwerpunktthema „Wirtschaftliches Handeln im Sektor Unternehmen“ im Bereich „Marketing“. Mögliche allgemeine Bestandteile einer Strategiegestaltung sind die Problembeschreibung und die Analyse mit einem Soll-Ist-Vergleich. Daraus folgt die Zielsetzung und Formulierung der Strategie. Den Abschluss bildet eine Zusammenfassung.

Zu „**Beurteilen**“ und „**Bewerten**“: Die besondere Schwierigkeit bei diesen Operatoren liegt darin, dass Sie – insofern nicht schon in der Aufgabenstellung angegeben – **Beurteilungskriterien** bzw. **Wertmaßstäbe finden und nennen müssen**. Ein allgemeines Kriterium wäre z. B. das der **Effizienz**, mittels dessen sich Gesichtspunkte wie Realisierbarkeit, Kosten und Nutzen, bürokratischer Aufwand oder Folgen und Nebenwirkungen ergeben. Ein anderes allgemeines Kriterium kann **Legitimität** sein – mit Gesichtspunkten wie Werten, Normen und Regelungen des Grundgesetzes (das Ihnen beim Abitur und bei den Kursklausuren zur Verfügung steht), Berücksichtigung eines breiten Interessenspektrums, Partizipation, Akzeptanz, Transparenz und demokratische Legitimation der Entscheider.

Für die Auswertung von **Karikaturen** bieten sich die Operatoren „Erläutern“, „Erklären“, „Erörtern“, „Beurteilen“ und „Bewerten“ mehr als andere an. Eine typische Aufgabenstellung könnte beispielsweise lauten: „Erklären Sie ausgehend von der Karikatur das dargestellte Problem wirtschaftlicher Subventionen“. Bitte beachten Sie, dass Sie dann zunächst wie bei einem Textmaterial in einem einleitenden Satz Autor, Daten und Thema nennen müssen. Anschließend müssen Sie die Karikatur kurz beschreiben, bevor Sie sich dem Hauptteil der Aufgabe widmen.

3.4 Einführung in den Umgang mit statistischem Material

Im Abitur besteht die hohe Wahrscheinlichkeit, dass Sie in einer oder beiden Abituraufgaben in Wirtschaft neben Textmaterial auch Tabellen und/oder Grafiken vorfinden, auf die sich eine oder mehrere Aufgabenstellungen beziehen können.

Wie können Sie solche Aufgaben Erfolg versprechend anpacken? Viele Schulbücher legen Ihnen die Auswertung in mehreren Schritten nahe. Dabei wird häufig jeder Schritt mit einigen Leitfragen konkretisiert, sodass Sie sich an einem „Gerüst“ entlanghangeln können und nichts Wesentliches außer Acht lassen. Wir empfehlen Ihnen ganz generell ein **Vorgehen in drei Schritten**, das allerdings nicht bei allen Operatoren oder aber nicht immer ausführlich angewandt werden muss. Das nachstehende Schema soll Ihnen diesen Zusammenhang verdeutlichen:

Zur Form **Zum Inhalt**

Mögliche korrespondierende Operatoren

Anforderungsbereich I: Reproduktion
nennen, beschreiben, charakterisieren, herausarbeiten

Anforderungsbereich II: Reorganisations- und Transferleistungen
analysieren, darstellen, ein- od. zuordnen, begründen, erklären, erläutern, vergleichen, erstellen

Zur Aussageabsicht, Interpretation und Kritik

Mögliche korrespondierende Operatoren

Anforderungsbereich III: Reflexion und Problemlösung
überprüfen, erörtern, beurteilen, bewerten, gestalten

Bei den **drei Schritten** können folgende Leitfragen hilfreich sein (die aber nicht in jedem Fall „passen“):

Zur Form

1. Welches sind Thema/Erhebungsgegenstand und Zweck (Überschrift, Begleittext) der Tabelle/Grafik?
2. Was ist der Erhebungsraum und Erhebungszeitraum (Momentaufnahme, Entwicklung, Prognose)?
3. Wie und durch wen wurden die Werte ermittelt?
4. Wer hat die Statistik verfasst (verfassen lassen)?
5. Auf welchen Quellen beruht die Tabelle/Grafik?
6. Welche Darstellungsform wurde gewählt (Tabelle, Kurven-/Linien-, Säulen-/Balken-, Kreis-, Flächen-, Block- und Figuren-Diagramm)?

7. Was sind die Bezugsgrößen: Zahlenarten (absolute Zahlen, Prozentzahlen, Indexzahlen), Zahlenwerte (gerundet, geschätzt, vorläufig), Maßeinheiten und Intervalle?
8. Welche Kategorien werden zueinander in Beziehung gesetzt (z. B. bei Tabellen in Kopfzeile, Spalten und Vorspalten)?
9. Wie ist die grafische Gestaltung: Symbole, Farben, (Hintergrund-)Bilder?

Zum Inhalt

1. Welche Hauptaussagen lassen sich formulieren (Trends, Tendenzen)?
2. Welche Teilaussagen in Bezug auf Einzelaspekte lassen sich machen (Minima, Maxima, Zunahme, Abnahme, Stagnation, Zahlensprünge, Anomalien, Gleichmäßigkeiten und regelhafte Verläufe, unterschiedliche Phasen, Wechselbeziehungen zwischen verschiedenen Variablen/Merkmalen ...)?

Ganz allgemein sollten Sie darauf achten, dass eine bloße Verbalisierung der Daten nicht Erfolg versprechend ist, sondern das Signifikante herausgearbeitet werden muss. Bitte achten Sie auch darauf, dass Sie Entwicklungen bei Prozentangaben in der Regel als Änderung in **Prozentpunkten** angeben müssen.

Zur Aussageabsicht, Interpretation und Kritik

1. Welche Antwort gibt die Tabelle/Grafik auf die Fragestellung? Zu welchen Teilbereichen lassen sich keine Aussagen treffen?
2. Welche Aussagen, Empfehlungen oder Handlungen werden durch die Statistik/Grafik nahegelegt?
3. Welche neuen Fragen werden durch die Informationen der Tabelle/Grafik aufgeworfen?
4. Was sind mögliche Ursachen für die der Tabelle/Grafik entnommenen Sachverhalte?
5. Beurteilung der Aussagekraft der Tabelle/Grafik:
   - Sind die Daten repräsentativ und korrekt?
   - Ist die Darstellungsform angemessen?
   - Gibt es Unklarheiten in Bezug auf die Daten, Bezugsgrößen, Quellen ...?
   - Fehlen Informationen im Schaubild?
   - Besteht Verdacht auf Interessengebundenheit/Manipulation? (Datenauswahl, Auftraggeber, grafische Darstellung ...)

4 Die mündliche Abiturprüfung (5. Prüfungsfach)

Sie **müssen eine** mündliche Prüfung im Abitur ablegen, falls Sie keine besondere Lernleistung wie z. B. einen Seminarkurs abrechnen. Sie **können freiwillig** eine mündliche Zusatzprüfung in den vier schriftlichen Prüfungsfächern ablegen. Tipps zum Erfolg in mündlichen Prüfungen finden Sie unter www.schule-der-rhetorik.de (auf einen der Buttons auf der linken Seite klicken, dann erscheint unten der Link „Materialien“).

4.1 Wirtschaft als freiwillige mündliche Zusatzprüfung

Wirtschaft können Sie logischerweise nur als freiwillige mündliche Zusatzprüfung wählen, wenn es Ihr viertes schriftliches Prüfungsfach ist. Sie entscheiden spätestens einen Tag nach Bekanntgabe der schriftlichen Prüfungsergebnisse (ca. eine Woche vor dem mündlichen Prüfungszeitraum), ob Sie sich in Wirtschaft zusätzlich mündlich prüfen lassen wollen. Diese Entscheidung sollten Sie aber erst nach intensiver Beratung durch Ihre Oberstufenberater treffen. Sie sollten dann bis zum Prüfungstag die Tagespresse und die Nachrichtensendungen verfolgen – oft lässt sich von Lehrer- oder Prüflingsseite der aktuellste Stand zu einem Problem einbauen. Ihr Kursleiter legt dem von einer anderen Schule kommenden Leiter des Fachausschusses mehrere Aufgabenvorschläge vor, wovon dieser einen Vorschlag für Sie auswählt. Die Aufgabenvorschläge können den Inhalten der Lehrplaneinheiten aller vier Semester entnommen sein.

Am Prüfungstag haben Sie vor der Prüfung 20 Minuten **Vorbereitungszeit**. Sie erhalten die Aufgabe meist mit einer bis drei Leitfragen, von denen sich eine, manchmal auch zwei auf ein Material beziehen. Das ist meist ein Text, manchmal aber auch eine Tabelle, eine Karikatur, eine Grafik oder eine Mischung daraus. Sie bereiten einen etwa zehnminütigen Kurzvortrag zu den Leitfragen vor. Am besten ist es, zentrale Aspekte nicht nur auf dem Materialblatt farbig zu markieren, sondern auf Konzeptblättern eine übersichtlich gegliederte Stichwortsammlung für jede Leitfrage zu erstellen. Nachdem Sie Ihren Kurzvortrag noch einmal überdacht haben, sollten Sie möglichst noch drei bis vier Minuten im Material und in Ihrer Vortragsübersicht nach möglichen Anknüpfungspunkten zu weiteren Lehrplaneinheiten suchen, denn eine Prüfung weiterer, inhaltlich möglichst zusammenhängender Lehrplaneinheiten wird in der Vorschrift ausdrücklich verlangt.
In den Handreichungen zur Zusatzprüfung wird als Material auch das Grundgesetz aufgeführt. Das heißt, dass für Sie neben dem anderen Material auch ein Grundgesetz im Vorbereitungsraum bereitliegen sollte/kann. Bitte sprechen Sie das bei Ihrem Kursleiter an. Oft ist es hilfreich, wenn Sie in der Vorbereitungszeit noch einen Blick auf einen „passenden" Grundgesetzartikel werfen können.

Im **Prüfungsraum** werden Sie in der Regel eingeladen, sich zu setzen, sodass Sie Ihr Materialblatt und Ihre Stichwortblätter auf dem Tisch gut vor sich unterbringen können. Falls Sie Ihren Kurzvortrag im Stehen halten möchten, bitten Sie den Fachausschussleiter darum. Zu Beginn der Prüfung werden Sie eventuell gefragt, ob Sie ein Verständnisproblem (z. B. ein ungewöhnliches Fremdwort) hatten. Nach solch einer Klärung können Sie mit Ihrem Kurzvortrag zu den Leitfragen beginnen. Dabei empfiehlt es sich wie bei den Teilaufgaben in der schriftlichen Prüfung, die klassische Struktur mit Einleitung, Hauptteil und Schlusssatz zu wählen.

In der **Einleitung** sollten Sie das Thema des Materials oder die Leitfrage (teilweise in eigenen Worten) wiedergeben und kurz die Hauptaspekte Ihrer Antwort benennen. So hinterlassen Sie den souveränen Eindruck, dass Sie „alles im Griff" haben. Diese Hauptaspekte führen Sie dann detailliert im **Hauptteil** aus. Abrunden sollten Sie diesen Teil mit einer **Schlussbemerkung**, die sich zum Beispiel auf die Qualität oder die Intention des Materials beziehen kann oder das Wesentliche nochmals auf den Punkt bringt. Bei der bzw. den anderen Leitfrage(n) verfahren Sie in derselben Weise, und falls dies von der Frage her möglich ist, auch im anschließenden Prüfungsgespräch. Bitte beachten Sie, dass Sie während des Vortrags alle Mitglieder des Prüfungsausschusses anschauen und nur kurz zur Orientierung auf das jeweilige Blatt mit der Stichwortübersicht blicken. Im anschließenden Prüfungsgespräch ist es nur natürlich, wenn Sie Ihren Blick bei der Antwort vor allem auf den Fragesteller richten.

4.2 Wirtschaft als mündliches Prüfungsfach (Präsentationsprüfung)

Als mündliches Prüfungsfach können Sie Wirtschaft nur wählen, wenn Sie Wirtschaft **nicht** als viertes schriftliches Prüfungsfach gewählt haben.
In den Vorschriften wird diese Prüfung als „**vorbereitete Präsentation mit Prüfungsgespräch**" definiert. Sie ist **in der Regel eine Einzelprüfung**, die Durchführung als Gruppenprüfung ist aber möglich. Allerspätestens zwei Wochen vor der Prüfung müssen Sie im Einvernehmen mit Ihrem Kursleiter **vier Themen** schriftlich vorlegen. Sie erfahren dann etwa eine Woche vor der Prüfung, welches Thema der Leiter des Fachausschusses ausgewählt hat. Logischerweise haben Sie dann direkt vor der Prüfung keine Vorbereitungszeit wie bei der Zusatzprüfung. Die Prüfung selbst dauert als Einzelprüfung insgesamt 20 Minuten, der Vortrags- bzw. **Präsentationsteil** ca. zehn Minuten. Das anschließende **Prüfungsgespräch** beschäftigt sich zunächst mit den präsentierten Inhalten. Dabei müssen Sie mit Rückfragen, vertiefenden und problematisierenden sowie weiterführenden Fragen rechnen. Sie können auch zu angewandten **Methoden**, z. B. der Recherche oder der Präsentationstechnik, befragt werden. Schließlich ist nach den Vorschriften noch eine **kontextbezogene Ausweitung** des Prüfungsgesprächs auf weitere Lehrplanthemen erwünscht. Bitte beachten Sie sinngemäß die in 4.1 angeführten Tipps für das Prüfungsgespräch.

4.2.1 Themen

Die Themen für Ihre vier Vorschläge müssen Sie den Themenbereichen des Lehrplans Wirtschaft für die Kursstufe entnehmen. Die gewählten Themen müssen sich deutlich voneinander unterscheiden, aber sich nicht unbedingt an den Kurshalbjahren ausrichten – sie müssen mindestens zwei unterschiedlichen Lehrplaneinheiten entstammen. Auch ein im Unterricht ausführlich behandeltes Thema ist möglich – wobei aber nach den Klarstellungen des Kultusministeriums eine reine Reproduktion keine ausreichende Leistung darstellt, sondern solch ein Thema eine kreative und intelligente Weiterführung verlangt. Das Thema einer bereits gehaltenen GFS dürfen Sie aus demselben Grund nicht als Themenvorschlag einbringen. Da Sie die Themen im Einvernehmen mit dem Kursleiter einreichen müssen und die Auswahl und Formulierung der Themen sehr anspruchsvoll ist, benötigt dies eine längere Vorlaufzeit. Ihr Kursleiter sollte Ihnen Kriterien zur Auswahl und Formulierung an die Hand geben und sie mit Ihnen durchsprechen. In den Handreichungen des Kultusministeriums finden sich folgende Kriterien, die Ihre Themenvorschläge neben dem Lehrplanbezug erfüllen sollten:

- **Aktualitätsbezug**;
- **angemessen komplex**;
- **kontrovers**, Problematisierung sowie Transfer muss möglich sein;
- Themen müssen Ihre **Methodenkompetenz aufzeigen**.

In Anbetracht dieser Vorgaben kann eine „Last-Minute"-Themenfindung leicht schiefgehen. Sie sollten deshalb schon sehr frühzeitig und damit entspannt die Themenauswahl angehen. Warum nicht schon ein Ihnen sympathisch-interessantes Thema im Wirtschaftsunterricht in dem Jahr vor der Kursstufe notieren und so abheften, dass Sie es auch wiederfinden? Spätestens ab dem ersten Semester der Kursstufe sollten Sie die Lehrplaneinheiten aufmerksam nach möglichen Themen abklopfen und einen Vorschlag auch gleich bei Ihrem Kursleiter ansprechen. Wichtig ist zusätzlich zu den oben genannten Kriterien, dass ein **Thema relativ stark eingegrenzt** (Ihre Präsentation ist auf etwa zehn Minuten beschränkt!) **und „spannend" formuliert** sein sollte, in der Regel als Frage. Ein ungeeignetes Thema wäre z. B. „Konjunkturpolitik in der Bundesrepublik Deutschland". Es ist zu umfangreich und verbleibt auf der reinen Beschreibungsebene. Das Thema „Verlängerte Bezugsdauer des Arbeitslosengeldes I für ältere arbeitslose Arbeitnehmer?" ist genügend eingeschränkt, erlaubt eine interessante, erörternde Präsentation und womöglich ein spannendes Prüfungsgespräch.

Themen frühzeitig zu **finden** reicht aber noch nicht aus. Einerseits ist es ein viel zu großes Risiko, mit der Strukturierung, Recherche und Ausarbeitung erst nach der Mitteilung des ausgewählten Themas zu beginnen – die Zeit wäre mit großer Sicherheit viel zu knapp. Andererseits ist es unökonomisch, vier Themen schon weitgehend perfekt auszuarbeiten.

Sie sollten deshalb bereits **weit im Vorfeld**, wenn Sie ein Thema gefunden und mit Ihrem Kursleiter vorbesprochen haben, eine **strukturierte**, **ausführliche Stichwortsammlung** entwerfen und **laufend** passende, aktualisierende, von Ihnen schon bearbeitete (z. B. in Thesen zusammengefasste) **Materialien** und präzise **Quellenverweise** zuordnen und „einlagern", sei es in einem realen Ordner und/oder in einem Ordner in Ihrem PC. Dann haben Sie zwei Wochen vor der Prüfung vier Themen mit inhaltlicher Strukturierung und dem notwendigen durchgearbeiteten Material zur Verfügung, und die noch zu leistende Ausarbeitung des ausgewählten Themas in etwa einer Woche sowie die Vorbereitung des anschließenden Prüfungsgesprächs haben ihren Schrecken verloren.

4.2.2 Die Präsentation

Dazu sagt die Vorschrift: „Eine Präsentation kann ohne Qualitätsverlust auch aus einem entsprechend vorbereiteten und gestalteten Vortrag bestehen." Ob dieser Hinweis für Sie persönlich ratsam ist, müssen Sie selbst entscheiden. Können Sie ohne Visualisierung, ohne Medienunterstützung sicherstellen, dass alles bei Ihrem Prüfungsausschuss so ankommt, wie Sie es sich vorgenommen haben? Deshalb wird in der Vorschrift auch eingeräumt, die Präsentation könne mediengestützt sein.

Übliche Techniken der Medienunterstützung werden weiter unten kurz skizziert. Eines sollten Sie aber nie aus dem Blick verlieren: Tragen Sie **adressatenorientiert** vor, d. h., wenden Sie sich an die Mitglieder des Prüfungsausschusses, sprechen Sie also nicht zum Bildschirm, zur Tafel, zum Flipchart, zur Projektionswand oder zur Folie auf dem Tageslichtprojektor. Sprechen Sie **im Stehen**, dies erleichtert Ihnen eine **angemessene Körpersprache** und **Dynamik**. Sprechen Sie **frei**, wenn möglich sogar ohne Karten oder ähnliche Blätter mit gegliederten Stichwörtern für Ihren Vortrag in der Hand. In der Hand können Sie evtl. einen Zeigestab/Laserpointer halten, den Sie für manche Formen der Medienunterstützung gut gebrauchen können. Eine kluge Medienunterstützung ermöglicht Ihnen das freie Sprechen, da Sie dort Ihren „roten Faden" ja vorfinden können. Natürlich können Sie Ihre Vortragsnotizen als eine Art Notnagel auf dem Tisch deponieren, aber Sie sollten sich nicht krampfhaft daran festhalten. **Lesen Sie auf keinen Fall ab**.

Hier soll auch noch auf **die Falle der reinen Aufzählung** in Ihrer Visualisierung hingewiesen werden. Wenn Sie nur Punkte untereinander auflisten, erschwert dies das Verständnis und zeigt Ihre mangelnde Fähigkeit, Zusammenhänge deutlich darzustellen. Die Erinnerung an gut gemachte Tafelanschriebe, aussagefähige Folien oder gelungene Lernplakate Ihrer Lehrer und Mitschüler weist Ihnen den richtigen Weg.
Für das **abschließende Prüfungsgespräch** empfiehlt es sich, dass Sie sich an die Tischgruppe des Prüfungsfachausschusses setzen. So wird auch vom Arrangement her für eine hoffentlich gute Gesprächsatmosphäre gesorgt.

Medienunterstützung durch eine Tischvorlage
Solch ein Papier von ein bis maximal zwei Seiten wäre die einfachste Form der Medienunterstützung. So können Sie dafür sorgen, dass der Fachausschuss den Gang Ihres Vortrages verfolgen kann und Ihre wesentlichen Punkte schwarz auf weiß vor sich liegen hat. Denken Sie daran, mindestens drei Kopien mitzubringen, also für jedes Mitglied eine.

Medienunterstützung durch die Wandtafel/das Whiteboard
Sie können einen Sachverhalt durch eine knappe Tafelskizze verdeutlichen. Aber denken Sie daran, dass dies Zeit kostet, Zeit, während der Sie weniger oder nichts vortragen können. Außerdem brauchen Sie Erfahrung und eine ruhige und sichere Hand mit guter Darstellung – und Sie müssen das Ganze natürlich vorher gut geübt haben.
Alternativ können Sie von zu Hause plakatähnliche Papiere mit Ihren Visualisierungen mitbringen und vor oder während der Präsentation mit Magneten auf der Tafel anordnen. Dazu müssen Sie sich aber in der Vorbereitung ein Layout zurechtgelegt haben und vor der Prüfung ausprobieren, ob alles passt, die Magnete das Gewicht halten können und das Ganze gut, übersichtlich und aussagefähig aussieht.

Medienunterstützung durch ein Flipchart
Diese Methode hat den Vorteil, dass Sie vorab Blätter eines Flipchart-Blocks beschriften/gestalten und diese zur Prüfung mitbringen können. Sie befestigen die Blätter dann auf dem schuleigenen Flipchart und schlagen sie entsprechend Ihrem Präsentationsgang um.

Neben einem Deckblatt mit dem Thema und einem Übersichtsblatt mit den Hauptaspekten Ihres Themas sollten Sie für jeden dieser zentralen Aspekte ein Blatt beschriften und das Ganze dann mit einem Schlussblatt z. B. mit einer abschließenden These beenden. Achten Sie darauf, dass Sie die einzelnen Blätter nicht mit Schrift und/oder Grafik überfrachten und jedes Blatt übersichtlich (maximal sieben, besser weniger Punkte pro Blatt) und gut lesbar gestalten. Insgesamt lautet wie beim Folienvortrag die Empfehlung, bei einer zehnminütigen Präsentation mit **vier bis sechs Blättern (ohne Deck- und Schlussblatt)** auszukommen.

Medienunterstützung durch Karten auf einer Pinnwand
Diese Form ermöglicht Ihnen, farbige (Metaplan-)Karten zu Hause zu beschriften und während Ihrer Präsentation so an eine Pinnwand zu heften, dass sich ein gut strukturiertes Bild ähnlich einem Tafelanschrieb ergibt. Das Layout dazu müssen Sie natürlich in der Vorbereitung entwerfen und während Ihrer Präsentation im Kopf haben. Das Anheften der Karten müssen Sie vorher üben, sodass das gewünschte Gesamtbild zustande kommt.
Ein Problem ist auch, dass Sie die Nadeln mit Schwung und so gezielt einstechen müssen, dass die Karten nicht schräg wegkippen. Wenn Sie mit dieser Präsentationstechnik nicht vorher genügend Erfahrungen gesammelt haben, besteht die Gefahr, dass Sie sich zu sehr mit dem Anheften beschäftigen müssen und so der Ablauf Ihrer Präsentation gestört wird.

Medienunterstützung durch Folien (Tageslichtprojektor/Präsentationssoftware)
Im Internet finden sich für Schüler sehr geeignete Links zu diesem Thema, z. B.
www.magic-point.net/fingerzeig/praesentation/praesentation.html.
Eine gute Darstellung dieser Präsentationstechnik finden Sie auf einer Website der ETH Zürich für Studenten, die auch für Sie geeignet ist:
www.vs.inf.ethz.ch/publ/slides/seminarvortraege.pdf.
Einige **wichtige Ratschläge** möchten wir aus unserer Erfahrung geben: Führen Sie nicht die berüchtigte „Folienschlacht" durch. Als Richtschnur gilt: **Pro Folie ca. zwei Minuten** sprechen, sodass Sie **ohne Einstiegs- und Schlussfolie vier bis sechs Folien** verwenden können. Wenn Sie diese für den Tageslichtprojektor handschriftlich oder mit einer Textverarbeitungssoftware erstellen, verwenden Sie am besten das **Querformat** mit breitem Rand rechts und links. Dieses passt besser auf die Auflagefläche des Projektors als das Hochformat. Wir empfehlen Ihnen, auch die Folien für den Tageslichtprojektor mit einer Präsentationssoftware zu schreiben. So stimmen die Maße automatisch und auch die **Schriftgröße** wird richtig (**in keinem Falle zu klein**!) gewählt.
Ähnlich den Flipchart-Blättern sollten Sie bei einer folienunterstützten Präsentation pro Folie maximal sieben, besser weniger Punkte unterbringen. Noch ein Hinweis für den Vortrag mit dem Tageslichtprojektor: Das auch „Striptease-Technik" genannte allmähliche Aufdeck-Verfahren ist „out", da die Folien nur wenige Punkte enthalten sollen und Sie diese dann nicht zu verstecken brauchen. Das Hantieren mit Abdeckmaterial wirkt meist auch wenig souverän. Entweder Sie zeigen mit einem Zeigestab auf die gewünschte Stelle an der Projektionswand oder Sie legen z. B. einen Kugelschreiber auf diese Stelle auf der Folie.

„Haben Sie PowerPoint oder haben Sie etwas zu sagen?“ lautet ein wenig schmeichelhaftes Bonmot über die bekannte Präsentationssoftware. Dies ist eine begründete Warnung davor, sich technischen Spielereien hinzugeben, ohne auf den Inhaltsbezug und die Adressatenorientierung zu achten. Wir haben aber bereits so viele famose Schülerpräsentationen mit PowerPoint oder einer anderen Präsentationssoftware erlebt, dass wir den Erfahrenen unter Ihnen auf keinen Fall davon abraten wollen. Gerade diese Präsentationstechnik erlaubt es, komplexe Zusammenhänge oder schwierige Erläuterungen kompetent zu visualisieren.
Abschließend zu allen Techniken der Medienunterstützung möchten wir noch darauf hinweisen, dass Sie Ihre gewählte Technik auf jeden Fall rechtzeitig mit Ihrem Kursleiter besprechen müssen. Auch die bestvorbereitete Präsentation kann zu einer mittleren Katastrophe werden, wenn ein wichtiges Hilfsmittel fehlt oder gar die Technik (z. B. Beamer, Notebook) nicht funktioniert. Als allerletztes „Muss“ dürfen Sie die **Quellenangaben** nicht vergessen. Am besten geben Sie diese – unabhängig von der gewählten Präsentationsform – auf einem gesonderten Blatt den Fachausschussmitgliedern.

4.3 Die Beurteilung der Präsentation

Da Sie eine längere und eigenständige Vorbereitungszeit haben, sind nach der Vorschrift höhere Maßstäbe als in der mündlichen Zusatzprüfung anzusetzen. Bewertet werden Inhalt und Präsentation mit einer gemeinsamen Note, wobei bei mangelhafter Fachkompetenz keine ausreichende Note mehr erteilt werden kann. In der Vorschrift und den Handreichungen zur Beurteilung werden beispielhaft einige Kriterien zur Beurteilung aufgeführt. Es ist aber durchaus möglich, dass in den Schulen eigene Kriterienkataloge zur Beurteilung entwickelt werden. Bitte fragen Sie Ihren Kursleiter danach. Im Anschluss an diese Einführung finden Sie Beispiele, die am Ernst-Sigle-Gymnasium Kornwestheim bzw. am Theodor-Heuss-Gymnasium Esslingen entwickelt worden sind.

4.4 Training

Ohne Erfahrung werden Sie kaum in der Lage sein, eine erfolgreiche Präsentation zu bieten. Deshalb sollten Sie nicht nur eine Ihrer GFS in Wirtschaft durchführen, sondern auch sonst die Präsentation im Wirtschaftsunterricht und anderen gesellschaftswissenschaftlichen Fächern üben. Besonders wichtig ist es für Sie, ein Gefühl dafür zu entwickeln, wie umfangreich eine Präsentation von etwa 10 Minuten Dauer sein muss. Lassen Sie sich auch nicht verführen, Ihre Präsentation von einem möglicherweise entstandenen „Präsentationsmarkt“ zu beziehen. Dies ist ohne Quellenangabe ein Täuschungsvorgang und hält dem Prüfungsgespräch bestimmt nicht stand. Von daher gilt: Trainieren Sie Ihre Präsentationskompetenz und erarbeiten Sie Ihre Präsentationen selbst, dann haben Sie die richtige Grundlage für einen Erfolg schon gelegt.

Raster für die Bewertung von Schülerpräsentationen (5. Prüfungsfach)

Präsentation	2 RP	1,5 RP	1 RP	0,5 RP 0 RP
	Regeln der freien Rede beachtet, flüssig, fast frei, fast fehlerlos, sehr gut verständlich	Regeln der freien Rede beachtet, z. T. manuskriptabhängig, noch frei, kleinere Fehler/Schwächen, aber verständlich	manuskriptabhängig, jedoch mit sinnvollen Pausen, viele Fehler, schwer verständlich	manuskriptabhängig, stockend, grobe Verstöße gegen Grammatik und Aussprache, kaum verständlich
Aufbau	1,5 RP	1 RP	0,5 RP	0 RP
	zielgerichtet, klar und logisch, Gliederung vorgelegt	sinnvoller Aufbau deutlich erkennbar, aber nicht konsequent durchgeführt, Gliederung fehlt	Gesichtspunkte aneinandergereiht, keine Struktur erkennbar	diffus
Umfang	1 RP	0,5 RP	0 RP	
	ausgewogen, angemessen, Verteilung/Darbietung/Beurteilung korrekt	Länge und Urteilsbereich angemessen	Länge nicht angemessen	
Medien	1,5 RP	1 RP	0,5 RP	0 RP
	guter, themenangemessener Einsatz, Thesenpapier korrekt, Technik beherrscht	Medien angemessen eingesetzt, Technik in etwa beherrscht, Thesenpapier mit Mängeln	Medien als Krücke, Technik überdeckt Inhalte, Thesenpapier fehlt	falsch/nicht eingesetzt
Inhalt	9 RP 8 RP 7 RP	6 RP 5 RP	4 RP 3 RP	2 RP 1 RP 0 RP
	– fachwissenschaftlich korrekt – alle wesentlichen Aspekte behandelt – Informationen präzise – erkennbare Urteilskategorien – differenzierte Begründung – deutlich erkennbare Eigenständigkeit	– fachwissenschaftlich in etwa korrekt – wesentliche Aspekte behandelt – Informationen in etwa korrekt – einige erkennbare Urteilskategorien – etwas einseitige Begründung – noch erkennbare Eigenständigkeit – „Abschreiben“ denkbar	– nur z. T. fachwissenschaftlich korrekt – wesentliche Aspekte nicht behandelt – Informationen ungenau – z. T. erkennbare Urteilskategorien – undifferenzierte Begründung – Eigenständigkeit fragwürdig	– fachwissenschaftlich inkorrekt – Thema verfehlt – Informationen ungenau, erkennbar fehlerhaft – Verbreitung von Vorurteilen/Pauschalisierungen – Begründung diffus, unlogisch – Eigenständigkeit nicht erkennbar
RP-Addition **= Notenpunkte**	15 14 13 12	11 10 9 8	7 6 5 4	3 2 1 0 NP

Quelle: ESG Kornwestheim 2003

Themenfindung und Beratung

Die Prüfungskandidaten werden bei der Findung und Formulierung der vier Prüfungsthemen, die spätestens zwei Wochen vor der Prüfung schriftlich vorzuliegen haben, von der jeweiligen Fachlehrkraft beraten.

Präsentation

- Ein zusammenhängender, zehnminütiger Vortrag, der mediengestützt sein kann.
- Freie Rede auf der Grundlage von Stichworten (und kein Vorlesen von PowerPoint-Präsentationsfolien).
- Foliengeeignete Inhalte sind z. B. Leitfragen, Gliederungen, Strukturschemen, Thesen, Grafiken und Statistiken.
- Bei mediengestützter Präsentation muss für den Notfall eine medienarme Präsentation (OH-Folien) eingeplant sein.
- Wichtige Inhalte der Präsentation sind: Vorgehensweise, Ergebnisse (Kernaussage, Quintessenz, Beantwortung der Leitfrage) und etwaige Schwierigkeiten und Probleme bei der Realisation.
- Eine strukturierte Darstellung sollte enthalten: Problemstellung, gegliederte Darstellung, Lösungen, Bewertungen, zusammenfassender Schluss.
- Eine gute Präsentation verliert sich nicht im Detail, sondern betont und stellt das Wesentliche heraus, wobei ein roter Faden sichtbar sein sollte.
- Die Vortragszeit von max. 10 Minuten ist unbedingt einzuhalten.

Prüfungsgespräch (Kolloquium)

Alle Lernzielebenen (Wissen, Verstehen, Urteilen) finden Berücksichtigung. Es können auch Lehrplaninhalte angesprochen werden, die im Kontext des gewählten Themenbereichs liegen. Im Mittelpunkt des Gesprächs stehen v. a. zwei Anliegen: Zum einen wird der „Erst-Eindruck“ der Präsentation überprüft (Abgleich des Kenntnis- und Abstraktionsniveaus), zum anderen geht es um eine inhaltliche Erweiterung des thematischen Umfelds (Nachweis der Breite und nicht der Tiefe des Gelernten).

Mit folgenden Fragen ist demnach zu rechnen:
- Fragen zur kognitiven Verarbeitungstiefe (Verständnisfragen)
- Fragen zur Informationsbeschaffung (Quellen)
- Fragen zur Transferfähigkeit (Querverbindungen, Anwendungen etc.)
- Fragen zum methodischen Vorgehen (Methodenbegründung, mgl. Alternativen)
- Fragen zu einzelnen Gestaltungselementen (Grafik, Bilder etc.)
- Fragen zur personalen Kompetenz (Kritikfähigkeit, Hinterfragen des eigenen Standpunkts, Wertereflexion etc.)

Beurteilungskriterien

Vier Kategorien finden fachübergreifend Anwendung:

⇒ Inhalt
⇒ Methoden/Medieneinsatz
⇒ Aufbau/Gliederung
⇒ Personale Kompetenzen

Mündliches Abitur – Präsentationsprüfung

Fach:.................................. **Name:** ....

Thema: ....

☐ Im Unterricht behandelt ☐ Unterrichtsnahe Thematik ☐ Nicht behandelt

	15/14/13	12/11/10	9/8/7	6/5/4	3/2/1
Inhaltlicher Bereich					
Informationsgehalt (angemessene Komplexität, inhaltliche Breite und Tiefe)					
Sachliche Richtigkeit					
Begrifflichkeit/Fachsprache/Verständlichkeit					
Beschränkung auf das Wesentliche (Auswahl, exemplarische Darstellung, Elementarisierung)					
Quellen: Herkunft, Qualität, Authentizität, Quellenkritik					
Aufbau/Gliederung					
Inhaltsübersicht am Anfang					
Gliederung/Struktur (Logik, Problemstellung, Leitfrage)					
Einstieg (Kreativität)					
Schluss (Quintessenz)					
Methodischer Bereich					
Medieneinsatz (sinnvoll/angemessen/ökonomisch)					
Veranschaulichung (Bilder, Grafiken)					
Foliengestaltung (Lesbarkeit, Sprache, Textmenge, Folientext/gesprochenes Wort)					
Personale Kompetenz					
Freie Rede (Verständlichkeit, Tempo, Lautstärke)					
Körpersprache (Gestik, Mimik, Blickkontakt)					
Zeitmanagement					
Urteils-/Reflexionsvermögen (Inhalt, Methoden)					
Dialog-/Kritikfähigkeit (Hinterfragen des eigenen Standpunkts)					

Besondere Schwächen: ....

Besondere Stärken: ....

Notenvorschlag Fachlehrer:

Protokollführer: **Ergebnis: NP**

Vorsitz:

Quelle: Hans Gaffal – Theodor-Heuss-Gymnasium Esslingen 2004

Schriftliche Abiturprüfung Wirtschaft (Baden-Württemberg)
Übungsaufgabe 1: Wirtschaftliches Handeln im Sektor Unternehmen

Aufgaben:

1. a) Nennen Sie Gründe, weshalb der Staat Existenzgründungen fördert. 6 VP

   b) Erläutern Sie die Bedeutung der Unternehmerpersönlichkeit bei einer Unternehmensgründung. 8 VP

2. Analysieren Sie Material M 1. 8 VP

3. Die Wahl der Rechtsform ist von zentraler Bedeutung bei der Unternehmensgründung. Stellen Sie die Vor- und Nachteile der Rechtsform einer Kapitalgesellschaft für einen Existenzgründer dar. 10 VP

4. Arbeiten Sie aus M 2 heraus, welche Folgen die „Transformation des Unternehmens von einer ‚Sinn'- zu einer ‚Zweck'-Einheit" (Z. 32 f.) für die Gesellschaft hat. 6 VP

5. Vergleichen Sie die Bewertung der Höhe der Managerbezüge in M 2 und M 3.

10 VP

6. Klaus Schwab kritisiert die Konzentration der Unternehmen auf kurzfristig hohe Gewinne und hohe Aktienkurse (vgl. M 2, Z. 35). Beurteilen Sie diese Kritik aus Sicht eines Unternehmers. 12 VP

60 VP

M 1 Existenzgründungen und Liquidationen in Deutschland im ersten Halbjahr 2010

a) Existenzgründungen in Deutschland nach Wirtschaftszweigen im ersten Halbjahr 2010

© IFM Bonn, St01-102b10
Fundstelle: www.ifm-bonn.org/assets/documents/Working-Paper-06-10.pdf
Rundungsdifferenzen möglich; ohne Automatenaufsteller und Reisegewerbe; ohne Freie Berufe

b) Liquidationen in Deutschland nach Wirtschaftszweigen im ersten Halbjahr 2010

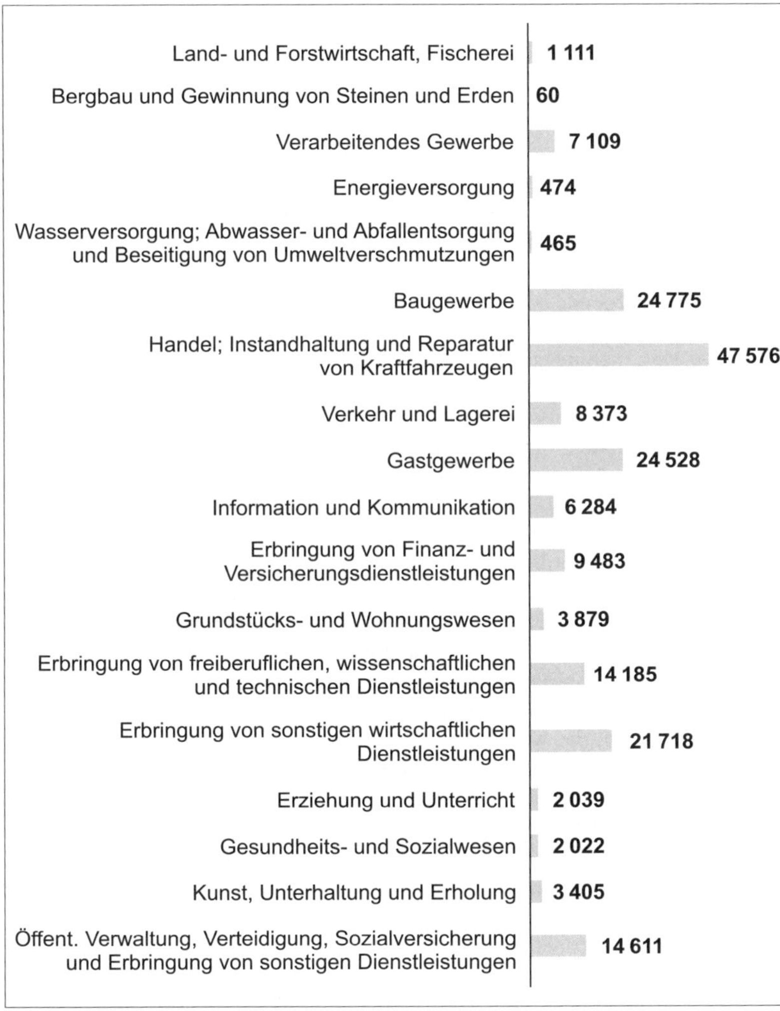

© IFM Bonn, St01-102b10
Fundstelle: www.ifm-bonn.org/assets/documents/Working-Paper-06-10.pdf
Rundungsdifferenzen möglich; ohne Automatenaufsteller und Reisegewerbe; ohne Freie Berufe

M 2 Klaus Schwab: Vom Gemeinsinn eines Unternehmens

Exzessive Boni empören seit Monaten die Öffentlichkeit. Die Diskussion ist emotional und wird vor allem über Faktoren wie Neid, Gier oder moralische Entrüstung geführt. Man fragt sich, ob die Führungsetagen nicht aus den Exzessen gelernt haben, die maßgeblich zur derzeitigen Wirtschaftskrise geführt haben.

Trotzdem ist die Diskussion oberflächlich, da sie sich nicht wirklich mit dem befasst, worum es eigentlich geht, nämlich um den Zweck eines Unternehmens (und auch der Banken) innerhalb unserer Gesellschaft und die Rolle, die Führungskräfte innerhalb von Unternehmen auszuüben haben. Die Bonus-Diskussion ist eigentlich nur Symbol eines viel tieferen Wandels, der sich in der gesamten Wirtschaft vollzieht. Das Thema ist wichtig, denn dieser Wandel zieht schwerwiegende soziale Folgen nach sich.

Vor bald 40 Jahren definierte ich zum ersten Mal die „Stakeholder"-Theorie des Unternehmens. Die Stakeholder-Theorie geht davon aus, dass das Unternehmen eine soziale Gemeinschaft mit einer Reihe von „Stakeholders" ist, das heißt Gesellschaftsgruppen, die mit dem Unternehmen direkt, aber auch indirekt verbunden sind und die vom Erfolg des Unternehmens abhängen. Dazu gehören natürlich die Aktionäre und Kreditgeber, aber auch die Mitarbeiter, die Kunden, die Lieferanten, der Staat und vor allem auch das Gemeinwesen, in dem das Unternehmen tätig ist.

[…] Die Stakeholder-Theorie macht die Unternehmensleitung zu Treuhändern all dieser Stakeholders und nicht nur der „Shareholders", also der Aktionäre.

Die Stakeholder-Theorie geht ganz allgemein von dem Prinzip aus, dass jedes Individuum in Gemeinschaften eingebunden ist, in denen nur durch das Zusammenwirken aller das gemeinsame Wohl gefördert werden kann – auch der Unternehmenserfolg ist in dieses Zusammenwirken eingebunden. Die gesellschaftliche Erosion, die wir in den letzten Jahren nicht nur in der Wirtschaft, sondern auch in der Politik und anderen Bereichen beobachten konnten, ist auf eine Aushöhlung dieses Gemeinschaftsgedankens zurückzuführen. Diese Erosion gemeinschaftlicher Werte ist vor allem in der Wirtschaft weit fortgeschritten und war ein Auslöser für die jetzige Wirtschaftskrise und ihre Folgen.

Was zunehmend geschah, war die Transformation des Unternehmens von einer „Sinn"- zu einer „Zweck"-Einheit. Der Sinn, gemeinsam Güter und Dienstleistungen zum Wohle der Gesellschaft zu erzeugen, wurde ersetzt durch den Zweck, kurzfristig möglichst hohen Gewinn und damit steigende Aktienkurse zu erzielen. Wenn dabei gleichzeitig die unternehmerischen Entscheidungsprozesse von der Verantwortung für eigene Risiken abgekoppelt werden, haben wir es mit einer Pervertierung des unternehmerischen Systems zu tun.

Das Unternehmen ist in diesem Kontext keine organische Gemeinschaft mehr, sondern eine mechanische „Gewinn-Erwirtschaftungsmaschine", bei der alles auswechselbar ist, was dem Zweck nicht optimal entsprach: Führungskräfte, Mitarbeiter, Produkte, Standorte usw. […]

Das hat Konsequenzen für das Verhalten: Ein Individuum, welches weiß, dass es jederzeit auswechselbar ist, wird von Eigennutz geleitet sein. An die Stelle einer Welt geleitet vom gemeinsamen Pflichtbewusstsein gegenüber der Gesellschaft ist damit ein individuelles Anspruchsdenken getreten, bei dem das Gemeinwesen eine untergeordnete Rolle spielt.

In: Süddeutsche Zeitung vom 5./6. 1. 2010

M 3 „Unsachliche Diskussion". Michael Kramarsch von Towers Perrin über Managerbezüge

SZ: Deutsche Spitzenmanager verdienen für Normalarbeitnehmer kaum vorstellbare Summen. Kann man sich so viel Geld überhaupt verdienen?

KRAMARSCH: Ja, vorausgesetzt, der Erfolg rechtfertigt den Verdienst und die Eigentümer billigen dies. Die Diskussion um Managergehälter wird zu sehr geprägt vom persönlichen Werteempfinden Einzelner. Eine subjektive Wahrnehmung, was gerecht ist, darf aber nie der Rahmen für Vergütung sein.

[...]

SZ: Als Begründung für die hohen Bezüge wird oft die Verantwortung der Manager genannt und die Gehälter, die im Ausland bezahlt werden. Zu Recht?

KRAMARSCH: Das Argument der Verantwortung lasse ich gelten. Doch einen international durchlässigen Arbeitsmarkt für Führungskräfte gibt es nicht. In den USA arbeiten kaum deutsche Manager, und bei uns findet man nur wenige amerikanische Vorstandsvorsitzende. Trotzdem halte ich die Diskussion um angeblich überhöhte Managergehälter für gefährlich und fahrlässig. Sie wird so wenig sachkundig geführt, dass Eliten bewusst beschädigt werden. Die Vorstandsvergütung ist legitimiert durch den Unternehmenserfolg, der auch dem Wohle der Aktionäre und Mitarbeiter dient. Bleibt der Erfolg aus, erwartet die Öffentlichkeit natürlich Abschläge nach unten.

SZ: Wie können Unternehmen den Mitarbeitern und der Öffentlichkeit die Spitzengehälter ihrer Manager vermitteln?

KRAMARSCH: Die Hoffnung, dass mehr Transparenz zu einer Versachlichung der Diskussion führt, hat sich nicht erfüllt. Wir müssen einfach damit leben, dass die große Gehaltsschere zwischen einem Vorstand und einem Bandarbeiter auf Unverständnis trifft. Doch das muss eine freie, soziale Marktwirtschaft aushalten.

SZ: Welche Kriterien müssen an ein gerechtes Gehalt und an ein faires Gehaltssystem angelegt werden?

KRAMARSCH: Die Vergütung muss die Verantwortung widerspiegeln, die der Einzelne im Unternehmen übernimmt. Das Gehalt sollte den Wert der Tätigkeit darstellen und eine erfolgsabhängige Komponente enthalten. Damit ein Gehalt auch von außen betrachtet gerecht wirkt, muss es dem Marktvergleich standhalten. Aus verschiedenen Studien wissen wir, dass dies bei der Einstellung eines neuen Mitarbeiters ausschlaggebend ist. Hat man den Job aber angenommen und arbeitet schon im Unternehmen, spielt die interne Relation die größere Rolle: Der Mitarbeiter will wissen, ob er im Vergleich zu Kollegen und Vorgesetzten fair bezahlt wird. [...]

SZ: Wie wichtig ist das Gehaltssystem für den Betriebsfrieden?

KRAMARSCH: Sehr wichtig. Der Eindruck, ob ein Mitarbeiter fair bezahlt wird, beeinflusst sein Engagement, seine Motivation und die Loyalität, die er gegenüber der Firma empfindet. Das Gehaltssystem bestimmt nicht nur die Unternehmenskultur, sondern auch den Unternehmenserfolg.

In: Süddeutsche Zeitung vom 4. 4. 2008
www.sueddeutsche.de/wirtschaft/383/438127/text/

Lösungsvorschlag

1. a) *Der Operator „nennen" verlangt lediglich eine Aufführung der Gründe, keine Wertung oder Gewichtung. Die genannten Verweise auf das Grundgesetz werden nicht von Ihnen erwartet, können daher zu Zusatzpunkten führen.*

Der Staat fördert Existenzgründungen, da **eine Volkswirtschaft von erfolgreichen Unternehmen in vielfacher Hinsicht profitiert**. Zunächst kann der Staat **Steuereinnahmen** erwarten. Außerdem schaffen Unternehmer **Arbeitsplätze**. Die Gesellschaft profitiert von einer **geringen Arbeitslosigkeit** nicht nur durch höhere Einnahmen bzw. geringere Ausgaben des Staates, sondern auch durch eine größere **Systemzufriedenheit** und **-stabilität**. Neue Unternehmen sorgen für mehr **Wettbewerb** und einen höheren **Innovationsdruck**. Das stärkt die **Wettbewerbsfähigkeit** des Standorts im internationalen Vergleich, bringt Vorteile für den Konsumenten und kann zudem herrschende/drohende **Marktungleichgewichte/-verzerrungen**, beispielsweise durch Monopole oder Kartelle, korrigieren/abwenden. Mit dem Gleichheitsgrundsatz (Art. 3 GG), der Sozialpflicht des Eigentums (Art. 14 Abs. 2 GG) und dem Sozialstaatsgebot (Art. 20 Abs. 1 GG) lässt sich eine staatliche Subventionierung wenn nicht einfordern, so doch begründen.

b) *Hier sollen Sie die Bedeutung der Unternehmerpersönlichkeit bei der Unternehmensgründung erläutern. Es ist sinnvoll, auf den Zusammenhang mit anderen wichtigen Faktoren der Unternehmensgründung einzugehen. Beispiele können hilfreich sein.*

Die Unternehmerpersönlichkeit umfasst die **personellen**, **fachlichen bzw. sozialen Kenntnisse und Fähigkeiten** eines Unternehmers. Eine Reihe von Fähigkeiten, wie Belastbarkeit, Einsatzbereitschaft, buchhalterische oder rechtliche Kenntnisse, sind grundsätzlich für eine erfolgreiche unternehmerische Tätigkeit unabdingbar. Die Bedeutung anderer Eigenschaften, wie Kreativität, IT-/Internet-Kenntnisse oder handwerkliches Geschick, variiert je nach branchenspezifischem Anforderungsprofil. Die **Unternehmerpersönlichkeit ist eine notwendige**, **nicht aber hinreichende Bedingung** für eine erfolgreiche Unternehmensgründung. Wenn sich der Gründer aufgrund seiner Persönlichkeit nicht zur

Führung eines Unternehmens eignet, wird er mit großer Wahrscheinlichkeit scheitern. Sind die notwendigen Merkmale und Kennzeichen vorhanden, muss dies aber nicht zwingend zum Unternehmenserfolg führen. Andere Faktoren, wie eine ausreichende Finanzierung, das Marktumfeld, rechtliche Rahmenbedingungen usw., haben ebenfalls eine große Bedeutung. Es gibt eine Reihe von **Unternehmen, die stark von der Persönlichkeit ihrer Gründer bzw. Inhaber geprägt sind** oder waren, wie beispielsweise Apple (Steve Jobs), Trigema (Wolfgang Grupp) oder Würth (Reinhold Würth). Es gibt aber auch zahlreiche Unternehmen, wie Daimler oder Siemens, die **seit Jahrzehnten erfolgreich von Managern geführt werden**.

2. *Bei dieser Aufgabe müssen die beiden Grafiken systematisch ausgewertet werden. Auf die Aussagekraft des Materials muss eingegangen werden. Eine strukturierte Antwort berücksichtigt die einzelnen Wirtschaftssektoren.*

M 1 zeigt in zwei Grafiken die Existenzgründungen und Liquidationen in Deutschland im ersten Halbjahr 2010 nach Wirtschaftszweigen. Herausgegeben wurden die Daten 2010 vom Institut für Mittelstandsforschung (ifm).
Im ersten Halbjahr 2010 standen **216 207 Existenzgründungen 192 097 Liquidationen**, also Auflösungen von Unternehmen, gegenüber. Bezogen auf die Wirtschaftsbereiche gab es **in 15 von 18 Branchen** mehr Gründungen als Liquidationen. Zwischen den einzelnen Wirtschaftszweigen bestehen deutliche Unterschiede. Erstens variieren die absoluten Werte sehr stark. Wurden etwa im Bereich „Bergbau und Gewinnung von Steinen und Erden" lediglich 85 Unternehmen neu gegründet, waren es bei „Handel; Instandhaltung und Reparatur von Kraftfahrzeugen" 43 576. Zweitens gibt es Unterschiede beim **Verhältnis von Neugründungen und Liquidationen**. Hielten sich diese im Bergbau oder in der Wasserversorgung/ Abwasser- und Abfallentsorgung etwa die Waage, war z. B. die Zahl der Neugründungen im Bereich Energieversorgung 9-mal so hoch wie die der Liquidationen.
Die Zahlen zeigen auch deutlich den Prozess der **Tertiärisierung**. Auf den primären Sektor, die Land- und Forstwirtschaft sowie den Bergbau, entfielen lediglich 1 469 Neugründungen (0,7 %), während es im sekundären Sektor 46 201 (21,4 %) und im tertiären Sektor, also dem Dienstleistungssektor, 168 537 (77,9 %) sind.
Weitere Aussagen lassen sich nicht machen, da Angaben zu Unternehmensgröße, Rechtsform, Beschäftigten usw. fehlen. Da die Zahlen sich auf das erste Halbjahr 2010 beschränken, bleibt offen, ob es sich hierbei um Trends oder Einmaleffekte handelt.

3. *Der Operator eines höheren Anforderungsbereichs beinhaltet auch die der darunterliegenden Bereiche. Wenn hier die Darstellung der Vor- und Nachteile einer Kapitalgesellschaft gefordert ist, verlangt dies auch, die in der Antwort genannten Rechtsformen, z. B. GmbH oder AG, kurz zu „beschreiben" und deren wichtigste Kennzeichen zu „nennen" – selbstverständlich ohne die einzelnen Rechtsformen ausführlich darzustellen. Eine gute Leistung berücksichtigt auch die Unternehmensgesellschaft (haftungsbeschränkt). Ein Fazit wird nicht erwartet.*

Kapitalgesellschaften sind Rechtsformen, bei denen die Mitglieder (Gesellschafter) auf Grundlage eines **Gesellschaftsvertrags** ein gemeinsames wirtschaftliches Ziel verfolgen. Hierzu zählen die **Aktiengesellschaft** (AG) mit der Sonderform der Societas Europaea (SE) und die **Gesellschaft mit beschränkter Haftung** (GmbH) mit der Unternehmensgesellschaft (haftungsbeschränkt).
Bei den Kapitalgesellschaften sind, anders als bei den Einzelunternehmen oder den Personengesellschaften, die **Unternehmensführung und der Unternehmensbesitz i. d. R. getrennt**, d. h., die Gesellschafter beschränken sich weitgehend auf die Kapitalbeteiligung, ohne aktiv im Unternehmen mitzuarbeiten. Die Gesellschafter haften lediglich mit ihren Einlagen. Die Kapitalgesellschaft ist eine **juristische Person** und damit rechtsfähig. Sie muss im **Handelsregister** eingetragen sein und unterliegt der **Körperschaftsteuer** sowie der **Publizitätspflicht**, deren Umfang je nach Rechtsform und Unternehmensgröße stark variieren kann.
Für den Gründer bieten Kapitalgesellschaften den Vorteil der **begrenzten persönlichen Haftung** gegenüber Dritten. Insbesondere bei ungewissem unternehmerischem Erfolg kann es von Vorteil sein, wenn die Existenz nicht vollständig vom neu gegründeten Unternehmen abhängig ist. Die Möglichkeit, weitere Gesellschafter aufzunehmen oder Aktien auszugeben, erleichtert die **Wachstumsfinanzierung** bzw. die Aufstockung des **Eigenkapitals**. Zudem haben Kapitalgesellschaften, insbesondere bei höheren Gewinnen, **steuerliche Vorteile**. Die Vorschriften zur Gewinnverteilung können verhindern, dass dem Unternehmen zu viel Kapital entzogen wird. Die Publizitätspflicht zwingt zur sorgfältigen Erstellung des Jahresabschlusses – viele Existenzgründer scheitern nicht zuletzt an fehlenden buchhalterischen Kenntnissen.
Ein Nachteil ist der vergleichsweise **hohe Gründungsaufwand**. Es muss ein **Mindestkapital** von 25 000 € bei der GmbH und 50 000 € bei der AG aufgebracht werden. Dies ist für Existenzgründer oft eine große Hürde, obwohl das Mindestkapital statt in bar auch in Form von Betriebsmitteln wie Maschinen oder Gebäuden eingebracht werden kann. Eine Ausnahme stellt hier die Unternehmensgesellschaft (haftungsbeschränkt) dar. Bei Gründung der sogenannten Mini-GmbH entfällt dieser Nachteil, da hier das Mindestkapital nur einen Euro beträgt. Die **Publizitätspflicht** erfordert Aufwand, buchhalterisches und rechtliches Know-how und verursacht erhebliche Kosten.
Weitere Nachteile, wie etwa die bei einer AG anfallenden Kosten einer jährlichen Hauptversammlung oder die Mitbestimmung der Arbeitnehmer, die für Kapitalgesellschaften ab 500 Mitarbeitern vorgeschrieben ist, werden für die Mehrzahl der Unternehmensgründer zunächst noch keine Rolle spielen.
Bei der Beurteilung der Rechtsform ist zu beachten, dass man ein Unternehmen in der Regel auch **in eine andere Rechtsform überführen** kann.

4. *Die Aufgabe verlangt, die Folgen der „Transformation des Unternehmens […]“ herauszuarbeiten. Die Ursachen dieser Entwicklung müssen nicht dargestellt werden. Achten Sie auf die korrekte Anwendung der Zitierregeln.*

Klaus Schwab befasst sich in seinem am 5./6. 1. 2010 in der Süddeutschen Zeitung erschienenen Artikel mit dem Gemeinsinn der Unternehmen. Seiner Ansicht nach haben sich die Unternehmen in den letzten Jahren „von einer ‚Sinn'- zu einer ‚Zweck'-Einheit" gewandelt (Z. 32 f.). Nicht mehr die Produktion von Gütern zum Wohle der Allgemeinheit, sondern **kurzfristiges Renditedenken** habe sich durchgesetzt (vgl. Z. 33 ff.). In Verbindung mit der Sozialisierung unternehmerischer Risiken (vgl. Z. 36 f.) habe dies dazu geführt, dass ein Unternehmen **„keine organische Gemeinschaft mehr"** sei, sondern eine „mechanische ‚Gewinn-Erwirtschaftungsmaschine'" (Z. 39 f.), bei der alles austauschbar sei (vgl. Z. 40 f.). Nach Schwab werden daraus **„schwerwiegende soziale Folgen"** (Z. 12) resultieren. Die öffentliche **Neiddebatte** über Boni sei hier nur ein oberflächlicher Aspekt (vgl. Z. 1 ff.). Schwerwiegender sei, dass im Zuge der zunehmenden Austauschbarkeit des Einzelnen der **Eigennutz in den Vordergrund und die Verantwortung für die Gesellschaft in den Hintergrund trete** (vgl. Z. 43 ff.).

5. *Beim Vergleich des Kommentars (M 2) und des Interviews (M 3) müssen Sie auf eine klare Zuordnung der Argumente zu den Texten achten. Die Aussagen beider Texte müssen gegenübergestellt werden, um Gemeinsamkeiten und Unterschiede herauszuarbeiten. Die bibliografischen Angaben zu M 2 wurden in Aufgabe 4 bereits gemacht, können hier also kürzer ausfallen. Gehen Sie beim Ergebnis des Vergleiches auch auf das Veröffentlichungsdatum ein.*

Michael Kramarsch von Towers Perrin äußert sich in einem Interview, das am 4. 4. 2008 in der Süddeutschen Zeitung veröffentlicht wurde, zur Diskussion über die Managergehälter. Seiner Ansicht nach ließen sich auch hohe Summen mit einem entsprechenden **Erfolg des Unternehmens** (vgl. M 3, Z. 3) und der **Verantwortung, die ein Manager zu tragen habe**, rechtfertigen (vgl. M 3, Z. 10). Kramarsch verweist auf die **Eigentümer** (vgl. M 3, Z. 4) und den **Markt** (vgl. M 3, Z. 31 f.), die letztendlich für die Festlegung der Gehälter verantwortlich seien.
Klaus Schwab äußert sich in seinem Kommentar kritisch zu den Managergehältern und den Bonuszahlungen, die in der Öffentlichkeit als eine **Ursache für die derzeitige Wirtschaftskrise** angesehen würden (vgl. M 2, Z. 3 ff.). Für ihn sind diese aber letztendlich nur ein „Symbol eines viel tieferen Wandels, der sich in der gesamten Wirtschaft vollzieht" (M 2, Z. 10 f.), nämlich des Wandels des Unternehmens von einer „organische[n] Gemeinschaft" (M 2, Z. 39) hin zu einer **„mechanische[n] ‚Gewinn-Erwirtschaftungsmaschine'**, bei der alles auswechselbar ist" (M 2, Z. 40 f.).
Kramarsch hält „die Diskussion um angeblich überhöhte Managergehälter für gefährlich" (M 3, Z. 13 f.), da sie die Führungsschicht zu Unrecht in Misskredit bringe. Das Gehalt solle „den Wert der Tätigkeit" widerspiegeln (vgl. M 3, Z. 29 f.). Innerhalb eines Unternehmens solle ein **gerechtes und faires Gehaltssystem** herrschen. Dies diene über den Unternehmenserfolg auch den Aktionären und anderen Mitarbeitern (vgl. M 3, Z. 16 f., Z. 35 ff.).
Schwab ist hingegen der Auffassung, die von Kramarsch vertretene Shareholder-Orientierung (vgl. M 3, Z. 16) sei das grundsätzliche Problem, das zu der von ihm

thematisierten Erosion des gesellschaftlichen Zusammenhalts geführt habe (vgl. M 2, Z. 26 ff.).
Die Haltungen von Schwab und Kramarsch müssen vor dem Hintergrund der Finanzkrise gesehen werden. Deren Beginn, dem die Immobilienkrise in den USA seit 2007 vorausging, wird oft mit dem Zusammenbruch der US-amerikanischen Bank Lehman Brothers am 15. 9. 2008 gleichgesetzt. Das Interview mit Kramarsch fand ein halbes Jahr davor statt, während Schwab seinen Kommentar eineinhalb Jahre nach Beginn der weltweiten Finanz- und Wirtschaftskrise verfasste.

6. *Die Aufgabe erfordert eine stringente Argumentation aus Sicht eines Unternehmers. Da es in der Realität sowohl gemeinwohl- als auch renditeorientierte Unternehmerpersönlichkeiten gibt, kann eine Beurteilung verschiedene Schwerpunkte haben.*

Unternehmen haben verschiedene Ziele. Das Wichtigste ist aber unbestreitbar das Erzielen von Gewinnen. Es ist sogar gesetzlich vorgeschrieben, dass ein Unternehmen nur dann Unternehmen sein kann, wenn seine wirtschaftliche Tätigkeit darauf ausgerichtet ist, **dauerhaft Gewinne** zu erzielen. Von einem erfolgreichen Unternehmen können grundsätzlich **viele Akteure profitieren:** der Staat durch **Steuereinnahmen** und **Wettbewerb**, die Mitarbeiter durch einen **sicheren Arbeitsplatz** oder die Lieferanten durch **langfristige Abnahmevereinbarungen** – und das unabhängig von einer expliziten Formulierung als Unternehmensziel. Zudem verringert bei Aktiengesellschaften ein hoher Aktienkurs die **Gefahr einer feindlichen Übernahme**. Dies ist für viele Unternehmen eine größer werdende Gefahr, denn vor dem Hintergrund eines globalen Wettbewerbs und vielfach gesättigter Märkte lässt sich Wachstum oft nur durch die Übernahme von Mitbewerbern realisieren. Ein Aspekt, den Schwab nicht berücksichtigt.
Zudem bleibt Schwab mit seiner reichlich vagen Formulierung von „hohen Gewinnen" eine Definition schuldig. In manchen Branchen, wie etwa der Softwarebranche, ist eine Rendite von 20 % und mehr keine Seltenheit, während im Einzelhandel selten mehr als 3 % üblich sind. Hohe Gewinne können dazu benutzt werden, **Rücklagen für konjunkturelle Abschwünge zu bilden oder Zukunftsinvestitionen zu tätigen** und so langfristig den Standort zu sichern.
Schwabs Kritik kann man sich aber insoweit anschließen, als dass vor allem **hohe Gewinne nur sinnvoll** sind, **wenn sie nachhaltig erwirtschaftet werden**. Geht die wirtschaftliche Tätigkeit aber zulasten der Beschäftigten oder des Eigenkapitals, kann man dies nicht gutheißen. Denn Unternehmen leben nicht im luftleeren Raum oder in virtuellen Märkten. Sie stehen in Wechselwirkung zu den anderen Akteuren im Wirtschaftprozess und sind auf die Sicherheit und die Infrastruktur, die der Staat bereitstellt, angewiesen. Versucht ein Unternehmen, seine **Steuerlast**, beispielsweise durch Geschäfte mit ausländischen Töchtern, zu **verringern**, wird dies **mittel- bis langfristig zu seinen Lasten** gehen, da der Staat seine Investitionen und Subventionen einschränken muss. Werden Gewinne erhöht, indem die Beschäftigten **Lohneinbußen** hinnehmen müssen, **verlieren diese ihre Motivation und Loyalität** zum Unternehmen und reduzieren zudem ihre Konsumausgaben.

Schriftliche Abiturprüfung Wirtschaft (Baden-Württemberg)
Übungsaufgabe 2: Wirtschaftliches Handeln im Sektor Unternehmen

Aufgaben:

1. Erstellen Sie eine Grafik, die den absatzwirtschaftlichen Prozess in einem Unternehmen zeigt. 8 VP

2. In der öffentlichen Wahrnehmung wird Werbung oft mit Marketing gleichgesetzt. Erläutern Sie, inwieweit diese Vorstellung zutreffend ist. 10 VP

3. Begründen Sie mithilfe von M 1, weshalb sich die Marketingstrategie eines Unternehmens im Verlauf des Produktlebenszyklus verändert. 12 VP

4. Beurteilen Sie ausgehend von M 2 die Möglichkeiten und Grenzen der Beeinflussung des Verbraucherverhaltens. 10 VP

5. a) Beschreiben Sie die wesentlichen Aspekte der Standortwahl eines Unternehmens. Gehen Sie dabei auch auf den Produktlebenszyklus ein (M 1). 8 VP

   b) Ein Textilunternehmen will aus Kostengründen seine Fertigung und die damit verbundenen 200 Arbeitsplätze ins Ausland verlagern. Die 75 Mitarbeiter der Abteilungen für Entwicklung, Design und Marketing sollen am Standort in Deutschland verbleiben. Gestalten Sie eine Stellungnahme des Betriebsrates an die Geschäftsleitung. 12 VP

60 VP

M 1 Der Produktlebenszyklus

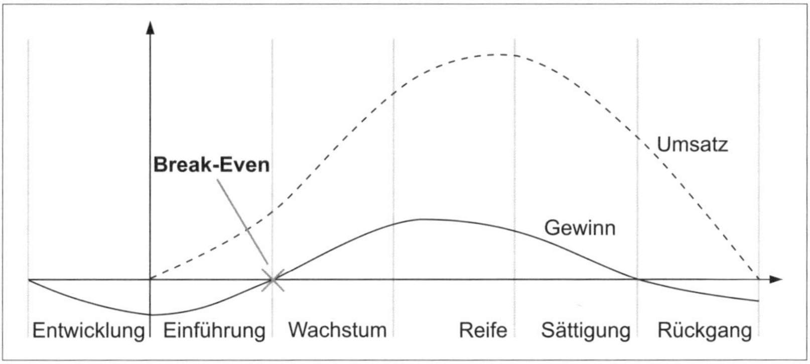

M 2 Eckart Granitza: Wie Kunden zum Konsum verführt werden

Sehen, Hören, Riechen, Fühlen: Die Werbeindustrie und ihre Experten für Neuromarketing rüsten zum Großangriff auf alle unsere Sinne. Anregende Lichteffekte, berauschende Düfte, bezaubernde Musik verführen zum Kaufen – das aber auf unaufdringliche Art. Willkommen in der schönen neuen Warenwelt!

Erlebniswelten, Rabatte und Niedrigpreise, Düfte und Musik und nicht zuletzt Licht, das die Waren im besten Licht erscheinen lässt: Immer neue Marketinginstrumente sollen den zahlungskräftigen Kunden unbewusst zum Kauf animieren. Der Marktschreier ist out, Kaufen wird zum „Event".

Jeder Deutsche hat ungefähr 3 000 Markenkontakte täglich, das heißt, er wird mit circa 3 000 Plakaten, Litfaßsäulen, Spam-Mails, Fernsehspots und Zeitungsanzeigen bombardiert. Logisch, dass die einzelnen Produkte in der Werbeflut untergehen. Deshalb will die Branche nun mit raffinierteren Sinnesreizen eine zusätzliche Dimension erschließen.

[…] Vor allem Düfte und die Berieselung mit Musik. „Düfte können die Fantasie inspirieren, Gefühle entfachen und bei richtigem Einsatz über das Wohlbehagen der Kunden entscheiden", sagt Andrea Gröppel-Klein, Direktorin des Instituts für Konsum- und Verhaltensforschung an der Universität des Saarlands.

Allerdings muss man beim Einsatz von Düften vorsichtig sein. Vor allem die richtige Dosierung ist enorm wichtig. „So muss der Duft zwar bemerkbar sein, aber er darf auf keinen Fall überdosiert werden", weiß Gröppel-Klein. „Sonst empfindet der Konsument ihn als belästigend."

Eine optimale Dosierung ist für viele Kaufhäuser schwierig, da die Klimaanlagen häufig nicht exakt eingestellt werden können. Deswegen haben viele Geschäfte auch separate Beduftungsanlagen. „Außerdem ist es sehr wichtig, dass der Duft und das verkaufte Produkt in einem Zusammenhang stehen", meint die Professorin für Betriebswirtschaft. „So passt zu einem Sportgeschäft zum Beispiel ein Zitrusduft, der Frische suggeriert, während zu einer Abteilung mit Christbaumschmuck beispielsweise ein weihnachtlicher Zimtduft passen würde."

Ähnlich verhält es sich mit der Musik. Das Unternehmen Alcas Muzak, das Audio- und Video-Verkaufsstrategien verkauft und Europas Marktführer in Sachen Kaufhausmusik ist, verschickt über Hochleistungsserver und via Satellit täglich sogenannte funktionale Hintergrundmusik an Tausende von Kaufhäusern. Der Sinn dieser Maßnahme ist es, von störenden Geräuschen abzulenken und auch eine unerwünschte, oft als bedrückend empfundene Stille zu vermeiden. Der Kunde soll sich wohlfühlen und im Laden bleiben.

Doch auch hier kann es ein Problem geben: Nicht alle Kunden haben den gleichen Musikgeschmack. Gerade in Supermärkten ist der Kundenstamm ziemlich heterogen. Was beim einen zum Einkaufen anregt, führt beim anderen zum Wunsch, den Laden möglichst schnell zu verlassen. Deswegen darf die Musik in großen Kaufhäusern und Supermärkten auch nie aufdringlich sein. „Sonst kann sie ganz schnell zum Stressfaktor für den Kunden werden", meint Gröppel-Klein.

Je homogener die Zusammensetzung der Kundschaft, desto besser funktioniert die Musikberieselung, sagt die Konsumforscherin. Das hätten wissenschaftliche Studien belegt. Und Musik kann tatsächlich die Kaufentscheidung beeinflussen. Ein Experiment in einem amerikanischen Weinladen habe ergeben, dass die Kunden, begleitet von leichter klassischer Musik, weit teurere Flaschen kauften als bei der Berieselung mit Popmusik.

Und nicht nur das: Als ein englischer Supermarkt in seiner Weinabteilung deutsche Volksmusik abspielte, kauften die Kunden zu etwa zwei Dritteln deutsche Weine, hörten sie hingegen französische Chansons, wurden 80 Prozent französische Tropfen gekauft.

„Insgesamt können optische, akustische oder olfaktorische Reize bestimmte positive Emotionen auslösen, die der potenzielle Käufer auf das Produkt oder den entsprechenden Laden überträgt, und dadurch wird die Kaufwahrscheinlichkeit natürlich erhöht", meint Walter Becker, Professor für Wirtschaftspsychologie an der Fachhochschule für angewandtes Management in Erding bei München.

Welt-Online vom 11. 4. 2008
www.welt.de/wissenschaft/article1891620/Wie_Kunden_zum_Konsum_verfuehrt_w erden.html

Lösungsvorschlag

1. *Die Aufgabenstellung lässt die geforderte Art der Grafik offen, sodass mehrere Möglichkeiten der Darstellung gegeben sind. Da ein Prozess dargestellt werden soll, sind bestimmte grafische Umsetzungen, wie eine Mindmap, ausgeschlossen. Schriftliche Erläuterungen werden nicht erwartet.*

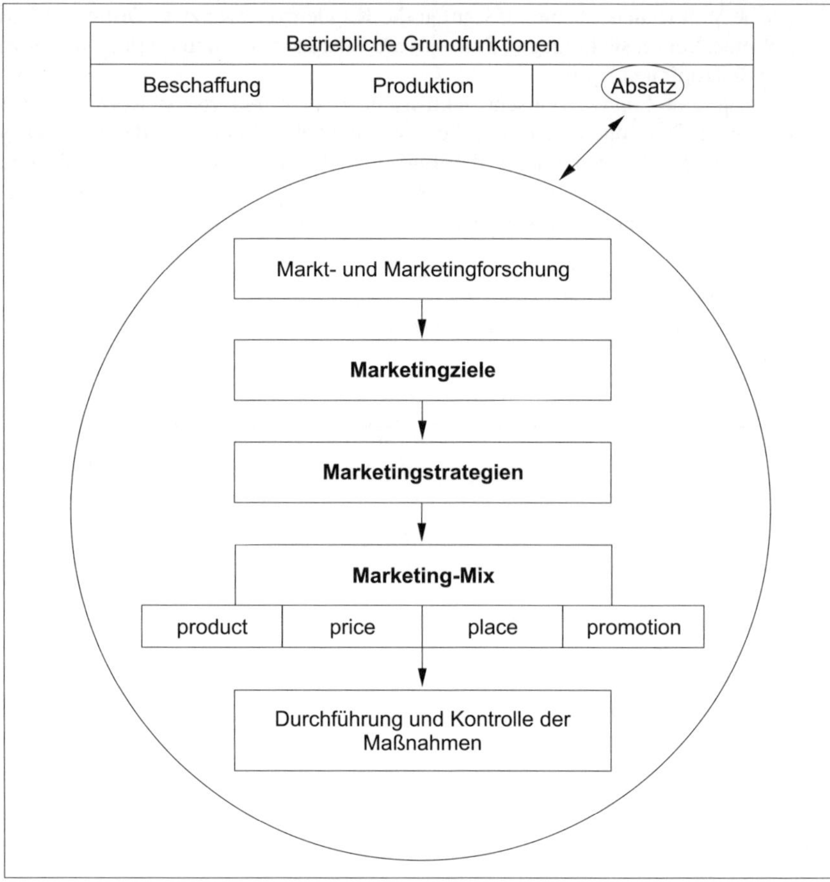

2. *Da Marketing bereits in Aufgabe 1 definiert wurde, brauchen Sie hier nicht mehr ausführlich darauf einzugehen. Beispiele können zur Erläuterung hilfreich sein.*

Werbung mit Marketing gleichzusetzen ist falsch, die **Werbung** (**Promotion**) **ist lediglich ein Teil der Marketingkonzeption** eines Unternehmens. Marketing wird als ganzheitlicher Prozess verstanden, der das Ziel hat, die **Kundenbedürfnisse zu befriedigen** und die gesetzten **Unternehmensziele zu realisieren**. Idealer-

weise fließt die Marketingkonzeption in alle Bereiche des Unternehmens ein. In einer enger gefassten Definition wird Marketing mit dem **absatzwirtschaftlichen Prozess** gleichgesetzt.
Die Wahrnehmung der Öffentlichkeit lässt sich aber erklären: Die Werbung ist der Bereich, der sich direkt an den Konsumenten wendet und von diesem auch als **gewollte Kommunikation** wahrgenommen wird. Zudem haben Unternehmen oft ein sehr hohes **Werbebudget** und sind mit ihren Kampagnen, Anzeigen und Werbespots in vielen Medien präsent. Dass auch der Preis oder der Vertriebsweg Teil der Marketingkonzeption sind, erschließt sich für den Konsumenten möglicherweise auf den ersten Blick nicht.

3. *Das Modell des Produktlebenszyklus sollten Sie zu Beginn kurz erklären. Anschließend sollen Sie die Notwendigkeit eines Wandels der Marketingstrategie argumentativ schlüssig entwickeln. Auf die Veränderung der Kundenstruktur müssen Sie hinweisen, wobei die Fachtermini nicht erwartet werden.*

Das klassische Modell des **Produktlebenszyklus** stellt den **idealtypischen Lebensweg** eines Gutes von der Entwicklung über die Markteinführung bis zum Ausscheiden aus dem Markt dar. Die einzelnen Phasen können, abhängig vom Produkt, unterschiedlich lange dauern.
Die Marketingstrategie unterscheidet sich dabei von Phase zu Phase, da sich der Markt und das Marktumfeld jeweils verändern: In der **Entwicklungsphase** eines Produkts finden sehr selten nach außen gerichtete Aktivitäten statt.
In der **Einführungsphase** kommt das Produkt auf den Markt. Es muss nun durch entsprechend gestaltete Marketingmaßnahmen erfolgreich am Markt platziert werden. Diese müssen Aufmerksamkeit erregen und den Nutzen des Produkts erklären. Sogenannte **Konsumpioniere** lassen sich als erste auf einen Kauf ein.
In der **Wachstumsphase**, in der spätestens der Break-Even, also der Kostendeckungspunkt erreicht sein sollte, steigt der Umsatz weiter. Die Marketingmaßnahmen werden **selektiver** und sollen das Produkt von denen der **Mitbewerber abgrenzen**, die nun zunehmend vergleichbare Produkte anbieten. Falls das Produkt in der Einführungsphase noch auf einem beschränkten Markt angeboten wurde, gilt es nun, das **Distributionsnetz** auszubauen. Den Konsumpionieren folgen als Kunden nun die **Frühadopter**.
In der **Reifephase**, in der auch konservative Unternehmen mit vergleichbaren Produkten am Markt sind, nimmt der Umsatz nur noch leicht zu. Um weitere Zuwächse bei einer vermehrt **konservativen Kundschaft** zu erzielen, muss sich das Produkt deutlicher von denen der Mitbewerber abheben. Dies kann erreicht werden, indem das Produkt (**product**) verbessert, der Preis (**price**) reduziert oder die Vermarktungsstrategie (**promotion**) geändert wird, etwa durch die Zugabe eines Gratisartikels. Zudem können neue Vertriebswege (**place**), z. B. über das Internet oder Discounter, erschlossen werden.
Die **Sättigungsphase** markiert den Wendepunkt: Der Umsatz geht nach Erreichen des Maximums langsam zurück. Es gilt nun, in einem kleiner werdenden Markt den bisherigen Marktanteil zu halten. Entsprechend offensiver wird die Marke-

tingstrategie sein. Aggressive Werbung und Kampfpreise werden hier verstärkt eingesetzt.
In der **Rückgangsphase**, die von stark rückläufigen Umsätzen und Verlusten bei den Herstellern geprägt ist, setzt sich die zuvor eingeschlagene Marketingstrategie fort. Die Unternehmen investieren nicht mehr in das Gut und entwickeln stattdessen andere Produkte.

4. *Sie sollen unter Beachtung der Zitierregeln Möglichkeiten und Grenzen der Beeinflussung des Verbraucherverhaltens aus dem Text herausarbeiten und durch weitere Aspekte und Beispiele ergänzen. Unterscheiden Sie Ihre Argumente immer deutlich von denen des Autors. Am Ende sollen Sie ein Fazit formulieren. Denken Sie auch an rechtliche Grenzen und Möglichkeiten.*

Eckardt Granitza befasst sich in seinem am 11. 4. 2008 auf Welt-Online erschienenen Text mit den Möglichkeiten und Grenzen, den Kunden durch Marketing zum Kauf zu animieren. Er bezieht sich konkret auf das **Neuromarketing** (vgl. Z. 2), mit dem es möglich sei, den Kunden „**unbewusst zum Kauf [zu] animieren**" (Z. 8 f.). Düfte, Musik und Licht sollen den Kunden in eine **positive Stimmung** versetzen, die schließlich zu einer Kaufentscheidung führe (vgl. Z. 15 ff.). Dies ist ein Zusammenhang, der auch grundsätzlich von der Wissenschaft gesehen wird (vgl. Z. 54 ff.). Granitza bezieht sich in diesem Zusammenhang auf die Ergebnisse eines Experiments, bei dem die Kunden – abhängig von der Hintergrundmusik – unterschiedliche Weine gekauft haben (vgl. Z. 50 ff.). Der erfolgreiche Einsatz solcher Marketinginstrumente müsse **sorgfältig geplant** werden (vgl. Z. 20 f.). Ihre Grenzen sieht Granitza nicht zuletzt in der technischen Umsetzung, beispielsweise weil es schwierig sei, Düfte über die Klimaanlage in der richtigen Dosierung zu verteilen (vgl. Z. 24 f.). Je **heterogener die Kundschaft** sei, umso **schwieriger sei es, eine anregende Verkaufsatmosphäre zu schaffen**, etwa wegen des unterschiedlichen Musikgeschmacks der Konsumenten (vgl. Z. 38 ff.).
Mit dem Neuromarketing und immer weiter verfeinerten Marketinginstrumenten nehmen die Möglichkeiten der Kundenbeeinflussung zu. Durch bestimmte **Schlüsselreize** werden gezielt **Hirnregionen** angesprochen und aktiviert, was beim Kunden, **oft unbewusst**, zu einer Verhaltensänderung führt. Durch zunehmende **technische Möglichkeiten**, wie Internet oder Mobilfunk, lassen sich die Kunden über neue Kommunikationskanäle zudem immer **umfassender ansprechen**. Darüber hinaus können dem Verbraucher, etwa durch die Erstellung von Nutzerprofilen und die Auswertung und Vernetzung vorhandener Kundendaten, maßgeschneiderte Angebote präsentiert werden. Eine solche **individuelle Offerte** soll den Kunden zum Kauf animieren.
Eine **zunehmende Produktvielfalt** und immer **kürzere Produktlebenszyklen**, etwa im Elektronikbereich, **verringern die Übersichtlichkeit** und damit die Möglichkeit, Qualität und Preise miteinander zu vergleichen. Und dabei wird es immer schwieriger, zwischen **objektiver Information** und einer **versuchten Beeinflussung** zu unterscheiden: Stammt die Bewertung eines Produkts in einem Verbraucherportal im Internet wirklich von einem kritischen Kunden, oder wurde sie von

einem Mitarbeiter des Unternehmens verfasst? Ist die wohlwollende redaktionelle Berichterstattung der Lokalpresse über die Firma X dem Umstand geschuldet, dass es sich hier um einen großen Werbekunden handelt?
Dennoch lässt sich, wie auch Granitza in seinem Text anspricht, der Konsument nicht steuern. Der Einsatz eines bestimmten Marketing-Mix kann die **Kaufwahrscheinlichkeit** lediglich erhöhen (vgl. Z. 56 f.). Denn auch der Kunde kann sich immer besser informieren. Beispielsweise das Internet bietet nahezu **unbegrenzte Recherchemöglichkeiten**. Immer mehr Verbraucherportale und -foren, Blogs und Rezensionen liefern Informationen zu Produkten und Dienstleistungen. Und schließlich reguliert der **Gesetzgeber** Art und Umfang der Marketingmaßnahmen. So verbietet beispielsweise das **Gesetz gegen den unlauteren Wettbewerb** falsche oder irreführende Aussagen in der Werbung, und Datenschutzgesetze regeln den Umgang mit Kundendaten.
Fazit: Die Möglichkeiten der Einflussnahme auf das Kundenverhalten werden durch die Erkenntnisse der Psychologie und der Hirnforschung bzw. durch immer neue technische Möglichkeiten laufend größer. Geht man von einem **souveränen Konsumenten** aus, steigen aber auch dessen Möglichkeiten, Informationen über Produkte oder Anbieter einzuholen. Wo dies eingeschränkt oder gar nicht möglich ist, wie etwa beim Datenschutz, regelt der Gesetzgeber immer mehr Details.

5. a) *Hier sollen Sie auf die bei der Standortwahl relevanten Faktoren vor dem Hintergrund des Produktlebenszyklus eingehen. Dieser wurde in Aufgabe 3 schon dargestellt, muss also nicht erneut ausführlich erläutert werden.*

Die Wahl des richtigen Standorts kann für ein Unternehmen von existenzieller Bedeutung sein. Bei der Auswahl werden verschiedene **Standortfaktoren** berücksichtigt, die sich in **harte**, also solche, die sich quantifizieren lassen, und **weiche Standortfaktoren**, die sich nicht in der Kostenrechnung ausdrücken lassen, unterteilen. Standortfaktoren sind beispielsweise: die Infrastruktur, Lohnkosten, Höhe von Steuern und Gebühren, Existenz von Bildungseinrichtungen oder der Freizeitwert des Standortes.
Die Gewichtung der Standortfaktoren erfolgt **sehr stark branchen- und unternehmensspezifisch**. Der Standortfaktor Zentrumsnähe, der beispielsweise für ein Restaurant von zentraler Bedeutung ist, muss für eine Schreinerei gar keine Rolle spielen. Auch ist entscheidend, ob es um eine **Neugründung**, **eine Verlagerung oder um die Errichtung einer Filiale bzw. eines Zweigwerkes** geht. Grundsätzlich kann man aber sagen, dass sich die Standortfaktoren **im Verlauf des Produktlebenszyklus verändern**. Sind in der Entwicklungs- und Einführungsphase noch qualifizierte Arbeitskräfte und eine hochwertige Infrastruktur notwendig, wandelt sich dies im Verlaufe des Lebensweges des Gutes. Sobald es eingeführt ist und sich die Herstellungs- und Distributionsprozesse eingespielt haben und optimiert sind, rücken billige Arbeitskräfte und günstigere Standortkosten in den Vordergrund.

b) *Bei dieser Aufgabe sollen Sie den Adressatenbezug beachten. In Ihrer Rolle als Betriebsrat darf Ihre Stellungnahme durchaus appellative Formulierungen enthalten. Auch wenn es sich um eine offene Aufgabenstellung handelt, denken Sie daran: Je mehr Sie auf die Interessen Ihres Gegenübers eingehen, umso eher wird dieser bereit sein, Ihnen entgegenzukommen.*

Sehr geehrte Geschäftsleitung,
Ihre Mitteilung, die Produktion aus Kostengründen ins Ausland zu verlagern, hat uns überrascht und schockiert. Auch wenn die Abteilungen für Entwicklung, Design und Marketing in Deutschland bleiben sollen, fallen doch mehr als zwei Drittel der Stellen hier am Standort weg.
Es ist keine Neuigkeit, dass die **Lohnkosten** in Deutschland weit über dem internationalen Durchschnitt liegen. Ein Unternehmen wie wir, das in der arbeitsintensiven Textilindustrie tätig ist, hat auf dem Markt natürlich einen schweren Stand. Betrachtet man aber die **Lohnstückkosten**, sieht die Situation schon besser aus, ganz abgesehen davon, dass das Qualitätsmerkmal „Made in Germany“ verkaufsfördernd wirkt. Zudem kann bei einer Produktion im Markt **viel schneller und flexibler auf Nachfrageschwankungen reagiert** werden. Nimmt man noch die zu zahlenden Abfindungen für die Mitarbeiter, die entlassen werden sollen, hinzu, ist es mehr als fraglich, ob die anvisierte Kostenersparnis tatsächlich zu erreichen ist.
Zudem sehen wir die Gefahr, dass dies nur der erste Schritt eines weiteren Stellenabbaus ist. Wenn dann Entwicklung, Design und Marketing auch noch in Fernost erledigt werden, sehen wir sehr schlechte Chancen für den Fortbestand des ganzen Unternehmens – auch wenn sicher beteuert werden wird, die **Verlagerung der Fertigung sichere die übrigen Arbeitsplätze in Deutschland**.
Neben den von uns erwarteten Qualitätsproblemen sehen wir auch den **Ruf des Unternehmens in Gefahr:** Die Verknüpfung und Verwurzelung des Unternehmens mit dem Standort wird einer höheren Rendite geopfert. Man setzt sich über die **soziale Verantwortung** hinweg, die ein Unternehmen auch zu erfüllen hat, und Mitarbeiter, die jahre-, wenn nicht jahrzehntelang loyal im Betrieb tätig waren, stehen nun auf der Straße. Volkswirtschaftlich gesehen schadet jeder weitere Arbeitslose der Nachfrage und letztendlich auch unserem Unternehmen.
Wir fordern daher, die Entscheidung zurückzunehmen. Mit einer besseren Positionierung unserer Produkte auf dem Markt und der Betonung des Herkunftsnachweises „Made in Germany“ glauben wir, weiterhin konkurrenzfähig sein zu können.
Der Betriebsrat und die Belegschaft sind bereit, ihren Beitrag dazu zu leisten und in Verhandlungen über flexiblere Arbeitszeitmodelle zu treten bzw. übertarifliche Leistungen auf den Prüfstand zu stellen.

Der Betriebsrat

Schriftliche Abiturprüfung Wirtschaft (Baden-Württemberg)
Übungsaufgabe 3: Wirtschaftliches Handeln im Sektor Ausland

Aufgaben:

1. a) Beschreiben Sie die Entwicklung des Welthandels nach dem Ende des Zweiten Weltkrieges. — 6 VP

   b) Charakterisieren Sie mithilfe von M 1 die Struktur des Welthandels. — 8 VP

2. Stellen Sie dar, inwieweit das Bruttoinlandsprodukt (BIP) ein geeigneter Indikator zur Beschreibung des Entwicklungsstandes eines Landes ist. — 10 VP

3. Beurteilen Sie, inwieweit die Theorie der komparativen Kostenvorteile von David Ricardo heute zur Erklärung des Außenhandels herangezogen werden kann. — 12 VP

4. Vergleichen Sie die Haltung zu Zöllen und Subventionen in M 2 und M 3. — 12 VP

5. Erörtern Sie die Forderung aus M 3 nach einer „einseitigen Marktöffnung“ (Z. 29) der EU aus der Sicht Deutschlands. — 12 VP

60 VP

M 1 Welthandelsvolumen 2008 (in Milliarden US-Dollar)

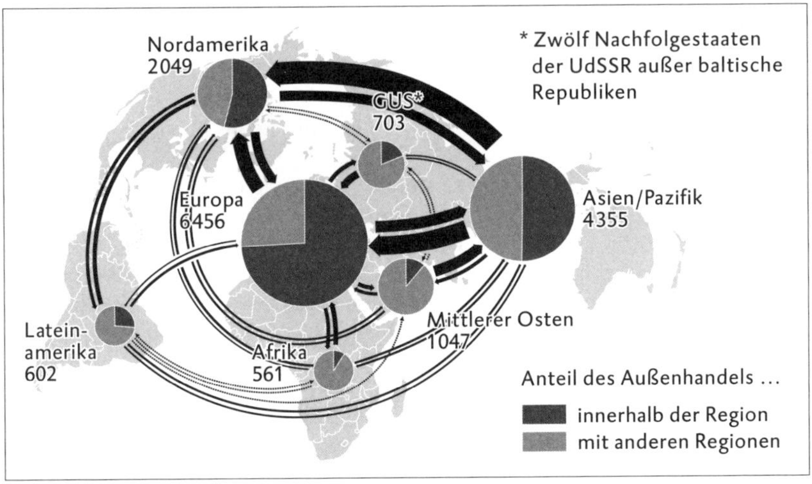

Atlas der Globalisierung, Le Monde Diplomatique, Berlin, 2009.

M 2 Verstoß gegen die Spielregeln

© Gerhard Mester

M 3 Valentin Zahrnt: Weg mit den Zöllen – zur Not im Alleingang

Mehrmals waren wichtige Gespräche im Streit zusammengebrochen: 1999 in Seattle, 2003 in Cancún und im vergangenen Jahr in Potsdam. Die Verhandlungen der Welthandelsorganisation (WTO) über ein Rahmenabkommen für die Liberalisierung des Handels sind gescheitert. Im Jahr 2005 gingen die Minister immerhin vorsichtiger miteinander um und brachten die Konferenz in Hongkong ordnungsgemäß zum Abschluss – allerdings ohne nennenswerte Ergebnisse. […]

Da die WTO in der Sackgasse steckt, werden viele Staaten einen Ausweg in bilateralen Abkommen suchen. So können Regierungen den Zugang zu einzelnen Märkten öffnen – und dafür Lorbeeren ernten. Die Nachteile dieses Ansatzes sind indes weniger sichtbar. Er verzerrt zunächst die Handelsströme: Die EU gewährt etwa mexikanischen Anbietern einen bevorzugten Marktzugang, nicht jedoch brasilianischen. So kann sich ein mexikanisches Unternehmen gegen ein brasilianisches auf dem europäischen Markt durchsetzen, obwohl es – vor Zöllen – einen höheren Preis verlangt. Verlierer ist nicht nur Brasilien, sondern auch die EU, da sie nicht vom preisgünstigsten Anbieter importiert.

Außerdem treiben bilaterale Abkommen die Verwaltungskosten von Unternehmen in die Höhe: Statt mit einem einheitlichen Zollsatz je Land kalkulieren zu können, müssen Unternehmen sich in einem Spinnennetz bevorzugter Handelsbeziehungen zurechtfinden, um zu entscheiden, aus welchen Ländern sie ihre Vorprodukte beziehen, in welchen sie fertigen und in welche sie exportieren. All dies wird durch Ursprungsregeln weiter verkompliziert, die verhindern sollen, dass Drittländer bilaterale Handelsabkommen unterlaufen. Das heißt, dass mexikanische Unternehmen nachweisen müssen, dass ihre Produkte tatsächlich aus Mexiko stammen und nicht etwa von brasilianischen Anbietern über Mexiko in die EU eingeführt werden. Bilaterale Abkommen sind also keine Abkürzung zu freierem Handel – sie sind ein Irrweg.

Wenn eine allseitige Liberalisierung sich nicht umsetzen lässt und eine bilaterale nicht ratsam ist, dann bleibt die Option der einseitigen Marktöffnung. Die Staaten müssen sich die Frage stellen: Liegt es in ihrem eigenen Interesse, Handelsbeschränkungen aufrechtzuerhalten, nur weil andere dasselbe tun? Die überwältigende Mehrheit aller Ökonomen hat eine klare Antwort: Nein. Zölle zu erheben ist ungefähr so sinnvoll, wie die Häfen des eigenen Landes zuzuschütten oder die Flughäfen zu schließen. Handel bringt Wohlstand, Protektionismus hingegen bringt Gewinn für einige wenige – auf Kosten der Allgemeinheit.

In der EU ist die Landwirtschaft der Sektor, der am stärksten durch Zölle geschützt wird und die meisten Subventionen erhält. Die Gemeinsame Agrarpolitik hindert Bauern schon seit 1962 daran, effizient und marktgerecht zu produzieren. Gegenwärtig streiten sich die EU-Mitgliedsstaaten über den künftigen Kurs. Der britische Finanzminister Darling hat einen mutigen Vorstoß unternommen und vorgeschlagen, alle Zölle und die meisten Subventionen zu streichen. Das brächte der EU zahlreiche Vorteile: Erstens würde die Produktion nicht länger verzerrt. Statt Zucker oder Baumwolle zu produzieren, würden sich die europäischen Bauern auf jene Produkte konzentrieren, in denen sie wettbewerbsfähig sind. Zweitens würden ohne Zölle die Konsumentenpreise fallen und damit die Inflation gehemmt. Die Preise für Lebensmittel, für die die Bürger täglich in die Tasche greifen, prägen stark die „gefühlte Teuerung" und treiben so, über höhere Lohnforderungen, die Inflationsspirale an. Drittens würde der europäische Haushalt entlastet, der zu 40 % für Landwirtschaftssubventionen verwendet wird. Damit würden Investitionen in Bildung, Forschung oder Klimaschutz ermöglicht. Alternativ könnten die Beiträge der Mitgliedsstaaten – und damit letztlich die Steuern – gesenkt werden.

International hätte eine konsequente Öffnung der EU höchst erfreuliche Nebenwirkungen: Sie würde andere Staaten unter Druck setzten, ihre Subventionen ebenfalls zu kürzen.

In: Süddeutsche Zeitung, 7. 8. 2008, S. 16

Lösungsvorschlag

1. a) *Bei der Beschreibung des Zeitraums bis 1990 müssen Sie nicht vertieft auf den Handel innerhalb des Rats für gegenseitige Wirtschaftshilfe (RGW) bzw. der kommunistischen Länder eingehen. Da die aktuelle Struktur des Welthandels Gegenstand der Aufgabe 1 b ist, müssen Sie diese nicht detailliert beschreiben.*

Die ersten Jahre nach 1945 waren in Europa vom Wiederaufbau gekennzeichnet. Zu Beginn der **1950er-Jahre nahmen die Wirtschaftsbeziehungen zwischen den Ländern zu**. Die Spannungen zwischen den Siegermächten führten dazu, dass der Austausch von Waren und Dienstleistungen während des **Kalten Krieges** weitgehend innerhalb der politischen Blöcke in Ost und West ablief. Der Welthandel nahm immer weiter zu, was einerseits mit dem Ausbau der **internationalen Arbeitsteilung**, andererseits mit einer zunehmenden **Liberalisierung** und dem **Abbau von Handelshemmnissen**, etwa im Rahmen des **GATT**, zu erklären ist. Wirtschaftsräume, wie etwa die EG/EU, forcierten diesen Prozess.
Mit dem Zusammenbruch des Ostblocks ab 1989 war der Weg für einen globalen Handel frei. In dieser Zeit tauchte auch immer öfter der Begriff **Globalisierung** auf. **Technische Entwicklungen**, wie das Internet, weitere **Liberalisierungen** und **fallende Transportkosten** brachten neue Impulse. Die Einführung einer **gemeinsamen Währung in Europa** erleichterte die Handelsbeziehungen in diesem Wirtschaftsraum.

b) *Die Informationen, die Sie der Grafik entnehmen können, sollen Sie durch eigene Kenntnisse ergänzen.*

In der Grafik M 1, die 2009 im Atlas der Globalisierung veröffentlicht wurde, ist das Welthandelsvolumen in Milliarden US-Dollar angegeben. Es sind die Handelsbeziehungen sowohl innerhalb als auch zwischen den Regionen dargestellt. Den mit Abstand **größten Anteil am Welthandel** haben Europa (6 456 Mrd. USD), Asien (4 355 Mrd. USD) und Nordamerika (2 049 Mrd. USD). Bezieht man die Bevölkerung mit ein, würde Europa, gemessen am Pro-Kopf-Wert, noch weiter herausstechen. Der Großteil der Handelsströme verläuft zwischen den drei genannten Regionen, man spricht daher vom **Triadenhandel**. Betrachtet man den Handel innerhalb der Regionen, sind Europa und Nordamerika die einzigen, in denen der **intraregionale Handel** deutlich überwiegt. Die anderen Regionen liefern ihre Güter fast ausschließlich in die Länder der Triade. Es handelt sich dabei vorwiegend um Rohstoffe und Vorprodukte.

2. *Nach einer einführenden Definition des Begriffs Bruttoinlandsprodukt (BIP) sollen Sie die Erklärungskraft des Indikators darstellen und dessen Relevanz für die Beschreibung weltwirtschaftlicher Entwicklungsprozesse verdeutlichen.*

Das Bruttoinlandsprodukt (BIP) umfasst alle während eines Zeitraums in einer Volkswirtschaft **erstellten bzw. erbrachten Güter und Dienstleistungen**. Es ist ein Maß für die wirtschaftliche Leistung eines Landes.

Ein Vorteil des BIP ist seine Erhebung: Wirtschaftliche Daten lassen sich vergleichsweise einfach **operationalisieren** und **erheben**. Die Wirtschaftsleistung einzelner Länder lässt sich so vergleichen.
Ein Nachteil liegt aber in der Methodik. Bestimmte Bereiche, wie die **Schwarzarbeit, die Subsistenzwirtschaft oder ehrenamtliche Tätigkeiten, bleiben vom BIP unberücksichtigt**. So ist beispielsweise in Ländern Asiens oder Südamerikas, in denen der informelle Sektor einen hohen Anteil an der Wirtschaftsleistung hat, die Aussagekraft des BIP stark eingeschränkt. Genau genommen können also nur Länder mit einer vergleichbaren Wirtschaftsstruktur anhand des BIP verglichen werden.
Problematisch ist das BIP als Maß zur Beschreibung des Entwicklungsprozesses, denn **Entwicklung lässt sich nicht mit Wohlstand gleichsetzen**. Viele Länder, wie etwa die Golfstaaten, verfügen über ein BIP, welches auf dem Niveau zahlreicher europäischer Länder liegt. Allerdings verteilt sich der Wohlstand in der Bevölkerung nicht gleichmäßig. Eine zahlenmäßig kleine reiche Oberschicht steht sehr armen Bevölkerungsschichten gegenüber. Eine Reihe wichtiger **Indikatoren** zur Beschreibung des Entwicklungsstandes, wie die Einkommensverteilung, Kindersterblichkeit oder die Analphabetenrate, sind im BIP nicht enthalten. Damit ist das BIP nur bedingt zur Analyse des Entwicklungsstandes eines Landes geeignet.

3. *Zu Beginn ist die Theorie der komparativen Kostenvorteile darzustellen. Bei der Beurteilung sollten Sie die Grundannahmen Ricardos berücksichtigen.*

Zu Beginn des 19. Jahrhunderts entwickelte der britische Nationalökonom David Ricardo das Modell der **komparativen Kostenvorteile**. Es ist eine Weiterentwicklung der von Adam Smith aufgestellten Theorie der absoluten Kostenvorteile. Ricardo geht in seiner Theorie, welche das **Zustandekommen von Außenhandelsbeziehungen** zwischen zwei Ländern erklären soll, von einem einzigen Produktionsfaktor aus: der Arbeit. Nach der Theorie soll sich ein Land auf die Produktion desjenigen Gutes spezialisieren, bei dem es einen komparativen, d. h. relativen Vorteil, also geringere Opportunitätskosten hat. Die anderen Güter importiert es. Die Theorie erklärt damit auch, weshalb es sich lohnt, mit Ländern Handel zu treiben, die bei allen Gütern einen absoluten Kostennachteil haben.
Die Theorie ist **wegen ihrer einfachen Annahmen nur bedingt geeignet**, die gegenwärtigen komplexen Handelsbeziehungen zu erklären. Insbesondere die Beschränkung auf den Produktionsfaktor Arbeit, der zudem noch als homogen angesehen wird, kann hier als zu große Vereinfachung angesehen werden. Die Theorie wurde entsprechend weiterentwickelt, beispielsweise durch die schwedischen Wissenschaftler Heckscher und Ohlin, die in ihrer **Faktorproportionentheorie** die Produktionsfaktoren Kapital und Arbeit berücksichtigen.
Zudem kann Ricardo zur Erklärung der aktuellen Struktur nicht herangezogen werden, weil eine **zentrale Annahme Ricardos nicht erfüllt ist: der Freihandel**. Auch wenn die Liberalisierung auf dem Weltmarkt seit dem Ende des Zweiten Weltkrieges weit fortgeschritten ist, bestehen noch zahlreiche Handelshemmnisse.

4. *Beachten Sie, dass Sie zwei grundsätzlich verschiedene Quellenarten vergleichen sollen. Bei einer Karikatur ist die Aussage pointiert, oft mit dem Stilmittel der Übertreibung getroffen, während ein Zeitungskommentator seine Meinung ausführlicher darstellen und begründen kann. Verdeutlichen Sie, dass die Zölle einmal aus Sicht der Entwicklungsländer, einmal aus Sicht der Industrieländer, hier der EU, betrachtet werden. Sie müssen die Karikatur beschreiben, bevor Sie sie mit dem Text vergleichen.*

Der Karikaturist Gerhard Mester setzt sich in seiner Karikatur mit dem Titel „Verstoß gegen die Spielregeln" kritisch mit dem Weltmarkt auseinander. Auf der linken Seite der Zeichnung ist ein dunkelhäutiger, dürrer Mann mit nacktem Oberkörper dargestellt, der durch die Aufschrift „3. Welt" auf seiner Hose als Repräsentant der Entwicklungsländer gekennzeichnet ist. Er hält zitternd mit einer Hand einen Schutzschild mit der Aufschrift „**Schutzzölle**" vor sich. Ihm steht ein gut genährter Mann mit Hemd und Krawatte gegenüber. Die Aufschrift auf dessen Hemd kennzeichnet diesen als Vertreter der Industrieländer. Auf seiner Schulter ruht ein langes Schwert mit der Aufschrift „**Subventionen**". Er deutet auf den Schild und sagt sichtlich verärgert: „Das ist gegen die Spielregeln".
In der Karikatur wird die **Kritik an der aktuellen Situation auf dem Weltmarkt** deutlich. In einer Reihe von GATT-Runden wurden zahlreiche **tarifäre und nichttarifäre Handelshemmnisse abgeschafft**. Grundsätzlich sollte freier Zugang zu allen Märkten bestehen. Mester kritisiert in seiner Karikatur, dass die Entwicklungsländer gegen die Subventionen der Industrieländer nichts ausrichten können. Die einzige Möglichkeit, die ihnen zum Schutz der heimischen Märkte bleibt, seien **Zölle**. Gerhard Mester hält diese in Bezug auf die Entwicklungsländer **unter den aktuellen Rahmenbedingungen auf dem Weltmarkt für sinnvoll**.
Valentin Zahrnt fordert hingegen in seinem am 7. 8. 2008 in der Süddeutschen Zeitung erschienenen Text „Weg mit den Zöllen – zur Not im Alleingang" die Abschaffung von Handelshemmnissen. Ausgehend von der Feststellung, dass ein weltweit gültiges Rahmenabkommen zur Liberalisierung bislang fehle (vgl. Z. 3 f.), fordert er eine „**einseitige**[…] **Marktöffnung**" (Z. 29), denn von Handelshemmnissen würden nur wenige Akteure profitieren. Bilaterale Handelsabkommen zur Marktöffnung hält er für ungeeignet, führten diese doch zu höheren Kosten für den Verbraucher und zur Wettbewerbsverzerrung (vgl. Z. 17 ff.). Gleiches gilt nach Zahrnt für Subventionen, vor allem in der Landwirtschaft. Würden diese abgeschafft, **ende die Wettbewerbsverzerrung, die Preise fielen, und der EU stünde mehr Geld für Bildung u. ä. zur Verfügung** (vgl. Z. 42 ff.).
In der **kritischen Beurteilung der Subventionen sind sich Mester und Zahrnt einig**, wobei es Mester vornehmlich um die Situation der Entwicklungsländer geht, während Zahrnt in seinem Text die Argumentation aus Sicht der EU führt. Dies gilt auch in Bezug auf die **Zölle**. Daher lassen sich Mester und Zahrnt in diesem Punkt genau genommen **nicht vergleichen**, da die Abschaffung von Handelshemmnissen einmal die wirtschaftlich schwachen Entwicklungsländer, einmal die wirtschaftlich starken Länder der EU betrifft. Während der Wegfall der Schutzzölle nach Zahrnt zu einem Wohlfahrtsgewinn in der EU führen würde, würde er

die heimischen Produzenten in den Entwicklungsländern vom Markt drängen. Auch ohne das Subventions-Schwert aus der Karikatur bleiben die Industrieländer den Entwicklungsländern deutlich überlegen.

5. *Es gilt, unter Berücksichtigung der Stellung Deutschlands in der EU und des Welthandels das Für und Wider abzuwägen und ein begründetes Urteil zu fällen. Da nur wenige Länder mehr von der Liberalisierung profitieren als Deutschland, müssen Sie eine eventuelle Ablehnung der Forderung sehr gut und stichhaltig begründen. Argumente aus den Materialien können aufgegriffen werden.*

Von 2003 bis 2008 konnte Deutschland den Titel „**Exportweltmeister**" führen. Kein Land exportierte, in absoluten Werten, mehr Güter. Das belegt, dass Deutschland grundsätzlich Nutznießer einer Liberalisierung der Märkte ist. Da die Bundesrepublik **nicht in nennenswertem Maße Rohstoffe** besitzt und diese global beschaffen muss, kann sie ebenfalls davon profitieren, wenn bilaterale Abkommen Waren nicht mehr unnötig verteuern (vgl. M 3, Z. 17 ff.). Zudem ist es im Sinne Deutschlands, wenn der „**Vorbildeffekt**", den Zahrnt anspricht (vgl. M 3, Z. 53 ff.), greift und andere Länder ebenfalls ihre Zölle senken.
Nachteilig wäre dies für diejenigen Produzenten in Deutschland, die von Schutzzöllen profitieren. So wird beispielsweise die Landwirtschaft in der EU durch Zölle geschützt und ist nur sehr eingeschränkt dem Preisdruck ausgesetzt. Fielen diese weg, sähen sich die Produzenten einer Konkurrenz ausgesetzt, die wegen geringerer Lohnkosten, Umweltauflagen usw. ihre Produkte günstiger anbieten könnte, was zu einem Anstieg der **Arbeitslosigkeit** führen könnte. Zudem kann es aus bestimmten Gründen sinnvoll sein, einzelne Branchen oder Unternehmen nicht den freien Marktkräften auszusetzen. So können beispielsweise die Energiewirtschaft und die Rohstoffförderung mit der Begründung der **Versorgungssicherheit** vor dem Weltmarkt geschützt werden. Ein Argument, das angesichts knapper werdender Ressourcen noch an Gewicht gewinnen würde. Auch die Landwirtschaft, obgleich ihr Beitrag zum BIP weniger als 4 % beträgt, könnte mit demselben Argument unterstützt werden, zumal die Landwirte zusätzlich wichtige **Landschaftspflege** betreiben.
Eine **europäische Liberalisierung**, die möglicherweise einzelnen europäischen Staaten nützt, für Deutschland aber mehr Nachteile brächte, müsste in Deutschland dennoch umgesetzt werden, da Zölle und der EU-Außenhandel in die ausschließliche Kompetenz der EU fallen. Deutschland könnte hier, obwohl es der mit Abstand größte Mitgliedsstaat ist, von den anderen Staaten überstimmt werden.
Grundsätzlich kann Deutschland als Exportnation von einer Liberalisierung sehr stark profitieren. Dies hat sich in der Vergangenheit immer wieder gezeigt. Auch wenn einzelne Branchen unter dem Druck des Weltmarktes leiden oder, wie die Textilindustrie, faktisch ganz verschwinden, so profitiert doch die gesamte Volkswirtschaft von günstigeren Importen und der erhöhten Nachfrage nach deutschen Gütern. Aufgabe der Politik ist es daher nicht, die eigenen Unternehmen durch protektionistische Maßnahmen vor der ausländischen Konkurrenz zu schützen, sondern den **Anpassungsdruck zu mildern**.

Schriftliche Abiturprüfung Wirtschaft (Baden-Württemberg)
Übungsaufgabe 4: Wirtschaftliches Handeln im Sektor Ausland

Aufgaben:

1. Erklären Sie die Wirkung komparativer Kostenvorteile nach David Ricardo anhand der Produktionsmöglichkeitskurven aus M 1. 8 VP

2. Analysieren Sie die in M 2 dargestellte Entwicklung der Weltwirtschaft. 10 VP

3. Das Land X plant, den Inlandsmarkt für Weizen für ein festgelegtes Mengenkontingent von 4 Mio. Tonnen zu öffnen, indem es an die Inlandsanbieter eine entsprechende Anzahl Verkaufslizenzen ausgibt.
   a) Arbeiten Sie anhand von M 3 rechnerisch heraus, wie sich der Preis, die Verkaufs- und Importmengen, Konsumenten-, Produzenten- und Lizenznehmerrenten und die Gesamtwohlfahrt des Inlandes verändern würden. Erklären Sie Ihre Berechnungen. 9 VP
   b) Vergleichen Sie hierzu die Veränderung einer Marktöffnung ohne Beschränkungen und erklären Sie Ihre Berechnungen. 5 VP
   c) Erläutern Sie Vor- und Nachteile der geplanten Einführung von Importkontingenten vor dem Hintergrund anderer möglicher Maßnahmen des Staates. 8 VP

4. Arbeiten Sie aus M 4 heraus, mit welchen Argumenten der Autor seine Forderung nach einer „Rückkehr zum Protektionismus" (Z. 60 f.) stützt. 8 VP

5. Gestalten Sie einen Leserbrief aus Sicht eines Befürworters marktliberaler Theorien, der sich mit den Positionen in M 4 auseinandersetzt. 12 VP

60 VP

M 1 Produktionsmöglichkeitskurven für die Güter Aluminium und Zement in den Ländern A und B pro Arbeitstag in Tonnen.

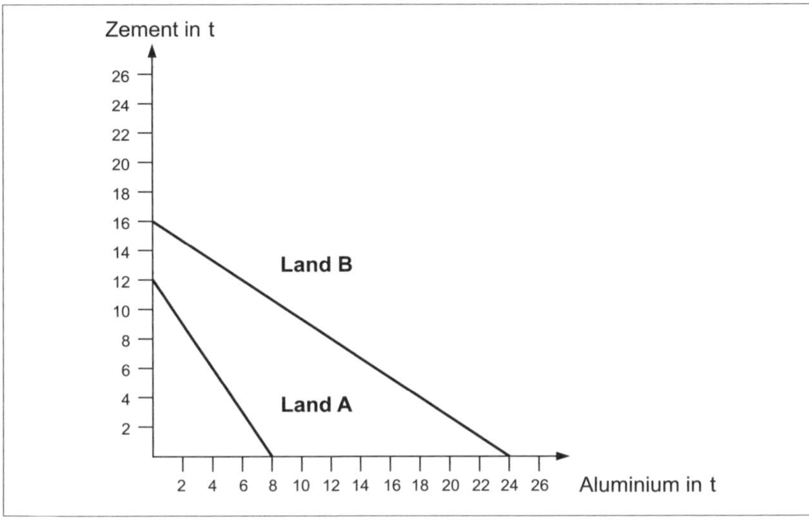

M 2 Anteile am Weltexport nach Regionen 1990–2009

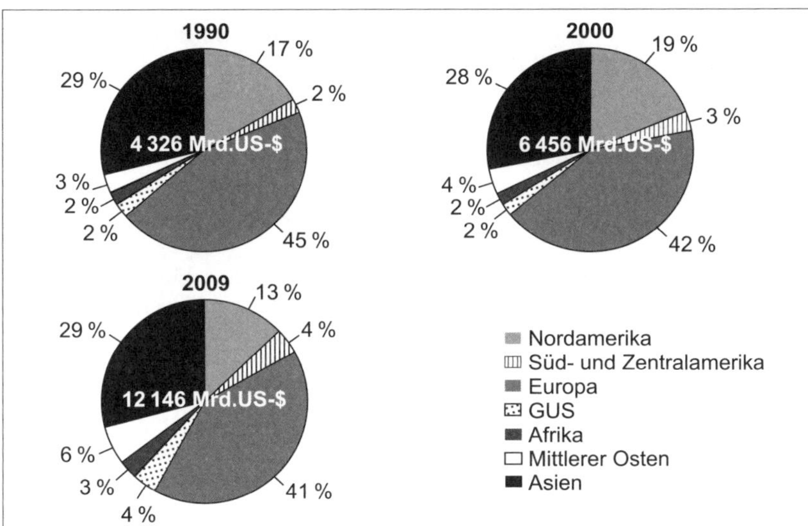

eigene Berechnung nach:
http://stat.wto.org/StatisticalProgram/WSDBStatProgramHome.aspx?Language=E

M 3 Weizenmarkt in Land X

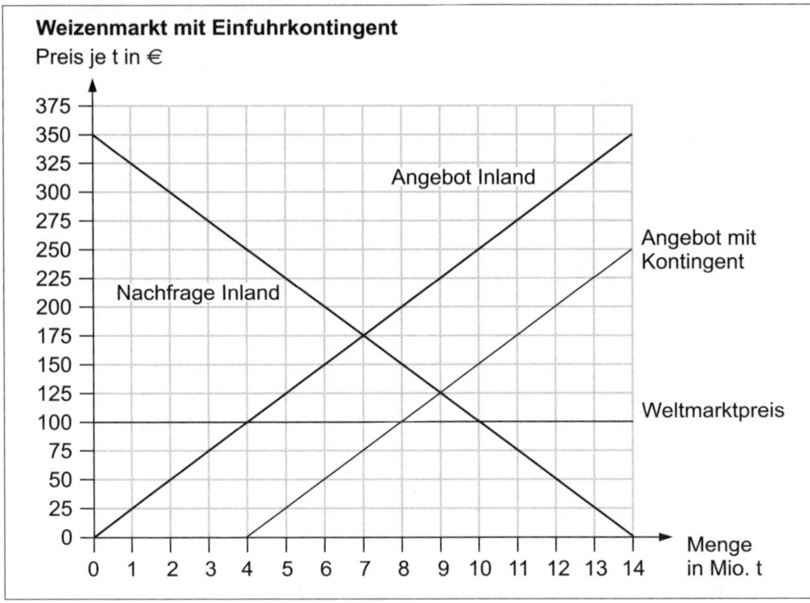

M 4 Jacques Sapir: Den Welthandel gestalten – Warum Protektionismus kein Zeichen von Feigheit ist

Ausmaß und Tiefe der Wirtschaftskrise haben die Debatte über den Protektionismus neu entfacht. Wie brisant das Thema ist, lässt sich an den aufgeregten Reaktionen der Protektionismusgegner ablesen, für die der Freihandel zum Fetisch geworden ist. Da werden Fakten in einer Weise vorgetragen, die die Wahrheit aus Unwissenheit oder mit voller Absicht verdreht. Kurzum: Protektionismus ist tabu.

Auf den ersten Blick scheint die aktuelle Krise eine Finanzkrise zu sein, die verschiedenen Faktoren zugeschrieben wird: der Unvorsichtigkeit der Banken und Banker, der Gier verantwortungsloser Spekulanten oder – und dies ist die intelligenteste Begründung – dem Fehlen von Regulierungsmechanismen. Tatsächlich ist folgender Zusammenhang entscheidend: Die Verschuldung und die Insolvenzen privater Haushalte sind massiv gestiegen, und zwar infolge der Lohndeflation, also des sinkenden Anteils der Löhne und Gehälter an dem verteilten Vermögen. Dieser Rückgang wiederum resultiert aus dem Druck, den der Freihandel ausübt, sei es durch den massenhaften Import von billigen Waren, sei es durch die Androhung von Standortverlagerungen. Der Freihandel begünstigt einen Abschwung in zweifacher Weise: direkt durch den Druck auf die Gehälter, indirekt dadurch, dass er den Wettbewerb um niedrige Steuern fördert. In Ländern, in denen die Unternehmen in unmittelbarer Konkurrenz zu den Importen aus Billiglohnländern stehen, versuchen die Regierungen, die Gewinne der inländischen Unternehmen auf gleich bleibendem Niveau zu sichern, um Standortverlagerungen zu verhindern und damit Arbeitsplätze zu erhalten. Sie tun dies, indem sie die Sozialabgaben der Unternehmen auf die Beschäftigten abwälzen. […]

Die eigentliche Verantwortung für die Krise liegt also nicht beim Bankensektor, dessen tiefgehende Krise nur ein Symptom ist, sondern beim Prinzip des Freihandels in Kombination mit der entsprechenden Liberalisierung der Finanzmärkte. […]

So fand bei deutschen Unternehmen eine massenhafte Produktionsverlagerung hin zu ausländischen Vertragsfirmen statt. Seit der Osterweiterung der EU gilt häufig nicht mehr Made in Germany, sondern allenfalls Made by Germany. Gleichzeitig wurde über die Erhöhung der Mehrwertsteuer ein Teil der Lasten von den Unternehmen auf die Haushalte abgewälzt. Dadurch kam es zu einem starken deutschen Handelsüberschuss zulasten der Partner in der Eurozone. Aber auch um den Preis eines schwächeren eigenen Wachstums als Folge der rückläufigen Binnennachfrage – obwohl auch in Deutschland die private Verschuldung auf 68 Prozent des BIP angestiegen ist. […]

In den letzten dreißig Jahren hat die chinesische Wirtschaft technisch enorm aufgeholt. Gleichzeitig sind die direkten und indirekten Lohnkosten konstant geblieben. Der Qualitätszuwachs bei den Exportgütern bedroht langfristig sämtliche industriellen Arbeitsplätze der Welt. […] Der Mythos von der internationalen Spezialisierung, wonach sich diese Länder auf einfache Produkte konzentriert und den entwickelten Ländern die Herstellung komplexer Produkte überlassen haben, entspricht nicht der Realität. […]

Der Protektionismus ist kein Allheilmittel – die gibt es in der Wirtschaft nie und nirgends –, sondern eine notwendige Bedingung. Dabei muss das Ziel deutlich formuliert sein. Protektionistische Maßnahmen sollen nicht darauf zielen, die Profite weiter zu erhöhen, sondern die sozialen und ökologischen Errungenschaften zu sichern und auszubauen.

Es kann auch keinesfalls darum gehen, alle Billiglohnländer abzustrafen, sondern nur Länder, deren Produktivität sich dem Niveau entwickelter Volkswirtschaften annähert, ohne dass sie eine diesem Niveau entsprechende Sozial- und Umweltpolitik betreiben. Mit einem Satz: Protektionismus soll verhindern, dass der Welthandel die ganze Welt nach unten zieht. […]

In der Frage des Protektionismus geht es um eine schlichte Alternative: Entweder die anderen zwingen uns ihre Sozial- und Umweltpolitik auf, oder wir zwingen sie, unsere Standards zu übernehmen. Demgegenüber bedeutet der Freihandel nichts anderes als das Ende der Wahlfreiheit zwischen den Sozial- und Wirtschaftssystemen.

[…] Die Regierungen mögen sich noch so zieren: An einer Rückkehr zum Protektionismus kommen sie nicht vorbei. Er ist kein negativer Faktor, sondern bietet im Gegenteil die Chance, den Binnenmarkt auf einer stabilen Grundlage wieder aufzubauen und die Zahlungsfähigkeit von Privathaushalten und Unternehmen zu stärken. Deshalb kann eine offene Diskussion über Protektionismus entscheidend zum Ausweg aus der aktuellen Krise beitragen. Eine solche Diskussion sollte – jenseits von Fetischen und Tabus – möglichst bald in Gang kommen.

In: Le Monde diplomatique, März 2009, www.monde-diplomatique.de/pm/.dossier/finanzen.id,200903130039, Zugriff am 5. 5. 2010

Lösungsvorschlag

1. *Der Operator „erklären“ verlangt von Ihnen die Verbalisierung der vorgegebenen Grafik, wobei Sie Ihr eigenes Wissen und Informationen aus dem Material in einen schlüssigen Zusammenhang stellen sollen. Die Abbildungen dienen der Veranschaulichung, werden aber in der Aufgabenstellung nicht erwartet.*

Zur Veranschaulichung zunächst eine tabellarische Übersicht der Produktionsmöglichkeiten:

Produktionsmenge/Tag in t	Aluminium		Zement
Land A	8	oder	12
Land B	24	oder	16

Die in M 1 dargestellten Kurven verdeutlichen die Produktionsmöglichkeiten der Länder A und B für die Güter Aluminium und Zement pro Arbeitstag. Dabei wird deutlich, dass die **Produktivität** von Land B bei beiden Gütern höher ist, d. h., Land B kann pro Arbeitstag jeweils eine höhere Menge herstellen. Bei Aluminium ist die Produktivität um 200 % und bei Zement immerhin um 33 % größer. Es ergeben sich also, absolut gesehen, **Kostenvorteile** für Land B bei beiden Gütern, jedoch bei unterschiedlichen **Produktivitätsrelationen**.
In solchen komparativen Kostenunterschieden sah der englische Nationalökonom David Ricardo (1772–1823) die Begründung seines Theorems der „komparativen Kostenvorteile“.
Die Länder können jeweils eine beliebige **Kombination der Güter**, wie durch die Kurven dargestellt, produzieren. Dies bedeutet, dass die Produktion einer Einheit des einen Produkts mit dem Verzicht auf eine bestimmte Menge des anderen Produkts einhergeht. So entstehen also jeweils unterschiedliche Opportunitätskosten beim Verzicht auf eines der beiden Güter. Für Land A bedeutet dies den Verzicht auf 0,67 Einheiten Aluminium, sofern es sich für die Produktion einer zusätzlichen Einheit Zement entscheidet. In Land B liegen die Kosten für eine zusätzliche Einheit Zement bei 1,5 Einheiten Aluminium. Gemessen in **Opportunitätskosten** ist demnach die Produktion von Zement in Land A günstiger. Ein Handel mit den Gütern zwischen diesen Ländern wäre also interessant, wenn Land B den Zement aus Land A beziehen und dafür Aluminium an Land A verkaufen würde. Anders ausgedrückt heißt dies, dass in diesem Beispiel ein Händler aus Land B auf dem

Markt in Land A mehr Einheiten Zement für eine Einheit Aluminium tauschen kann als im eigenen Land.
Wenn sich beide Länder spezialisieren und ausschließlich das Gut mit den vergleichsweise (komparativ) geringeren Opportunitätskosten produzieren, Land A also Zement und Land B Aluminium, so können beide von den unterschiedlichen Opportunitätskosten profitieren, indem sie miteinander handeln.
Angenommen, Land A hätte sich vor dem Handel und einer **Spezialisierung** für die Produktion von 4 t Aluminium und 6 t Zement entschieden und Land B für 18 t Aluminium und 4 t Zement (siehe Abbildungen unten), so könnten sie idealerweise nach der Spezialisierung wie folgt miteinander tauschen: Land A erhielte von Land B 6 t Aluminium im Tausch gegen 6 t Zement, demnach verzeichneten beide Länder eine bessere Ausstattung mit den Gütern: Land A hätte 6 t Zement und 6 t Aluminium (+ 2 t) und Land B hätte 6 t Zement (+ 2 t) und 18 t Aluminium. Der Schnittpunkt in den Grafiken zu den Produktionsmöglichkeiten liegt oberhalb der Kurven, die die Herstellungsmöglichkeiten ohne Handel abbilden. Es würde sich also in beiden Ländern ein **Wohlstandsgewinn** ergeben. Somit sind in diesem Beispiel die Spezialisierung und der Handel auch dann vorteilhaft, wenn eines der beiden Länder alle Güter kostengünstiger als das andere Land herstellen kann.

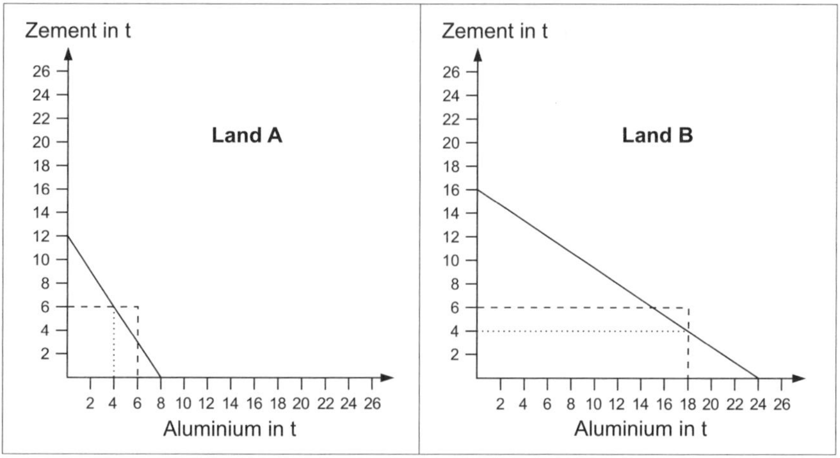

2. *„Analysieren" bedeutet, das vorgegebene Material gezielt und systematisch auszuwerten. Hierzu sollten Sie nach einer Einordnung (Titel, Thema und Quelle) knapp den formalen Aufbau beschreiben. Bei einer gezielten, fragegeleiteten Auswertung sind Besonderheiten und Entwicklungen herauszustellen. Zudem sollten Sie versuchen, einzelne Entwicklungen zu erklären, aber auch die Grenzen der Aussagekraft des Materials zu erfassen, indem Sie fehlende Informationen erkennen und gewichten.*

M 2 trägt den Titel „Anteile am Weltexport nach Regionen 1990–2009" und ist eine eigene Berechnung (der Aufgabenersteller) auf der Basis statistischer Anga-

ben der WTO (Welthandelsorganisation) im Internet. In drei Tortendiagrammen sind die Anteile unterschiedlicher Weltregionen am Weltgesamtexport für die Jahre 1990, 2000 und 2009 in Prozent angegeben. Zusätzlich werden absolute Werte des gesamten Weltexports in US-Dollar für diese drei Zeitabschnitte genannt.
Der Vergleich der Entwicklung der Weltexportanteile zeigt, dass sich in den letzten ca. 20 Jahren der **Hauptanteil des Weltexports** auf die Regionen Nordamerika, Europa und Asien verteilte. Kumuliert ergab sich für 1990 ein Wert von 91 %, für 2000 von 89 % und für 2009 noch von 83 %. Trotz klarer Tendenz nach unten ist also die **Vorherrschaft der sogenannten Triade** ungebrochen. Hält man die Anteile von Süd- und Zentralamerika, GUS, Afrika und dem Mittleren Osten dagegen, fällt auf, dass sich deren kumulierter Anteil von 1990 bis 2000 leicht von 9 auf 11 % verbesserte und sich dann bis 2009 vergleichsweise rasant auf 17 % erhöhte, d. h. sich gemessen am Ausgangswert fast verdoppelte. Diese Steigerung der Anteile verteilt sich auf alle Regionen, lediglich Afrika kann bei dieser Entwicklung nicht Schritt halten und bildet 2009 mit 3 % Anteil das **Schlusslicht des Regionenvergleichs**.
Interessant ist festzustellen, dass Asien seinen Anteil bei nahezu gleichbleibenden 29 % hält, sich dagegen Europas Anteil von 45 % auf 42 % im Jahr 2000 und 41 % im Jahr 2009 verringerte. Konnte Nordamerika seinen Anteil am Weltexport von 17 % (1990) auf 19 % (2000) zunächst steigern, so verzeichnete die Region bis 2009 einen Einbruch auf 13 %, was einem Rückgang des Exportanteils um circa 30 % in diesem Zeitraum entspricht.
Insgesamt hat sich das Handelsvolumen zwischen 1990 und 2000 von 4 326 Mrd. USD auf 6 456 Mrd. USD erhöht, also um rund 50 %. In der Zeitspanne zwischen 2000 und 2009 hat sich der **Weltexport** in absoluten Zahlen auf 12 146 Mrd. USD nahezu **verdoppelt**.
Im abgebildeten Zeitraum ist der Warenexport also deutlich gewachsen. Dass die Industriestaaten Nordamerikas, Asiens und Europas die größten Anteile am Handel haben, lässt vermuten, dass sich ein beträchtlicher Teil des Wachstums aus Gütern derselben Klasse zusammensetzt, also der **intraindustrielle Handel** große Bedeutung hat. Wenngleich die übrigen Regionen der Welt ihre Anteile nahezu verdoppeln konnten, sind diese im Verhältnis zur Größe der Gebiete, aber insbesondere auch im Verhältnis zu ihrem Weltbevölkerungsanteil deutlich unterrepräsentiert.
Die Statistik lässt aber auch einige Fragen offen: So bleibt unklar, ob die absoluten Zahlen des Weltexports preisbereinigt sind oder nominale Werte darstellen. Die prozentualen Anteile werden für Regionen angegeben, in welchen eine genauere Differenzierung sinnvoll wäre. Beispielsweise würde die Rolle Indiens und Chinas sicher eine eigene Betrachtung verdienen.
Das Material vermittelt unter Umständen einen Eindruck von der Entwicklung Nordamerikas, der sich in wenigen Jahren wieder wandeln könnte, da die USA nicht nur der Ausgangspunkt der Weltwirtschaftskrise seit 2008, sondern auch sehr stark von dieser betroffen waren. Hier wäre es ergänzend sinnvoll, Daten zu einem Zeitpunkt direkt vor der Krise mit einzubeziehen.

3. a) *„Rechnerisch herausarbeiten" heißt hier lediglich, dass Sie die Werte aus dem Preis-Mengen-Diagramm ablesen und die geforderten Werte berechnen sollen. Bei der Erklärung sollen Sie Ihre Berechnungen in einen begründeten Zusammenhang stellen, d. h. hier die Veränderungen auf dem Weizenmarkt nach der Marktöffnung mit Kontingent nennen und mithilfe der Berechnungen gewichten.*

Preis:

vor der Marktöffnung:	175 €
nach der Öffnung mit Kontingent:	125 €
Veränderung:	**– 50 €**

Verkaufsmengen:

vor der Marktöffnung:	7 Mio. t
nach der Öffnung mit Kontingent:	9 Mio. t
Veränderung:	**+ 2 Mio. t**

Importmenge:

vor der Marktöffnung:	keine
nach der Öffnung mit Kontingent:	**4 Mio. t**

Zur Veranschaulichung der Veränderung der Konsumenten-, Produzenten- und Lizenznehmerrente sowie der Gesamtwohlfahrt durch die Importquote dienen das folgende Schaubild (wird in dieser Form im Sinne der Aufgabenstellung nicht verlangt und nicht bepunktet) und die tabellarische Übersicht.

Weizenmarkt in Land X

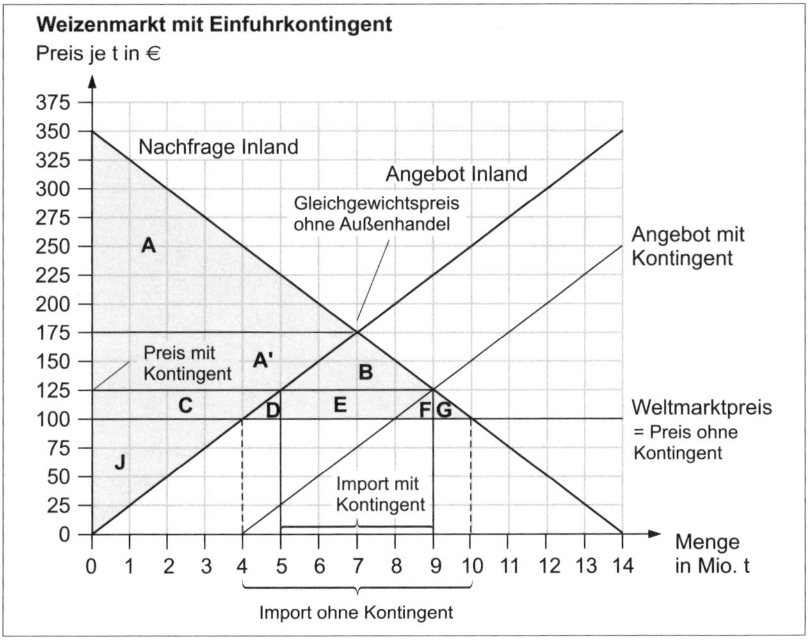

Vergleich der Ausgangssituation mit einer Marktöffnung mit Kontingent:

	Ausgangs-situation	mit Kontingent	Veränderungen
Konsumenten-rente	A	A + A' + B	+ (A' + B)
Produzenten-rente	A' + C + J	C + J	– A'
Lizenznehmer-rente	keine	E + F	+ (E + F)
Gesamt-wohlfahrt	A + A' + C + J	A + A' + B + C + E + F + J	+ (B + E + F)

Die Flächen von rechtwinkligen Dreiecken berechnet man mit der Formel A= ½ · a · b.

Veränderung der Konsumentenrente:

vor der Marktöffnung:	½ · 7 Mio. · 175 € =	612,5 Mio. €
nach der Marktöffnung mit Kontingent:	½ · 9 Mio. · 225 € =	1 012,5 Mio. €
Veränderung:		**+ 400 Mio. €**

Veränderung der Produzentenrente:

vor der Marktöffnung:	½ · 7 Mio. · 175 € =	612,5 Mio. €
nach der Marktöffnung mit Kontingent:	½ · 5 Mio. · 125 € =	312,5 Mio. €
Veränderung:		**– 300 Mio. €**

Veränderung der Lizenznehmerrente:

vor der Marktöffnung:	keine	
nach der Marktöffnung mit Kontingent:	4 Mio. · 25 € =	100 Mio. €
Veränderung:		**+ 100 Mio. €**

Veränderung der Gesamtwohlfahrt:

vor der Marktöffnung:	612,5 Mio. € + 612,5 Mio. € =	1 225 Mio. €
nach der Marktöffnung mit Kontingent:	1 012,5 Mio. € + 100 Mio. € + 312,5 Mio. € =	1 425 Mio. €
Veränderung:		**+ 200 Mio. €**

Da das lizenzierte Mengenkontingent die Händler hindert, so viel Weizen im Ausland zu kaufen, wie sie wollen, ist das inländische Angebot nicht ganz elastisch – bezogen auf den Weltmarktpreis. Die Händler werden bei diesem niedrigeren Weltmarktpreis allerdings so viel importieren wie möglich. Das Weizenangebot auf dem Inlandsmarkt entspricht also dem festgelegten Kontingent plus Inlandsangebot. Durch das Kontingent wird somit die Angebotskurve nach

rechts verschoben. Es entstehen ein neuer Marktpreis und eine neue Absatzmenge, welche sich am Schnittpunkt zwischen der neuen Angebots- und der Nachfragekurve ausrichtet. Da der neue Marktpreis niedriger ist als das alte Marktgleichgewicht, profitieren die Verbraucher von der Maßnahme, d. h., die Konsumentenrente steigt.
Die Produzentenrente fällt, da sich bei gleichbleibenden Produktionsbedingungen für die Anbieter ein niedrigerer Preis einstellt. Die Lizenznehmer profitieren beim Verkauf des Weizens in dem Maße, in dem der Weltmarktpreis unter dem neuen Inlandspreis liegt. Da die Lizenznehmer nicht zwingend mit den Inlandsanbietern identisch sind, schmälern diese die Produzentenrente. Da die Vorteile für die Konsumenten und für die Lizenznehmer die Nachteile für die Produzenten übertreffen, steigt die Gesamtwohlfahrt.

b) *„Vergleichen“ verlangt hier, dass Sie Berechnungen anstellen, die die Veränderungen einer Marktöffnung ohne Kontingent verdeutlichen, und diese dann den Ergebnissen aus 3a gewichtend gegenüberstellen. Zudem ist eine Erklärung gefordert, bei der Sie Ihre Ergebnisse mit den Marktveränderungen in einen begründeten Zusammenhang stellen sollen.*

	mit Kontingent	ohne Kontingent	Veränderungen
Konsumentenrente	A + A' + B	A + A' + B + C + D + E + F + G	+ (C + D + E + F + G)
Produzentenrente	C + J	J	– C
Lizenznehmerrente	E + F	keine	– (E + F)
Gesamtwohlfahrt	A + A' + B + E + F + J	A + A' + B + C + D + E + F + G + J	+ (D + G)

Preis:

nach der Marktöffnung ohne Kontingent:	100 Mio. €
Veränderung zur Ausgangssituation:	– 75 Mio. €
Vergleich zum Mengenkontingent:	– 25 Mio. €

Verkaufsmengen:

nach der Marktöffnung ohne Kontingent:	10 Mio. t
Veränderung zur Ausgangssituation:	+ 3 Mio. t
Vergleich zum Mengenkontingent:	+ 1 Mio. t

Importmengen:

nach der Marktöffnung ohne Kontingent:	6 Mio. t
Veränderung zur Ausgangssituation:	+ 6 Mio. t
Vergleich zum Mengenkontingent:	+ 2 Mio. t

Veränderung der Konsumentenrente:

nach der Marktöffnung ohne Kontingent:	½ · 10 Mio. · 250 € =	1 250 Mio. €
Veränderung zur Ausgangssituation:		+ 637,5 Mio. €
Vergleich zum Mengenkontingent:		+ 237,5 Mio. €

Veränderung der Produzentenrente:

nach der Marktöffnung ohne Kontingent:	½ · 4 Mio. · 100 € =	200 Mio. €
Veränderung zur Ausgangssituation:		– 412,5 Mio. €
Vergleich zum Mengenkontingent:		– 112,5 Mio. €

Veränderung der Lizenznehmerrente:

nach der Marktöffnung ohne Kontingent:		keine
Veränderung zur Ausgangssituation:		keine
Vergleich zum Mengenkontingent:		– 100 Mio. €

Veränderung der Gesamtwohlfahrt:

nach der Marktöffnung ohne Kontingent:	1 425 Mio. € +	
	½ · 1 Mio. · 25 € +	
	½ · 1 Mio. · 25 € =	1 450 Mio. €
Veränderung zur Ausgangssituation:		+ 225 Mio. €
Vergleich zum Mengenkontingent:		+ 25 Mio. €

Bei einer Marktöffnung ohne Beschränkung ist der Inlandspreis gleich dem niedrigeren Weltmarktpreis, die Verkaufsmenge ergibt sich aus dem Schnittpunkt der Nachfragekurve zu diesem Preis, steigt also. Die importierte Menge wächst und wird durch die Inlandsanbieter begrenzt, die bereit sind, Weizen unter dem Weltmarktpreis anzubieten. Hierdurch wird auch die Produzentenrente bestimmt, die sich aus dem Bereich zwischen Weltmarktpreis und der Angebotskurve vor der Marktöffnung ergibt. Die Konsumentenrente umfasst den gesamten Bereich zwischen Nachfragekurve und Weltmarktpreis und ist damit wesentlich größer als bei einer Marktöffnung mit Kontingent. Die Lizenznehmerrenten entfallen, die Gesamtwohlfahrt steigt um die Bereiche D und G.

c) *Der Operator „erläutern" zeigt an, dass Sie Vor- und Nachteile der geplanten Maßnahme nennen, erklären und anhand von Belegen aus dem Material verdeutlichen sollen.*

Die geplante Marktöffnung mit Mengenkontingent hat im Vergleich zur Ausgangssituation den Vorteil, dass die **inländischen Konsumenten** von den niedrigeren Preisen profitieren und eine größere Bedürfnismenge auf dem Markt befriedigt werden kann. Der Staat hat über die Festlegung der Lizenzmenge gute **Steuerungsmöglichkeiten** in Bezug auf den inländischen Markt. Sofern der Staat die Lizenzen verkauft, hat er zusätzliche **Einnahmen** oder kann durch die gezielte Lizenzvergabe auf dem Markt für Weizen Wirkungen erzielen, indem er beispielsweise die Lizenzen an heimische Weizenproduzenten ver-

gibt. Jedenfalls ergeben sich bei der Beschaffung des Weizens plus Lizenzkosten Handelsgewinne für die Lizenznehmer aufgrund der Differenz der Erlöse aus dem Inlands- und dem Weltmarktpreis. Die Berechnungen zeigen, dass die Gewinne der Verbraucher und der Erlös aus den Lizenzen die Verluste der heimischen Produzenten übersteigen, dass die **Gesamtwohlfahrt** also steigt. Allerdings führt der Preisrückgang auch zu einer **Reduktion der heimischen Produktion**, was vermutlich zu einem Stellenabbau in dieser Branche führt und mit einer zunehmenden Abhängigkeit dieser Volkswirtschaft von ausländischen Produzenten einhergeht.
Verglichen mit der Öffnung des Marktes ohne Beschränkungen zeigen die Berechnungen, dass es zu **Wohlfahrtsverlusten** kommt, ein freier Warenaustausch also die größten Wohlfahrtsgewinne erzeugt, dem Staat dann allerdings die Möglichkeit fehlt, steuernden Einfluss auf den Markt auszuüben oder Geld über den Lizenzverkauf einzunehmen. Der negative Einfluss auf die inländischen Produzenten und die Arbeitsplätze ist stärker und vom Weltmarktpreis bestimmt.
Als alternative Maßnahme könnte der Staat einen **Importzoll** auf Weizen verhängen, was verglichen mit dem freien Handel ähnliche Wohlfahrtsverluste erzeugen würde wie die Einführung der Kontingente. Vorteile von Zöllen sind aus Sicht des Staates die Einnahmen aus diesen, welche aber beim entsprechenden Verkauf von Lizenzen identisch sein könnten. Mit Zöllen könnte man die Einfuhrmenge nicht so genau steuern, allerdings werden Lizenzen häufig kostenlos vergeben und erzeugen so die Gewinne an anderen Stellen (Lizenznehmer, Lizenzhändler/Börsen).
Eine weitere mögliche Maßnahme wäre die **Öffnung des Marktes** bei gleichzeitiger **Subventionierung** der inländischen Weizenproduzenten, beispielsweise durch die „Bezuschussung" jeder produzierten Tonne Weizen. Hier entstünden Wohlfahrtsverluste durch die staatlichen Zahlungen, und starke Wettbewerbsverzerrungen wären wahrscheinlich, da eine eigentlich unrentable Produktion gestützt würde.

4. *Beachten Sie bei dieser Aufgabenstellung, dass Sie dem Text nur diejenigen Informationen entnehmen, die die Forderung des Autors stützen. Fertigen Sie also keine reine Zusammenfassung an, verwenden Sie den Konjunktiv und zitieren Sie den Regeln entsprechend, wenn Sie Aussagen des Autors wiedergeben.*

Jacques Sapir fordert in seinem Artikel „Den Welthandel gestalten – Warum Protektionismus kein Zeichen von Feigheit ist", der im März 2009 in Le Monde diplomatique erschienen ist und hier in Auszügen vorliegt, **eine offene Auseinandersetzung** mit den Prinzipien des Freihandels und des Protektionismus, um einen Ausweg aus der bestehenden Krise zu finden.
Eine „Rückkehr zum Protektionismus" (Z. 60 f.) sei kein Fehler, sondern „die Chance, den Binnenmarkt auf einer stabilen Grundlage wieder aufzubauen und die Zahlungsfähigkeit von Privathaushalten und Unternehmen zu stärken" (Z. 62–64). Gerade das Ausmaß der **Wirtschaftskrise** habe eine neue „Debatte über den

Protektionismus neu entfacht“ (Z. 1 f.), doch sei für viele Gegner „der Freihandel zum Fetisch geworden“ (Z. 3 f.) und damit der Protektionismus fälschlich zum Tabu erklärt worden (vgl. Z. 5 f.).
Die **Finanzkrise** sei jedoch nicht einfach nur mit „der Unvorsichtigkeit der Banken“ und „der Gier verantwortungsloser Spekulanten“ (Z. 8 f.) zu erklären, sondern vor allem durch das „Fehlen von Regulierungsmechanismen“ (Z. 10). Denn der Freihandel sei in zweifacher Weise für die Krise und den Abschwung verantwortlich: Er begünstige den „Druck auf die Gehälter“ und „den Wettbewerb um niedrige Steuern“ (Z. 17 f.). Verantwortlich für die Krise sei der **Druck aus dem Freihandel**, der durch den Import billiger Waren, die Androhung von Standortverlagerungen und die Abwälzung der Sozialabgaben auf die Beschäftigten entstehe (vgl. Z. 16–24). Als Beleg nennt der Autor die „massenhafte Produktionsverlagerung“ (Z. 29) seit der EU-Osterweiterung.
Ein besonderes Beispiel sei **China**, dessen technische Entwicklung ohne eine Erhöhung der Lohnkosten erreicht worden sei, was dazu führe, dass die chinesischen Exportgüter „langfristig sämtliche industriellen Arbeitsplätze der Welt“ bedrohen würden (Z. 40 f.). Sapir betont, dass es ihm nicht darum gehe, „alle Billiglohnländer abzustrafen, sondern nur Länder, deren Produktivität sich dem Niveau entwickelter Volkswirtschaften annähert, ohne dass sie eine diesem Niveau entsprechende Sozial- und Umweltpolitik betreiben“ (Z. 50–53). Mithilfe des Protektionismus solle man also die anderen zwingen, die eigenen **Sozial- und Umweltstandards** zu übernehmen, anstatt sich über den Freihandel die niedrigen Standards der anderen aufzwingen zu lassen (vgl. Z. 55–59).
Entsprechende Maßnahmen müssten zielorientiert und nicht auf die Steigerung der Profite, sondern auf die Sicherung der sozialen und ökologischen Errungenschaften ausgerichtet sein: „Protektionismus soll verhindern, dass der Welthandel die ganze Welt nach unten zieht“ (Z. 53 f.).

5. *Hier sollen Sie sich in die Rolle eines Befürworters marktliberaler Außenhandelspolitik versetzen, der einen Leserbrief zu M 4 verfasst. Achten Sie auf eine durchgängige Rollenorientierung und versuchen Sie beim Entwurf Ihrer Lösung zunächst die inhaltliche Ausgestaltung in Beziehung zu den in M 4 genannten Argumenten zu setzen, um dann marktliberale Positionen deutlich werden zu lassen.*

Jacques Sapir fordert zur Behebung der aktuellen Wirtschaftskrise, aber auch als generelles Mittel der Außenwirtschaftspolitik, den Protektionismus wieder aufleben zu lassen und wirft uns Befürwortern des Freihandels vor, uns sei dieser zum „Fetisch“ geworden und der Protektionismus ein Tabuthema. Da fragt man sich, welchen **Blick auf den realen, alltäglichen Protektionismus** Herr Sapir hat, ist doch der Protektionismus in allen Staaten seit Jahrzehnten ein viel genutztes Mittel. Wenngleich die Bemühungen um Liberalisierung der Märkte in vielen Bereichen zwar fruchtbar und erfolgreich verlaufen sind, gibt es nicht nur im Agrarsektor nach wie vor weitreichende **tarifäre und nicht-tarifäre Handelshemmnisse**. Von einem „Tabu“ kann hier nicht die Rede sein.

Zudem haben nahezu alle Industriestaaten mit Konjunkturprogrammen und Markt verzerrenden Firmenrettungen auf die schwächelnde Konjunktur reagiert. Es wurden gezielte Subventionen, wie zum Beispiel die „Abwrackprämie", zur Stützung der heimischen Produktion im großen Stil getätigt. Was würde denn eine Ausweitung des Protektionismus für ein Land wie Deutschland tatsächlich bedeuten? Als rohstoffarmes und exportorientiertes Land sind wir vom Handel abhängig und gerade das von Herrn Sapir gescholtene **China** birgt unsere größten Absatzhoffnungen. Die dort wachsenden Einkommen sind doch der Grund, warum gerade deutsche, aber auch französische Automobilhersteller in diesen Märkten eine große Zukunft sehen.

Nur im gegenseitigen Handel entstehen **optimale Wohlfahrtsgewinne** für alle Beteiligten und damit die Möglichkeit, soziale Standards zu finanzieren. Jede Einschränkung des Handels, und darum geht es beim Protektionismus, führt zu einer Gegenreaktion der betroffenen Länder und damit zu einem Rückgang des Wohlstands aller. Wie sollten denn die von Sapir geforderten Maßnahmen gegen Billiglohnländer mit hoher Produktivität aussehen, damit diese unsere sozial- und umweltpolitischen Standards übernehmen? Welche Maßstäbe sollten angelegt werden und wer legt diese fest? Wer würde denn die Kontrolle zur Einhaltung in einem fremden souveränen Staat übernehmen? Ich glaube, an diesen Punkten wird schnell klar, dass eine **Umsetzung einer solchen Politik** beispielsweise durch die EU weit an den realisierbaren Möglichkeiten vorbeigeht.

Die Behauptung, Protektionismus könne verhindern, dass der Handel die ganze Welt nach unten ziehe, ist wohl das unschlüssigste Argument, weiß doch jeder, dass der in den letzten Jahrzehnten stark gewachsene Handel auch das **Weltsozialprodukt** und damit den Wohlstand nach oben getrieben hat. Man sollte auch nicht vergessen, dass nicht nur die Konsumenten in Europa von besseren und billigeren Produkten profitieren, sondern auch die Hersteller, welche Vorprodukte zur Produktion beziehen und damit Wettbewerbsvorteile erzielen. Unser erreichter Wohlstand und die sozialen Errungenschaften basieren geradezu auf der **internationalen Arbeitsteilung** und auf dem Handel. Dies durch protektionistische Maßnahmen gegenüber rasch wachsenden Märkten zu gefährden, erscheint mir geradezu töricht. Wenn Regulierungen im Bereich Umwelt und Soziales erfolgen, so sollte dies durch **gemeinsame Vereinbarungen** geschehen – nicht zuletzt, um eine hohe Akzeptanz und Umsetzungsbereitschaft zu erzeugen.

Schriftliche Abiturprüfung Wirtschaft (Baden-Württemberg) 2008
Aufgabe I: Markt und Preise

Aufgaben:

1. Das Kommunale Kino in A-Stadt erhöht wegen finanzieller Schwierigkeiten den Eintrittspreis für Jugendliche von 6,00 € auf 8,00 €. Die abgesetzte Menge der Eintrittskarten sinkt daraufhin von 100 auf 50 pro Abend.
   Arbeiten Sie rechnerisch die Preiselastizität der Nachfrage heraus und erklären Sie das Ergebnis. 6 VP

2. Beschreiben Sie die Entwicklung des deutschen Kinomarktes anhand von M 2. 6 VP

3. Überprüfen Sie ausgehend von M 2, ob der Kinomarkt die Bedingungen eines vollkommenen Marktes mit vollständiger Konkurrenz erfüllt. 8 VP

4. Die EU fördert den Anbau eines Agrarproduktes X mit einer Subventionszahlung in Höhe von 80 € pro Tonne.
   Arbeiten Sie anhand von M 3 rechnerisch heraus, wie sich Preis, Verkaufsmenge, Konsumenten- und Produzentenrente und die Gesamtwohlfahrt durch die Subventionierung ändern, und erklären Sie die ermittelten Ergebnisse. Legen Sie Ihren Berechnungen eine unveränderte Nachfrage zu Grunde. 12 VP

5. a) Beschreiben Sie, wie sich nach Meinung des Autors von M 4 Kostensenkungsstrategien von Unternehmen auswirken. 6 VP
   b) Vergleichen Sie, wie die Autoren von M 4 und M 5 das Funktionieren des Marktmechanismus beurteilen. 10 VP

6. Erörtern Sie die These, dass in der Marktwirtschaft Konsumentensouveränität herrsche. 12 VP

60 VP

M 1 Grundgesetz

M 2 Kinobesuche in Deutschland und Multiplex[1]-Anteile

	Besucher insgesamt in Tausend	Multiplexanteil an Besuchern in %	Multiplexanteil am Gesamtumsatz in %
1997	143 122	22,5	25,5
1998	148 876	30,3	33,6
1999	148 996	34,4	38,5
2000	152 533	40,4	44,2
2001	177 925	43,0	45,9
2002	163 909	42,9	46,3
2003	148 956	44,1	46,6
2004	156 708	45,3	47,7
2005	127 318	46,9	50,0
2006	136 679	46,0	49,1

Quelle: Nach: FFA, Filmförderungsanstalt 2007

1 Multiplex: Kinos mit mehreren Sälen, die meist von Kino-Ketten betrieben werden.

M 3 Subventionierung eines Agrarproduktes X in der EU

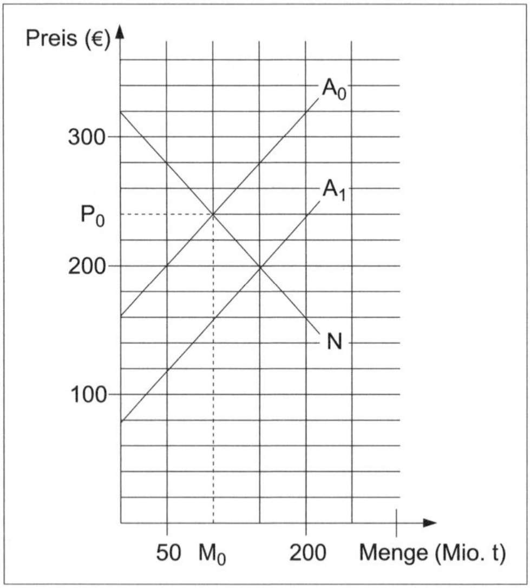

M 4 Heinz-J. Bontrup: Wettbewerb und Markt sind zu wenig

Obwohl in der Wirtschaftswissenschaft seit langem bekannt ist, welche immanenten Schwächen dem Wettbewerb anhaften, wird einseitig der einzelwirtschaftliche Effizienzvorteil hervorgehoben und regelmäßig nicht gesagt, dass dem auch beträchtliche gesamtwirtschaftliche Kosten gegenüberstehen; und schon gar nicht wird thematisiert, wer in der Gesellschaft eigentlich den arbeitsteilig generierten[1] Effizienzvorteil erhält – womit die Verteilungsfrage gestellt ist. [...]

Der Markt bzw. das Wettbewerbsprinzip haben aber nicht nur kein Herz, sie sind vor allen Dingen ohne staatliche Interventionen nicht in der Lage, das Problem externer Markteffekte (z. B. Umweltverschmutzung) und ein von Wirtschaftssubjekten praktiziertes nichtmarktgerechtes Verhalten („moral hazard") durch eine entsprechende Kosteninternalisierung in das Preissystem zu lösen. Hierdurch kommt es zu Fehlallokationen. [...]

Wird beispielsweise immer mehr von den privaten Haushalten gespart [...] und werden auf unternehmerischer Seite immer stärker die Kosten gesenkt und wird womöglich auch beim Staat gespart, so kommt es letztlich zu einem Ausfall an privater und staatlicher konsumtiver und investiver gesamtwirtschaftlicher Nachfrage. Weil Unternehmer aus ihrer interessenorientierten Sicht (rational) nach maximaler Gewinnproduktion streben und dazu die Arbeitskosten, die immer in exakt gleicher Höhe Arbeitseinkommen implizieren, senken, beeinflussen sie zwar positiv ihre individuellen betrieblichen Ausgaben. Diese gehen zurück und ceteris paribus steigen zunächst ihre Gewinne. Mit dem Rückgang der Arbeitskosten sinkt aber gleichzeitig auch das gesamtwirtschaftliche Masseneinkommen. Senken nun alle Unternehmen ihre Arbeitskosten, dann geht die Rechnung für alle Unternehmen nicht mehr auf. [Es] resultiert aus der Absenkung kein intendierter Wettbewerbsvorteil mehr. Es ist ein Nullsummenspiel auf abgesenktem Niveau [...] Dies bleibt natürlich in der zweiten Phase nicht ohne Folgen für den Gewinn der Unternehmen. Dieser geht nach anfänglicher Erhöhung zurück und viele – in der Regel mittelständische Unternehmen – schreiben sogar Verluste. Um sich aus der Krise unternehmensindividuell zu befreien, versuchen die Unternehmen weiter, ihre Kosten zu senken. Es kommt zu einer gefährlichen Abwärtsspirale, aus der es ohne staatliche Intervention keinen marktimmanenten Ausweg gibt. [...]

Wettbewerb, wenn er denn funktioniert, entsteht [unter] miteinander konkurrierenden Unternehmen um die Nachfrage der Marktgegenseite. Idealtypisch sollen die Unternehmen hier entweder durch Innovationen neue (verbesserte) Produkte herstellen oder durch Prozessinnovationen die Produktionskosten senken und die Kostensenkungen über Preissenkungen in den Markt bringen.

Gewinne sind hierbei im Marktgleichgewicht nicht vorgesehen, sieht man vom kalkulatorischen Unternehmerlohn ab, der für den Einsatz der unternehmerischen Arbeitskraft bezahlt wird. [...] Unternehmen wollen aber die Bevölkerung nicht besser mit hochqualitativen Produkten zu niedrigsten Preisen versorgen.

1 generierten: entstandenen

Heinz-J. Bontrup: Wettbewerb und Markt sind zu wenig,
in: Aus Politik und Zeitgeschichte (APuZ 13/2007) vom 26. 3. 2007

M 5 D. Barbier: Warum brauchen wir Märkte?

Die Welt ist nicht fertig. Wenn wir in ihr zurechtkommen wollen, brauchen wir die Märkte. Sie liefern uns die Preissignale, an denen wir unser wirtschaftliches Handeln ausrichten: als Anbieter und Nachfrager, als Arbeitnehmer und Arbeitgeber, als Produzenten und als Konsumenten. [...]

Die Informationen, die wir so gewinnen, offenbaren sich in Preisen und Mengen: als Erlöse, als Zinsen, als Kosten, als Einkommen, als Beschäftigungsverhältnisse. Anders als in der Planwirtschaft sind sie nicht erdacht und gemacht. Es sind Erwartungsgrößen. Aber ihr Informationswert ist groß, weil sie nicht von einem Zentralamt politisch gesetzt sind. Hinter ihnen stehen die Einschätzungen von Millionen von Menschen. Deren vorrangiges Interesse ist es, die Gegenwart und die nahe Zukunft möglichst genau zu erkennen und zu ihrem Vorteil zu deuten. [...]

Was wirtschaftlich richtig ist und was falsch, offenbart sich am Markt durch Gewinn und Verlust. Und wenn Gewinn ohne Monopole und Kartelle im Wettbewerb erzielt wird, dann ist das ein Zeichen dafür, dass der erfolgreiche Unternehmer auch im Sinne einer Wohlfahrtsrechnung richtig liegt: Er produziert das, was die Kunden kaufen wollen. Er produziert es ressourcensparend und dadurch zu so niedrigen Kosten, dass sich die Güter oder Dienste auch im Wettbewerb mit anderen Angeboten verkaufen lassen.

Ein solches Unternehmen stellt Arbeitskräfte ein, anstatt sie zu entlassen. [...] Unter der Fuchtel einer Zentralplanungsbehörde verliert der Mensch die Souveränität über seine Entscheidungen zur Lebensführung – aber auch in der Bevormundung durch manche Erscheinungsformen des Sozialstaats. Letztlich also: Warum brauchen wir Märkte? Wir brauchen sie um der Freiheit willen. Wir brauchen sie um unserer Würde willen.

Hans D. Barbier: Warum brauchen wir Märkte?,
in: Frankfurter Allgemeine Sonntagszeitung, 21. 1. 2007

Lösungsvorschlag

1. *In dieser Aufgabe sollen Sie die Preiselastizität berechnen und erklären, wie die berechnete Größe zu interpretieren ist.*

   Die **Preiselastizität** drückt aus, wie „empfindlich" Jugendliche auf eine Preisänderung reagieren. Rechnerisch kann dies dargestellt werden, indem die prozentuale Änderung der Nachfragemenge (Wirkung) zu der prozentualen Preisänderung (Ursache) ins Verhältnis gesetzt wird.

   Allgemeine Formel für die Preiselastizität:

   $$\text{El} = \left| \frac{\text{prozentuale Änderung der Nachfragemenge}}{\text{prozentuale Preisänderung}} \right|$$

   In diesem Fall ergibt sich folgende Rechnung:
   prozentuale Mengenänderung: 100 $\rightarrow$ 50, entspricht $-50\,\%$
   prozentuale Preisänderung: 6 € $\rightarrow$ 8 €, entspricht $+33{,}33\,\%$

   $$\text{El} = \left| \frac{-50\,\%}{33{,}33\,\%} \right| \approx 1{,}5$$

   Wenn eine Preiserhöhung einen Rückgang der Nachfrage bewirkt, der prozentual über der Preiserhöhung liegt, spricht man von einer **elastischen Nachfrage** (Preiselastizität der Nachfrage > 1). Wenn die Preiserhöhung die Nachfrage nur wenig verändert, ist die Nachfrage **unelastisch** (Preiselastizität der Nachfrage < 1).
   Die Nachfrage bei Jugendlichen nach Kinokarten im Kommunalen Kino ist also elastisch. Die Jugendlichen reagieren „empfindlich" auf die Preiserhöhung und verzichten lieber auf den Kinogang bzw. sie weichen auf günstigere Alternativen oder das Fernsehen zu Hause aus (**Substitute**). Denkbar ist auch eine kurzzeitige „Protestaktion" gegen die Preiserhöhung.

   Zusatzüberlegung, die so nicht in der Aufgabe verlangt wird:
   Die Umsatzerlöse verringern sich von 600 € auf 400 € pro Abend. Die beschlossene Maßnahme ist also eher kontraproduktiv, da bei einem Kino mit relativ stabilen Fixkosten pro Vorstellung auszugehen ist.

2. *Der Operator „beschreiben" verlangt in einem ersten Schritt, wie bei jedem statistischen Material, eine formale Analyse. Das heißt, Sie müssen zunächst untersuchen, was wie und von wem dargestellt wird (Thema, Erhebungszeitraum, Quelle, Darstellungsform, Bezugsgrößen usw.). In einem zweiten Schritt müssen Sie das Material inhaltlich analysieren (Hauptaussage, Teilaussagen, Gleichmäßigkeiten und Anomalien usw.). Vorsicht: In der Aufgabenstellung wird keine Stellungnahme zur Aussageabsicht in Form einer Interpretation verlangt! Diese Leistung müsste erbracht werden, wenn die Aufgabenstellung „(über-) prüfen", „untersuchen" oder „beurteilen" lautete.*

In der vorliegenden Tabelle M 2 wird dargestellt, wie viele Kinobesuche es in jedem Jahr des Erhebungszeitraums von 1997 bis 2006 in Deutschland gegeben hat, welcher prozentuale Anteil davon jeweils auf den Besuch in Multiplex-Kinos fiel und wie hoch der prozentuale Anteil dieser Multiplex-Kinobesuche am Gesamtumsatz war. Das Zahlenmaterial beruht auf den Informationen der Filmförderungsanstalt aus dem Jahre 2007.

Ein Hinweis auf die prozentualen Veränderungen kann hilfreich sein. Sie sollten keine Scheu haben, mit dem Taschenrechner solche Berechnungen anzustellen.

Zunächst ist festzustellen, dass sich die Zahl der Kinobesuche in Deutschland im Erhebungszeitraum zum Teil relativ stark verändert hat, insgesamt aber kein klarer Trend auszumachen ist. Zwischen 1997 und 2000 erkennt man jeweils eine geringe Zunahme. Im Jahr 2001 steigt die Zahl dann sprunghaft um 16,6 % im Vergleich zum Vorjahr auf den höchsten Stand innerhalb des Erhebungszeitraums (177,9 Mio.). In den folgenden zwei Jahren nimmt die Zahl wieder um ca. 8 % bzw. 10 % ab und erholt sich dann 2004 mit einer leichten Zunahme um 5 % auf 156,7 Mio. Das Jahr 2005 schließlich verzeichnet mit 127,3 Mio. (minus 19 %) die niedrigste Zahl im Erhebungszeitraum. 2006 wurden 136,6 Mio. Kinobesuche gezählt. Zwar waren das gut 7 % mehr als im Vorjahr, aber die Zahl fiel doch um knapp 5 % niedriger aus als neun Jahre zuvor.
Anders als bei den absoluten Besucherzahlen lässt sich sagen, dass der relative Anteil, den die Multiplex-Besucher an dieser Zahl ausmachen, stetig zugenommen hat (mit den geringfügigen Ausnahmen 2002 und 2006), besonders in den Jahren zwischen 1997 und 2001. Insgesamt ist der Anteil von 22,5 % auf 46 % gestiegen. Dies entspricht einer Zunahme von über 100 % in neun Jahren.
Ähnlich verhält sich der **Zuwachs des Multiplex-Anteils am Gesamtumsatz**. Auch hier ist eine **stetige Zunahme** auszumachen. Der Anteil verdoppelte sich ebenfalls nahezu innerhalb von neun Jahren von 25,5 % auf 49,1 %.
Das Jahr 2006 stellt insofern eine Besonderheit dar, da trotz leicht steigender Besucherzahlen insgesamt der Anteil der Multiplex-Besucher sowie auch des Multiplex-Anteils am Gesamtumsatz rückläufig war.
Darüber hinaus lässt sich feststellen, dass der Anteil am Gesamtumsatz in den Multiplex-Kinos stets etwas höher lag als der Anteil an den Kino-Besucherzahlen insgesamt.

3. *Die Aufgabenstellung verlangt von Ihnen im ersten Schritt eine Darstellung der Kriterien eines „vollkommenen Marktes" mit vollständiger Konkurrenz. Anschließend sollen Sie prüfen, inwieweit diese Kriterien auf dem Kinomarkt erfüllt sind. „Ausgehend von M 2" gibt den Hinweis darauf, dass die Konkurrenzsituation als erstes überprüft werden sollte.*

Ein „**vollkommener Markt**" mit vollständiger Konkurrenz ist ein Markt, auf dem ein uneingeschränkter **Wettbewerb** zwischen vielen Nachfragern und vielen Anbietern herrscht (beidseitiges Polypol). Die gehandelten Güter sind homogen, sie sind in Qualität und Form gleich. Es bestehen auf diesem Markt weder räumli-

che, zeitliche noch persönliche **Präferenzen**. Das heißt, es spielt keine Rolle, wo und wann die Markttransaktion stattfindet, und sowohl Anbieter als auch Nachfrager sind unbeeinflusst von persönlichen Vorlieben. Außerdem ist ein vollkommener Markt vollständig **transparent:** Die Nachfrager und Anbieter kennen im Idealfall alle marktrelevanten Informationen (z. B. Preis und Qualität).
Für den Kinomarkt lässt sich feststellen, dass zunehmend Konzentrationsprozesse in Richtung der Multiplex-Kino-Ketten zu beobachten sind. Bei einem Marktanteil von ca. 50 % der Kino-Ketten, die im Normalfall ausschließlich „Mainstream"-Kinofilme zeigen, kann von vollständiger Konkurrenz nicht mehr die Rede sein. Es ist zu vermuten, dass die hinzugewonnenen Marktanteile durch das Verdrängen kleinerer Kinos erzielt wurden, also durch eine Reduktion der Anbieterzahl.
Kinofilme und Kinos sind darüber hinaus keine homogenen Güter, sondern sehr unterschiedlich, was den Inhalt und die Qualität bzw. die Ausstattung angeht. Bezüglich des Kriteriums der räumlichen Präferenzen lässt sich sagen, dass Kinogänger sehr wohl auf das Angebot vor Ort angewiesen und nur bedingt bereit sind, längere Fahrten zu unternehmen, um einen Kinofilm anzuschauen. Die Vorstellungen in Kinos sind darüber hinaus zeitlich relativ eng begrenzt. Es gibt auch Menschen, die einzelne Kinos besonders bevorzugen und in andere wiederum nicht gehen würden, selbst wenn der gezeigte Film sie interessiert. Die einzige Bedingung eines vollkommenen Marktes, die der Kinomarkt annähernd erfüllt, ist die gegebene Transparenz. Durch Zeitung und Internet sind die wichtigsten Daten wie Preis, Zeitraum, Kino- und Filmqualität relativ leicht zugänglich.
Es lässt sich also leicht schlussfolgern, dass der Kinomarkt insgesamt die Bedingungen des vollkommenen Marktes nicht erfüllt.

4. *Diese Aufgabe verlangt eine „rechnerische" Lösung. Es reicht aber aus, Schnittpunkte aus dem Koordinatensystem abzulesen, anstatt sie zu berechnen.*
Um die Lösungen besser nachvollziehen zu können, erscheint an dieser Stelle das Ausgangsschaubild mit entsprechenden Zusätzen. Diese Zeichnung wird allerdings nicht verlangt und auch nicht bepunktet. Sie dient lediglich dem besseren Verständnis.
Vergessen Sie nicht, die Ergebnisse zu erklären, also kurz zu erläutern, welche Wirkungszusammenhänge durch die Subvention entstehen.

Durch die Subvention verringern sich für die Produzenten die Kosten pro Tonne. Daher bieten sie zu einem bestimmten Preis mehr an als vor der Subvention. Die Angebotskurve verschiebt sich nach rechts von A_0 nach A_1. Somit verringert sich der Gleichgewichtspreis von P_0 nach P_1 und es erhöht sich die abgesetzte Menge von M_0 nach M_1 *(siehe Schaubild).*

Subventionierung eines Agrarproduktes X in der EU

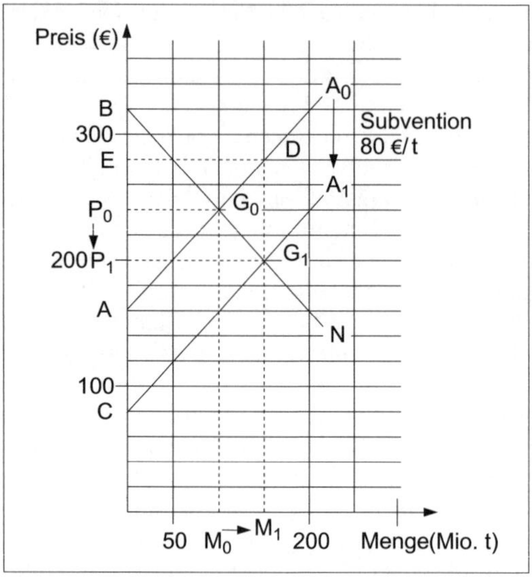

Folgende Veränderungen lassen sich durch die Subventionszahlung von 80 € pro Tonne errechnen:

Preis:

Hier wird die Berechnung des Schnittpunkts der Angebots- und Nachfragekurven erwartet. Es reicht aus, wenn Sie den veränderten Preis P_1 aus dem Schaubild ablesen.

vor der Subvention: 240 €
nach der Subvention: 200 €
Veränderung: –40 €

Verkaufsmenge:
vor der Subvention: 100 Mio. t
nach der Subvention: 150 Mio. t
Veränderung: + 50 Mio. t

Konsumentenrente:
Die Konsumentenrente ist die Fläche zwischen der Nachfragekurve und einer durch den Gleichgewichtspreis (P_0 bzw. P_1) verlaufenden horizontalen Geraden. Rechnerisch erhält man die Lösung durch eine Flächenberechnung der Dreiecke.

Flächenberechnung in einem rechtwinkligen Dreieck: $A = \frac{1}{2} \cdot a \cdot b$
vor der Subvention: Fläche P_0, *B*, G_0
nach der Subvention: Fläche P_1, *B*, G_1
Achtung: Rechnen Sie mit den korrekten Maßeinheiten. Die Mengenangaben sind in Mio. Tonnen abgetragen!

vor der Subvention: $KR_0 = \frac{1}{2} \cdot 100 \text{ Mio.} \cdot 80\,€ = 4 \text{ Mrd. } €$

nach der Subvention: $K_1 = \frac{1}{2} \cdot 150 \text{ Mio.} \cdot 120\,€ = 9 \text{ Mrd. } €$

Veränderung: + 5 Mrd. €

Produzentenrente:
Die Produzentenrente ist die Fläche zwischen der Angebotskurve und einer durch den Gleichgewichtspreis (P_0 bzw. P_1) verlaufenden Geraden.

vor der Subvention: Fläche P_0, G_0, A
nach der Subvention: Fläche P_1, G_1, C

vor der Subvention: $PR_0 = \frac{1}{2} \cdot 100 \text{ Mio.} \cdot 80\,€ = 4 \text{ Mrd. } €$

nach der Subvention: $PR_1 = \frac{1}{2} \cdot 150 \cdot 120\,€ = 9 \text{ Mrd. } €$

Veränderung: + 5 Mrd. €

Gesamtwohlfahrt:
Um die **gesamtstaatliche** Wohlfahrtswirkung zu ermitteln, muss zunächst betrachtet werden, welchen Nutzen die Produzenten und Konsumenten aus der Subvention ziehen. Von dieser Summe aus Produzenten- und Konsumentenrente müssen allerdings die **Kosten der Subvention abgezogen** werden, da sie ja von der Allgemeinheit (z. B. über Steuern) getragen werden müssen.

Summe Konsumenten- und Produzentenrente:
vor der Subvention: 4 Mrd. € + 4 Mrd. € = 8 Mrd. €
nach der Subvention: 9 Mrd. € + 9 Mrd. € = 18 Mrd. €

Kosten für die Subventionszahlungen durch die EU:
vor der Subvention: 0 €
nach der Subvention: 150 Mio. · 80 € = 12 Mrd. €

Die Kosten der Subvention werden berechnet, indem die nach der Subvention abgesetzte Menge M_1 multipliziert wird mit der Subvention von 80 € je Tonne (150 Mio. t · 80 €; Fläche P_1, E, D, G_1).

Gesamtwohlfahrt nach der Subvention: 18 Mrd. € – 12 Mrd. € = 6 Mrd. €

Durch die staatliche Subvention verringert sich der Gleichgewichtspreis um 40 € pro Tonne. Die Preissenkung fällt also geringer aus als die Subventionszahlung (Preiseffekt). Da die Nachfrage gleich bleibt, erhöht sich die verkaufte Menge um 50 Mio. t (Mengeneffekt). Produzenten und Konsumenten profitieren gleichermaßen von der Subvention, da sowohl die Konsumenten- als auch die Produzentenrente um jeweils 5 Mrd. € ansteigt. Da sich durch die Subvention die Konsumenten- und Produzentenrente zwar in der Summe um 10 Mrd. € auf 18 Mrd. erhöhen, die Kosten der Subvention aber 12 Mrd. € betragen (die davon abgezogen werden müssen), ergibt sich eine gesamtstaatliche Wohlfahrt von nur 6 Mrd. € im Vergleich zu den 8 Mrd. € zuvor. Folglich bewirkt die Subvention eine **Netto-Wohlfahrtsminderung** von 2 Mrd. €.

5. a) *Die Aufgabenstellung verlangt keine Zusammenfassung des Textes, sondern eine strukturierte Wiedergabe der vom Autor genannten Auswirkungen kostensenkender Strategien bei den Unternehmen. Achten Sie darauf, sich nur auf Informationen aus dem Text zu beziehen und den Konjunktiv zu verwenden, wenn Sie Gedanken des Autors wiedergeben (Zeilenangaben nicht vergessen und die Regeln des Zitierens beachten).*

Der Autor Heinz-J. Bontrup kritisiert in seinem Text „Wettbewerb und Markt sind zu wenig“, erschienen am 26. 3. 2007 in der Zeitschrift „Aus Politik und Zeitgeschichte“, dass die **Kostensenkungsstrategien der Unternehmen negative Folgen** mit sich brächten. Dadurch, dass die Unternehmen die Arbeitskosten, sprich die Lohnkosten, absenkten, erhöhe sich zwar im ersten Moment der Gewinn des einzelnen Unternehmens. Mittelfristig aber verringere diese Maßnahme die allgemeine Kaufkraft in der Bevölkerung (vgl. Z. 18–25). Wenn nun sämtliche Unternehmen die Löhne verringerten, ergebe sich aus dem vermeintlich individuellen Vorteil ein allgemeiner Nachteil, da der „Kuchen“ für alle beteiligten Unternehmen kleiner werde. Der Autor spricht von einem „**Nullsummenspiel** auf abgesenktem Niveau“ (Z. 26 f.). Die logische Folge dieses Verlustes sei wiederum der Druck, die (Lohn-)Kosten erneut zu verringern. Somit entstünde eine sich selbst verstärkende Abwärtsbewegung, die ohne staatliche Eingriffe nicht zu stoppen sei (vgl. Z. 31 ff.).

b) *Beim „Vergleichen“ sollen Sie Gemeinsamkeiten (soweit vorhanden) und Unterschiede gegenüberstellen und ein Ergebnis formulieren. Achten Sie wiederum darauf, sich nur auf die Texte zu beziehen und die Regeln des Zitierens einzuhalten.*

Die beiden Autoren beurteilen das Funktionieren des Marktmechanismus völlig unterschiedlich. Während **Bontrup** vor allem seine **negativen Auswirkungen** hervorhebt, betont **Barbier** die **Vorteile eines funktionierenden Marktes**.
Bontrup kritisiert, dass der Markt im System selbst begründete Schwächen habe (vgl. M 4, Z. 1 f.). So sei der Markt beispielsweise eben nicht immer nur effizient, sondern es entstünden auch hohe Kosten, die die Gemeinschaft zu tragen habe (vgl. M 4, Z. 2–4). Darüber hinaus gäbe es auf dem Markt keine Verteilungsgerechtigkeit (vgl. M 4, Z. 6 f.). Der Markt brauche staatliches Eingreifen, da es zwangsläufig zu Marktversagen komme und stets externe Kosten entstünden, die nur der Staat internalisieren könne (vgl. M 4, Z. 9–13). Er verdeutlicht diese Meinung durch die Argumentation, dass sich Unternehmen durch ihre subjektiv richtige Kostensparstrategie mittelfristig selbst schaden würden, dass also individuell rationales Verhalten für die Gesamtheit negative Ergebnisse nach sich ziehe (vgl. M 4, Z. 18–27).
Was Bontrup als zentrale Schwäche des Marktsystems erachtet, nämlich die Tatsache, dass der Markt „kein Herz“ (M 4, Z. 8) habe, sieht Barbier als dessen Vorteil an. Märkte sind seiner Meinung nach vor allem effiziente, dezentrale Informationssysteme, die ohne äußere Einflüsse gute Ergebnisse erzielen (vgl. M 6, Z. 13–17). Preise liefern die notwendigen Informationen (vgl. M 6, Z. 5 f.)

und individuelles Gewinnstreben sorgt dafür, dass die Ressourcen bestmöglich, also effizient, eingesetzt würden (vgl. M 6, Z. 16 ff.). Ein so funktionierender Markt schaffe Wohlfahrt, ein sich wirtschaftlich richtig verhaltendes Unternehmen Arbeitsplätze (vgl. M 6, Z. 16–20).
Während **Bontrup** an verschiedenen Stellen ein **staatliches Eingreifen fordert**, stellt **Barbier** ihm die These entgegen, dass nur ein von (staatlicher) „Bevormundung" (M 6, Z. 22 f.) **freier Markt** die Freiheit und Würde des Einzelnen sichern könne (vgl. M 6, Z. 25).

6. *„Erörtern" bedeutet in diesem Fall, dass Sie zunächst klären sollten, was unter dem Begriff „Konsumentensouveränität" verstanden wird. In einem zweiten Schritt sind Für- und Wider-Argumente abzuwägen und ein begründetes Urteil zu fällen, welches sich logisch aus dem vorher Gesagten ergibt.*

Im engeren Sinne gründet das Leitbild der **Konsumentensouveränität** auf der Vorstellung, dass die Produktion und das Angebot von Waren letztendlich auf den **Präferenzen der Nachfrage** beruhen. Die Konsumenten steuern durch ihre unabhängigen und rationalen Kaufentscheidungen die Unternehmenstätigkeiten. Sie „belohnen" gute Produkte, indem sie sie kaufen, und „bestrafen" schlechte oder überteuerte Produkte, indem sie sie ablehnen. Dabei setzen sie sich freiwillig der Werbung und anderen Marketingaktivitäten der Unternehmen aus, um sich selbstbestimmt über die Produkte zu informieren. Vorausgesetzt, dass ein funktionierender Wettbewerb herrscht, erfolgt auf diese Weise eine optimale Allokation der Ressourcen. **Die Produktion passt sich den Bedürfnissen der Verbraucher an.** In ihren Entscheidungen sind die Konsumenten frei und unabhängig.
Es gibt einige Gründe, die dafür sprechen, dass die Vorstellung, der Kunde sei „König", eine Fiktion ist. Auf vielen Märkten, wie z. B. dem Strom- oder Benzinmarkt, herrscht kein funktionierender Wettbewerb, sondern es scheinen oligopolistische Tendenzen zu bestehen, die die Unternehmen in eine sehr starke Position gegenüber dem Verbraucher versetzen. Die zunehmenden Konzentrationsprozesse bei den Unternehmen erhöhen diese Marktmacht zusätzlich, und die weitreichenden Aktivitäten der Kartellämter gegen eine übermäßige Marktmacht einzelner Unternehmen wie Microsoft deuten in dieselbe Richtung.
Nicht die Verbraucher, sondern die Produzenten sind „souverän": Verbraucher können nur auf das reagieren, was ihnen von den Unternehmen angeboten wird. Der Kunde steht den Großkonzernen mit seiner Stimme völlig machtlos gegenüber, und es besteht keine Möglichkeit, die Interessen der Verbraucher effektiv zu bündeln und zu organisieren. Die Unternehmen dagegen sind hervorragend organisiert und verfügen über die notwendigen finanziellen und personellen Ressourcen, um sich auch auf politischer Ebene übergebührend durchsetzen zu können.
Darüber hinaus treffen die Verbraucher Kaufentscheidungen nicht rational und unabhängig. Die **Menschen** werden **in ihrem Verhalten stark beeinflusst durch** die **Marketingaktivitäten** der Unternehmen. Es ist im Normalfall auch nicht möglich, die Qualität oder das Preis-Leistungs-Verhältnis eines Produktes fachmännisch zu beurteilen. Kaufentscheidungen sind demnach nicht das Ergebnis

einer informierten und rationalen Entscheidung, sondern beruhen vielmehr auf Gefühlen oder dem Ergebnis erfolgreicher Werbung.
Andererseits gilt es zu bedenken, dass die Konsumenten nicht ganz alleine dastehen. Auf staatlicher Ebene (z. B. durch die Bundesbehörden oder die Europäische Kommission) wird versucht, den Wettbewerb zu stärken und die Marktmacht einzelner Unternehmen einzuschränken. Zahlreiche Kennzeichnungsvorgaben an die Produzenten (Inhaltsstoffe, Mengen- und Preisangaben, Produktionsbedingungen, Schadstoffangaben usw.) machen viele Märkte transparenter und erleichtern es dem Kunden, eine informierte Kaufentscheidung zu treffen. Die rechtliche Stellung der Verbraucher wurde in den letzten Jahren immer weiter gestärkt. Produkthaftung, Garantie und Rückgaberecht sorgen dafür, dass die Kunden den Unternehmen nicht machtlos gegenüberstehen.
Eine weitgreifende **Kontrolle** erfolgt auch durch die Medien. Ein schlechtes Image aufgrund von in die Kritik geratenen Produkten oder Produktionsbedingungen kann einzelnen Unternehmen sehr zu schaffen machen, und sie werden versuchen, entsprechend zu (re-)agieren.
Es hat sich darüber hinaus in vielen Fällen gezeigt, dass die **Marktmacht der Konsumenten nicht zu unterschätzen** ist. Sie können sehr gezielt und effektiv ihre Kaufentscheidung einsetzen und öffentlichkeitswirksame Aktionen durchführen, um die Unternehmen in eine bestimmte Richtung zu lenken. Außerdem bieten das Internet, unabhängige Warentester wie die „Stiftung Warentest", staatlich geförderte Verbraucherschutzzentralen und andere (auch nicht staatliche) Organisationen stark verbesserte Möglichkeiten, sich über Produkte, Preise und Unternehmen zu informieren und Informationsasymmetrien abzubauen.
Es wird deutlich, dass die **Frage nach der Konsumentensouveränität** wohl **nicht eindeutig beantwortet** werden kann. Insgesamt betrachtet kann man sagen, dass die Verbraucher durchaus die Möglichkeit haben, in vielen Bereichen als „mündige Konsumenten" zu agieren. Sie nutzen diese Chance aber nicht immer, da sie den Aufwand scheuen. Es ist zudem wohl davon auszugehen, dass auf bestimmten Märkten der Kunde noch eher „König" ist als auf anderen. In einigen Bereichen stehen die Unternehmen unter einem hohen Druck, den Wünschen der Verbraucher gerecht zu werden, und die Verbraucher ihrerseits entscheiden bewusst, unabhängig und informiert. Auf anderen Märkten allerdings scheint die Macht der Unternehmen übergroß, und es kann dort von Konsumentensouveränität nicht die Rede sein.

Aufgaben:

1. Beschreiben Sie anhand von M 2 die Bedeutung des Niedriglohnsektors im Arbeitsmarkt. 8 VP
2. a) Arbeiten Sie aus M 3 die Position des Autors zum Mindestlohn heraus. 8 VP
   b) Gestalten Sie unter Bezugnahme auf M 3 einen Leserbrief aus der Sicht eines Befürworters von Mindestlöhnen. 12 VP
3. Erläutern Sie ausgehend von M 4 Auswirkungen eines Haushaltsdefizits auf private Haushalte, Unternehmen und Staat im Modell einer geschlossenen Volkswirtschaft. 10 VP
4. In der wirtschaftspolitischen Diskussion wird ein Verbot staatlicher Neuverschuldung gefordert.
   Stellen Sie Kosten und Nutzen eines solchen Verbotes für unterschiedliche Akteure dar. 10 VP
5. Erörtern Sie den in M 5 dargestellten Vorschlag eines Grundeinkommens. 12 VP

60 VP

M 1 Grundgesetz

M 2 Beschäftigte und Niedriglohnsektor in Deutschland 2004

	Beschäftigte insgesamt (in Mio.)	**davon Anteil im Niedriglohnsektor (in %)**
Alle Beschäftigten	29,0	20,8
Vollzeitbeschäftigte	20,9	14,6
Teilzeitbeschäftigte	6,3	21,1
Minijobs	1,8	85,8
ohne Berufsausbildung	3,3	42,1
mit Berufsausbildung	19,1	21,5
mit FH-/Uni-Abschluss	6,7	9,4
Der Niedriglohnsektor liegt nach einer international üblichen Definition bei 2/3 der durchschnittlichen Bruttostundenlöhne.		

Quelle: IAT (Institut Arbeit und Technik) Gelsenkirchen 2007

M 3 Michael Hüther: Ein Mindestlohn in Deutschland?

In Deutschland grassiert die Angst vor Niedriglöhnen. Eine Antwort der Politik ist der Kombilohn, der Arbeitgebern von gering qualifizierten Arbeitnehmern Lohnkostenzuschüsse verspricht. Dieser Vorschlag nährt die Befürchtung von Mitnahmeeffekten durch die Unternehmen. Deshalb wird als notwendige Konsequenz der Mindestlohn gefordert. [...] Diese Forderung steht in einem klaren Widerspruch zur bisherigen Arbeitsmarktreform, nach der erstmals auch Löhne unterhalb des Sozialhilfeniveaus zumutbar sind. Denn der beschleunigte Strukturwandel, getrieben durch Wissensintensivierung und internationalen Standortwettbewerb, verstärkt in jeder entwickelten Volkswirtschaft das Problem der working poor.

Mit den Reformen verbindet sich das Ziel, den gering Qualifizierten in einem Niedriglohnsektor mehr Beschäftigungschancen zu bieten. Das setzt vor allem eine Öffnung der Lohnstruktur nach unten voraus, um produktivitätsorientierte Löhne zahlen zu können. Mindestlöhne, zumal mit den derzeit geforderten Niveaus, würden aber gerade das Gegenteil bewirken: Sie stauchen die Lohnstruktur von unten, sie reduzieren Beschäftigungschancen bisher Arbeitsloser, und sie vernichten in nicht unerheblichem Ausmaß bestehende Niedriglohntätigkeiten. Zahlreiche Tarifverträge in Deutschland unterschreiten das diskutierte Mindestlohnniveau von 7,50 Euro je Stunde.

Wer in diesem Sinn „faire Löhne" fordert, der fordert die Vernichtung dieser Arbeitsplätze. Rationalisierung und Dienstleistungsimport werden die Folge sein. Allerdings ist das nicht die einzige Konsequenz, denn die für die meisten drohende Arbeitslosigkeit ist mit deutlichen Verlusten an Lebenszufriedenheit verbunden. Wie jüngste Auswertungen des Instituts der deutschen Wirtschaft Köln [...] zeigen, ist die Zufriedenheit von Menschen mit Niedriglohnarbeit größer als die von Menschen in Arbeitslosigkeit und Einkommensarmut. Also gilt: Besser working poor als nur poor. [...] Noch deutlicher als bei den gesetzlichen Mindestlöhnen sind die beschäftigungspolitischen Risiken bei branchenbezogenen Vorgaben. Wer dies fordert, der enttarnt sein wahres Ziel: Es geht um die Absicherung gewerkschaftlicher Gestaltungsmacht. Denn durch die Festlegung der jeweils untersten Entgeltgruppe eines Branchentarifvertrags als Mindestlohn würde faktisch die Tarifbindung auch dort ansatzweise restituiert[1], wo in den letzten anderthalb Jahrzehnten die Wirkung der Flächentarifverträge deutlich nachgelassen hat. [...]

Ein gesetzlicher Mindestlohn ist in Deutschland nicht notwendig, sein Schadenspotenzial wäre beachtlich.

1 restituiert: wiederhergestellt

Michael Hüther: Ein Mindestlohn in Deutschland?,
in: Die Zeit vom 9. 3. 2006

M 4 Der Kreditmarkt: Auswirkungen eines Haushaltsdefizits

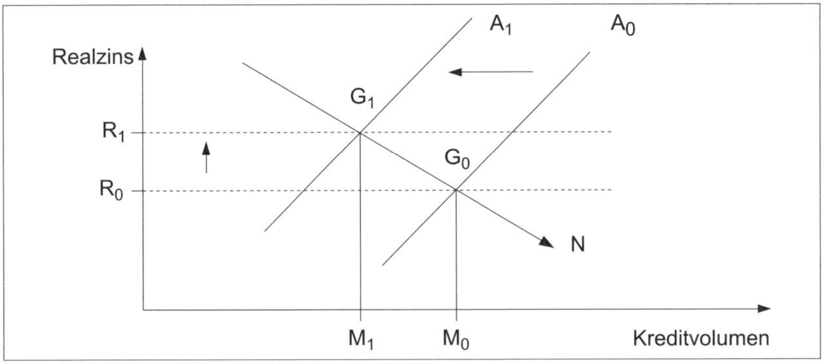

Nach: Nicholas Gregory Mankiw: Grundzüge der Volkswirtschaftslehre. Schäffer-Poeschel: Stuttgart 2001, S. 628 (Übersetzung: Marco Herrmann, Adolf Wagner)

M 5 Institut hält Grundeinkommen für finanzierbar

Das heute von Straubhaar[1] in Berlin vorgestellte Konzept geht davon aus, jedem Bürger „Von der Wiege bis zur Bahre" steuerfrei ein monatliches Grundeinkommen von 400 Euro auszuzahlen. Eine zusätzliche Pauschale von 200 Euro soll an Kranken- und Pflegeversicherung abgeführt werden. [...] Sozialabgaben auf die Löhne fallen bei dem Modell komplett weg, dagegen wird jegliches Einkommen über dem Grundeinkommen mit einem einheitlichen Steuersatz von 49 Prozent belastet. Dieser Wert liegt laut Institut deutlich unter der aktuellen Steuer- und Abgabenquote. [...] In einer Variante wurde ein Grundeinkommen von 800 Euro durchgerechnet: Auch dieses wäre bei einem Einheitssteuersatz von 61 Prozent ohne neue Staatsschulden finanzierbar. Straubhaar betonte, es handele sich um ein „bedingungsloses Grundeinkommen"[2], das „ohne Gegenleistung" bezahlt werde und das jeder durch Erwerbsarbeit aufstocken könne und solle. Das Konzept komme als „Umverteilungsmodell" mit einem Minimum an Bürokratie aus, entlaste den Faktor Arbeit und sei damit auch „ökonomisch effizient". Am Arbeitsmarkt lasse es – vor allem im Niedriglohnbereich – einen Stellenzuwachs „im Millionenbereich" erwarten.

1 Thomas Straubhaar: Chef des Hamburger Wirtschaftsinstituts
2 In den Modellen für ein bedingungsloses Grundeinkommen fallen Transferzahlungen wie Rente, Arbeitslosengeld oder Kindergeld weg.

dpa: Institut hält Grundeinkommen für finanzierbar
Aus: http://www.spiegel.de/wirtschaft/0,1518,473946,00.html, 26. 3. 2007

Lösungsvorschlag

1. *Der Operator „beschreiben" verlangt in einem ersten Schritt, wie bei jedem statistischen Material, eine formale Analyse. Das heißt, Sie müssen zunächst untersuchen, was wie und von wem dargestellt wird (Thema, Erhebungszeitraum, Quelle, Darstellungsform, Bezugsgrößen usw.). Als zweites müssen Sie das Material inhaltlich analysieren (Hauptaussage, Teilaussagen, Gleichmäßigkeiten und Anomalien usw.). Berechnen Sie an einigen Stellen die absoluten Zahlen aus den Prozentangaben und umgekehrt. So können Sie die Werte plastischer darstellen.*
Vorsicht: In der Aufgabenstellung wird keine Stellungnahme zur Aussageabsicht in Form einer Interpretation verlangt! Diese Leistung müsste erbracht werden, wenn die Aufgabenstellung „(über-)prüfen", „untersuchen" oder „beurteilen" lautete.

Die vorliegende Tabelle M 2 enthält Angaben über **Zahl und Zusammensetzung der Beschäftigten in Deutschland** im Jahr 2004. Dabei wird unterteilt in **unterschiedliche Beschäftigungsverhältnisse** (insgesamt Beschäftigte, Vollzeitbeschäftigte, Teilzeitbeschäftigte und Minijobber), und es wird dargestellt, wie viele Personen ohne oder mit Berufsausbildung bzw. mit FH-/Uni-Abschluss in diesem Jahr tätig waren. Die Tabelle gibt darüber hinaus Auskunft über den jeweiligen prozentualen Anteil, den der **Niedriglohnsektor** an den unterschiedlichen Beschäftigungsverhältnissen und Qualifikationsstufen ausmachte. Der Niedriglohnsektor wird dabei definiert als der Bereich, in dem die Bruttostundenlöhne bei 2/3 oder weniger, gemessen an den durchschnittlichen Bruttostundenlöhnen liegen. Als Quelle wird das Institut Arbeit und Technik Gelsenkirchen angegeben. Die Zahlen wurden 2007 veröffentlicht.
Von den insgesamt 29 Mio. Beschäftigten waren 20,9 Mio. Vollzeit- und 6,3 Mio. Teilzeitbeschäftigte. 1,8 Mio. Menschen arbeiteten in Minijobs.
Insgesamt lag der Anteil an Beschäftigten mit Niedriglöhnen bei 20,8 %. Das heißt jeder fünfte Beschäftige (ca. 6 Mio. Menschen) arbeitete in diesem Bereich. Allerdings betraf dies nur 14,6 % der Vollzeit- und 21,1 % der Teilzeitbeschäftigten. Wohingegen 1,54 Mio. (85,8 %) der 1,8 Mio. Minijobber zu Niedriglöhnen arbeiteten.
Ähnlich ungleich verteilt waren die verschiedenen Qualifikationsstufen. **Personen ohne Berufsausbildung arbeiteten überdurchschnittlich oft zu Niedriglöhnen** (42,1 % von 3,3 Mio.). Dagegen erhielt nur ca. jeder zehnte Beschäftigte mit Fachhochschul- oder Universitätsabschluss einen Niedriglohn (9,4 % von 6,7 Mio.).
Es kann also insgesamt festgehalten werden, dass das Risiko, im Niedriglohnsektor beschäftigt zu sein, mit geringer Qualifikation und kürzerer vertraglicher Arbeitszeit zunimmt.

2. a) *„Herausarbeiten" heißt, Informationen aus dem gegebenen Text zu einem bestimmten Gesichtspunkt zu entnehmen. Achten Sie darauf, keine bloße Zusammenfassung anzufertigen. Beschränken Sie sich unbedingt auf die Informationen aus dem Text und geben Sie nur jene Aussagen wieder, die die Position des Autors zum Mindestlohn betreffen. Verwenden Sie den Konjunktiv, wenn Sie Aussagen des Autors wiedergeben. Beachten Sie die Anforderungen des Zitierens.*

In seinem Artikel „Ein Mindestlohn in Deutschland?", der am 9. 3. 2006 in der Wochenzeitung „Die Zeit" erschienen ist, stellt sich der Autor, Michael Hüther, gegen die Forderung, in Deutschland einen **gesetzlichen Mindestlohn** einzuführen. Ein Mindestlohn sei seiner Meinung nach nicht nur „nicht notwendig", sondern beinhalte sogar ein erhebliches „Schadenspotenzial" (Z. 35 f.).
Der Autor führt zunächst aus, dass eine solche Maßnahme den bisherigen (positiven) Reformen auf dem Arbeitsmarkt entgegenliefe (vgl. Z. 5 f.). Denn dieser funktioniere nur dann, wenn der Lohnspielraum nach unten flexibel bliebe. Löhne müssten sich an der Produktivität und nicht an gesetzlichen Vorgaben orientieren. Nur so könnten bestehende Arbeitsplätze im Niedriglohnsektor erhalten und neue geschaffen werden. Gesetzliche Mindestlöhne, so der Autor, wären Gift für alle Jobs in diesem Bereich. Sie verringerten damit auch die Aussichten für Arbeitslose, meist gering Qualifizierte, eine Beschäftigung zu finden (vgl. Z. 11–18). Durch die Einführung eines Mindestlohns würden Unternehmen darüber hinaus versuchen, weiter zu rationalisieren oder Dienstleistungen zu importieren, beides Maßnahmen, die Arbeitsplätze vor Ort vernichten würden (vgl. Z. 20 ff.). Außerdem sei ein Arbeitsplatz mit niedrigem Lohn immer noch der Arbeitslosigkeit vorzuziehen, da mit der Beschäftigung die Lebenszufriedenheit der betroffenen Personen steige (vgl. Z. 24–27). Schließlich wendet sich der Autor auch gegen den branchenbezogenen Mindestlohn, da er lediglich Terrain der Gewerkschaften wieder erobern solle, welches diese in den vorangegangenen Jahren durch die abnehmende Einflussmöglichkeit auf die Tarifbindung in den Flächentarifverträgen verloren hätten (vgl. Z. 29–34).

b) *In einem Leserbrief müssen Sie klar (in diesem Fall aus der Sicht eines Befürworters von Mindestlöhnen) Stellung beziehen. Dabei sollen Sie auf die in M 3 genannten Punkte eingehen. Der Leserbrief sollte zum einen auf Fakten, Beispielen, Daten usw. beruhen, aber auch Appellcharakter besitzen. Dabei sind Sie nicht an die Regeln einer gewöhnlichen Erörterung gebunden, sondern können auch unkonventionellere Ideen umsetzen. Achten Sie aber darauf, Ihre „Rolle" zu spielen (sprachlich und argumentativ) und die Adressatengruppe nicht aus den Augen zu verlieren.*
Zu Ihrer Beruhigung: Die in diesem Beispiel aufgeführten Argumente müssen nicht alle genannt werden, um die volle Punktzahl zu erreichen.

Michael Hüther liefert, wie dies alle Gegner des Mindestlohns fast gebetsmühlenartig tun, das Argument, der Mindestlohn vernichte Arbeitsplätze. Dabei gibt es seit Langem Studien (etwa im Bereich des Baugewerbes) und positive Erfahrungen aus anderen Ländern (z. B. Großbritannien), dass dieser Zusammenhang bei Weitem nicht so eindeutig besteht, wie oft behauptet wird. Wie ist es ansonsten zu erklären, dass in Deutschland, als eines der wenigen Länder, das noch keine gesetzliche Lohnuntergrenze eingeführt hat, die gering Qualifizierten am stärksten von Arbeitslosigkeit betroffen sind? Es kann z. B. sein, dass die geringen Löhne die Menschen dazu zwingen, mehr zu arbeiten und so zusätzlicher Druck auf diesen Sektor des Arbeitsmarktes ausgeübt wird. Die

Verbesserungen der letzten Jahre bei den Beschäftigungsverhältnissen im Niedriglohnsektor sind wohl kein Resultat der sinkenden Löhne, sondern eher der allgemein guten Konjunkturentwicklung.
Umgekehrt wird ein Schuh daraus: Wer einen Mindestlohn bezahlt, der sichert nicht nur die Würde des arbeitenden Menschen, indem er ihm eine Existenzsicherung verschafft. Er sorgt gleichzeitig auch dafür, dass die Massenkaufkraft gestärkt wird, die wirtschaftliche Aufwärtsbewegung an Kraft gewinnt und damit der Arbeitskräftebedarf ansteigt.
Es trifft auch nicht zu, dass bei einer Einführung des Mindestlohns sämtliche Unternehmen, wie oft gedroht wird, Arbeitsplätze blindwütig wegrationalisieren, Aufträge ins Ausland vergeben oder, schlimmer noch, Deutschland den Rücken kehren. Der wirtschaftliche Aufschwung der letzten Jahre, die Exporterfolge der Industrie (selbst bei einem sehr teuren Euro) und die vollen Auftragsbücher vieler Unternehmen, die nur den Binnenmarkt versorgen, zeigen, dass das Lohnniveau nicht das einzige Argument bei unternehmerischen Entscheidungen ist und ein (moderater) Mindestlohn nicht das Ende des Standorts Deutschland bedeuten wird.
Die Belastung der sozialen Sicherungssysteme und des Staatshaushalts durch die „**working poor**“, die zwar voll arbeiten aber dennoch beim Staat die Hand aufhalten müssen, um über die Runden zu kommen, fiele stattdessen weg.
Der **Mindestlohn stoppt** die **unerträgliche Abwärtsspirale des Lohndumpings**. Gerade wenn auch Deutschland, wie die große Mehrheit seiner europäischen Nachbarn, den Mindestlohn endlich einführt, wird verhindert, dass sich die europäischen Arbeitnehmer gegenseitig die Löhne nach unten drücken.
Michael Hüther schreibt, dass die niedrigen Löhne gut für die Menschen seien, da sie ja lieber arbeiten und (zu) wenig verdienen, als arbeitslos zu sein. Wenn ein Vertreter der neoliberalen Denkschule sich derart für die vermeintlichen Belange der gering Qualifizierten und Arbeitslosen einsetzt, macht sich doch der Bock zum Gärtner! Gerade diese Gruppe von Menschen hat nur wenig Chancen, ihre wirklichen Interessen politisch durchzusetzen. Es ist ein Skandal, wenn über 20 % der Beschäftigten zu Löhnen arbeiten, von denen sie kaum leben können (siehe Material M 2). Ein Mindestlohn würde wenigstens einige der gröbsten Ungerechtigkeiten auf dem Arbeitsmarkt beseitigen. Die Beschäftigten müssten bei ihren Arbeitgebern nicht einzeln um einen Lohn betteln, der sie ernähren und ihre Kinder am gesellschaftlichen Leben teilhaben lassen kann. Außerdem würde er viele Menschen, die bislang gänzlich auf staatliche Transferleistungen angewiesen sind, wieder motivieren, sich eine Arbeit zu suchen.
An einer Stelle hat Hüther allerdings Recht: Der gesetzliche Mindestlohn stärkt die Gewerkschaften, und er entlastet sie gleichzeitig, um für weitere Verbesserungen der Lohnstruktur und der Arbeitsbedingungen zu kämpfen. Und das ist auch gut so!
Bei einem angenommenen gesetzlichen Mindestlohn von (nur) 7 € und einer Arbeitszeit von 40 Stunden pro Woche ergibt sich ein Jahresgehalt von ca. 15 000 €. Brutto! Vergleicht man dies mit den exorbitanten Gewinnen vieler Unternehmen und den zum Teil obszön hohen Jahresgehältern der oberen

Managerebenen (die leicht mehr als das tausendfache ausmachen), kann etwas nicht in Ordnung sein in dieser Republik. Sie braucht starke Gewerkschaften.
Abschließend sei erwähnt, dass es in Deutschland noch immer alltäglich ist, dass Frauen für dieselbe Arbeit eine geringere Entlohnung erhalten als ihre männlichen Kollegen. Dies gilt vor allem für Bereiche, in denen niedrige Löhne von drei bis vier Euro pro Stunde bezahlt werden!
Dies ist ein weiteres Beispiel dafür, wie ein **gesetzlicher Mindestlohn** für **etwas mehr Gerechtigkeit** sorgen würde. Deshalb muss aus der Frage, mit der Michael Hüther seinen Artikel überschreibt, eine Forderung werden: „Ein Mindestlohn für Deutschland!"

3. *Mit „erläutern" ist gemeint, dass Sie die vorliegende Information (das Schaubild M 4) beschreiben und erklären und darüber hinaus durch eigenes Wissen die Auswirkungen eines staatlichen Budgetdefizits (nur) auf die drei genannten Sektoren zusammenhängend darstellen sollen.*

Im Schaubild M 4 wird modellhaft die Wirkung eines **staatlichen Haushaltsdefizits** auf den Kreditmarkt in einem Preis-Mengen-Diagramm dargestellt. Die „Menge" entspricht hier dem auf dem Kreditmarkt gehandelten **Kreditvolumen** (x-Achse), der „Preis" ist der Preis des Geldes, der **Realzins** also, der für verliehenes Geld verlangt wird (y-Achse). Die Angebotskurve A_0 bzw. A_1 stellt das Angebot an Kreditmitteln, die Kurve N dessen Nachfrage bei einem bestimmten Zinssatz dar. Der Schnittpunkt G_0 bildet den Zinssatz und das umgesetzte Kreditvolumen ab, wie sie sich ergeben haben, bevor sich das Haushaltsdefizit verändert. Erhöht sich nun das Haushaltsdefizit, wird das Angebot an Kreditmitteln verringert, denn der Staat muss Kredite aufnehmen, um die Haushaltslücke zu stopfen. Es ist weniger Geld auf dem Kreditmarkt vorhanden. Die Angebotskurve verschiebt sich im Modell nach links (A_0 wird zu A_1). Als Folge ergibt sich ein neues Gleichgewicht G_1, der Realzins erhöht sich somit von R_0 auf R_1 und das Kreditvolumen verringert sich bei diesem neuen Zinssatz von M_0 nach M_1.
Die Auswirkungen auf die privaten Haushalte liegen auf der Hand. Wenn sich der Preis für geliehenes Geld erhöht, werden weniger Menschen Kredite aufnehmen, um private Investitionen zu tätigen. Somit verringert sich die Massenkaufkraft und damit die Konsumbereitschaft.
Eine schwächere Nachfrage bedeutet geringere Umsätze für die Unternehmen. Außerdem sind Unternehmen (in einer geschlossenen Volkswirtschaft) gleichermaßen von einer Zinserhöhung betroffen. Sie werden aufgrund des höheren Zinses ihre auf Kredit zu tätigenden Investitionen verringern. Insgesamt führen beide Entwicklungen zu einem schwächeren Wachstum der Volkswirtschaft.
Man kann sagen, dass der Staat als Kreditnehmer die anderen Nachfrager auf dem Kreditmarkt „verdrängt". Dieser **Verdrängungseffekt** wird auch **crowding-out** genannt. Für den Staat bedeutet die geringere Investitionstätigkeit der Unternehmen und der Rückgang der privaten Konsumbereitschaft auch einen Rückgang der Steuereinnahmen. Außerdem erhöhen sich bei einem steigenden Zinssatz automatisch die Kosten für das Bedienen der Kredite, die der Staat selbst aufnimmt, und somit werden die finanzpolitischen Gestaltungsspielräume zusätzlich eingeengt.

4. *Wie in der Aufgabe beschrieben, sollen Sie hier die Kosten und Nutzen beschreiben und verdeutlichen, die sich für die verschiedenen Akteure ergeben können, wenn eine staatliche Neuverschuldung verboten würde. Erklären Sie zunächst, was das Verbot der Neuverschuldung genau beinhaltet.*

Ein **Verbot der Neuverschuldung** bedeutet, dass der Staat nicht mehr die Möglichkeit hat, ein Haushaltsdefizit durch zusätzliche Kredite auszugleichen. Er ist also gezwungen, die Ausgaben den Einnahmen anzupassen. Alte Schulden dürfen zwar „umgeschuldet", aber eben keine zusätzlichen Kredite aufgenommen werden.
Um dies bewerkstelligen zu können, muss der Staat die **Ausgaben verringern** und/oder die **Einnahmen erhöhen**. Beides wirkt sich zunächst als Belastung für die privaten Haushalte und die Unternehmen aus.
Höhere Steuern und Abgaben bedeuten, dass die Menschen sich weniger leisten können und die Unternehmen weniger investieren werden. Die Wirtschaftskraft nimmt ab. Darüber hinaus sind höhere Steuern politisch kaum durchzusetzen. Eine Regierung, die diesen Weg beschreitet, wäre sicherlich nicht lange an der Macht.
Ähnlich verhält es sich bezüglich der anderen Möglichkeit, die Staatsausgaben drastisch zu kürzen. Auch in diesem Fall haben private Haushalte und Unternehmen Kosten zu tragen. Der Staat kann weniger Menschen beschäftigen. Sozialleistungen, Subventionen und andere Transferzahlungen müssen gekürzt, gestrichen oder privatisiert, die Ausgaben für staatliche Kernaufgaben wie Sicherheit und Bildung verringert werden. Gerade Menschen unteren und mittleren Einkommens sind besonders von diesen Maßnahmen betroffen.
Wenn es **verboten** ist, **neue Schulden aufzunehmen**, **kann der Staat nicht mehr flexibel** auf die wirtschaftliche Gesamtsituation **reagieren**. Der Staat kann in Zeiten der Rezession oder Stagnation keine zusätzlichen Schulden machen, um so notwendige Impulse für eine Erholung zu geben (und um dann natürlich in Zeiten des wirtschaftlichen Aufschwungs diese Schulden wieder zu tilgen). Mit einem Verbot bindet sich der Staat die Hände. Es fehlt ihm der „Puffer", um Schwankungen zwischen Einnahmen und Ausgaben auszugleichen und um Investitionen zu tätigen, die auch künftigen Generationen zugute kommen.
Allerdings verbinden sich mit einem **Neuverschuldungsverbot auch wesentliche Vorteile**. Ein Verschuldungsverbot sorgt dafür, dass der Staat seine Ausgaben sorgfältig überprüft und gezwungen ist, nicht „über seine Verhältnisse" zu wirtschaften. Das Verbot wäre der erste notwendige Schritt in Richtung **Abbau der Staatsverschuldung**. Die öffentliche Hand muss allein für das Bedienen der bestehenden Schulden in jedem Haushaltsjahr ca. 40 Mrd. € aufbringen (Stand 2008). Gelingt es, diese Last zu reduzieren, werden wiederum Mittel frei, um die privaten Haushalte und die Unternehmen zu entlasten oder zu fördern.
Weiterhin werden zukünftige Generationen nicht mehr für die Schulden aufkommen müssen, die von dieser Generation gemacht werden. Das Inflationsrisiko kann durch geringere Staatsschulden reduziert werden. Eine stabile Währung wirkt sowohl auf private Haushalte als auch auf Unternehmen im Normalfall positiv. Außerdem verringert sich die Nachfrage auf dem Kreditmarkt, die Zinsen werden dadurch nicht erhöht und private Kreditnehmer nicht verdrängt. Insgesamt

erhofft man sich durch ein Neuverschuldungsverbot auf Dauer eine **Abnahme der Steuer- und Abgabenlast**.

5. *Wie bei jeder Erörterung, sollen Sie auch hier die Gründe, die für und gegen ein Grundeinkommen sprechen, abwägen und am Ende ein sich aus Ihrer Darstellung ableitbares begründetes Urteil fällen. Es ist sinnvoll, zunächst zu erläutern, was unter dem Grundeinkommen verstanden wird.*

Ein staatliches **Grundeinkommen** bedeutet für **jeden** Bürger eine Existenzabsicherung. Es wird pro Kopf ausbezahlt, daher auch der Begriff **„Bürgergeld"**. Das heißt, Arbeitslose wie auch Millionäre erhalten den gleichen Betrag vom Staat, ohne dafür eine Gegenleistung erbringen zu müssen. Jeder Bürger soll damit in die Lage versetzt werden, seine **Grundbedürfnisse befriedigen** zu können. Alles, was darüber hinausgeht, muss durch eigenes Einkommen generiert werden. Das **Grundeinkommen** wird **durch Steuern finanziert**.
Befürworter dieses Modells führen an, dass mit einem bedingungslosen Grundeinkommen der Staat seiner sozialstaatlichen Verpflichtung besser gerecht wird. Jeder Bürger kann seinen Lebensunterhalt sichern, und er ist frei in seiner Entscheidung, durch Erwerbsarbeit etwas hinzuzuverdienen. Das von vielen Empfängern staatlicher Transferzahlungen als entwürdigend empfundene „Betteln beim Staat" fällt weg. Insofern wird das Grundeinkommen auch als eine ethisch zu rechtfertigende Möglichkeit gesehen, mit einem Arbeitsmarkt der Zukunft umzugehen, der immer weniger Arbeit vor allem für Menschen mit geringer Qualifikation bereithält.
Neben dieser moralischen Grundsatzüberlegung führen Verfechter des Modells auch ökonomische Argumente ins Feld. Dadurch, dass keinerlei Bedarfsüberprüfung durch die staatlichen Behörden erfolgen muss, und weil die monatliche Zuweisung ein sehr einfaches Verfahren ist, erhofft man sich einen **radikalen Abbau der Bürokratie** und damit auch der administrativen Kosten der sozialen Sicherungssysteme. Dies geht einher mit einer fundamentalen **Vereinfachung des Steuersystems**.
Mit einem einheitlichen Steuersatz auf jegliches Einkommen über der Höhe des Bürgergeldes entsteht eine transparentere und damit gerechtere Steuerbelastung, und es entfallen die aufwendigen Steuerprüfungen der Finanzämter. Mittel, die so frei werden, stehen dem Staat zur Erfüllung seiner Kernaufgaben zur Verfügung.
Die Finanzierbarkeit des Grundeinkommens ist durch den Wegfall von Bürokratiekosten und zusätzliche Steuereinnahmen gesichert und könnte je nach wirtschaftlicher oder demografischer Entwicklung einfach angepasst werden. Ferner ergibt sich ein positiver Effekt auf den Arbeitsmarkt. Da jeder dazuverdiente Euro tatsächlich einen Mehrwert erbringt und nicht wie bisher mit dem Transfereinkommen vom Staat gegengerechnet wird, entstehen Anreize für die Menschen, auch geringfügig bezahlte Arbeit anzunehmen. Und schließlich werden die Lohnnebenkosten durch das steuerfinanzierte Grundeinkommen drastisch gesenkt. Unternehmen können diese sinkenden Kosten in ihren Produkten weitergeben, werden konkurrenzfähiger auf dem internationalen Markt und sind somit auch deshalb

(und nicht nur wegen der verringerten Lohnkosten) in der Lage, mehr Beschäftigung zu schaffen.
Ein zentraler **Kritikpunkt** der Gegner des Grundeinkommens ist die Sorge, dass ein bedingungsloses, von der Allgemeinheit finanziertes Einkommen den Menschen **keinen Anreiz** gibt **zu arbeiten**. Der Wert der Arbeit und die Arbeitsmotivation nehmen ab, vor allem bei denjenigen, die schlechter verdienen. Die Produktivität und die Innovationskraft der Volkswirtschaft leidet, und das Volkseinkommen geht zurück. Im Niedriglohnsektor werden nicht etwa mehr, sondern weniger Stellen geschaffen, da die Menschen ja nicht mehr darauf angewiesen sind, unangenehme und schlecht bezahlte Arbeit anzunehmen. Diese Arbeitsplätze werden ins Ausland verlagert. Außerdem stellt sich die Frage, ob die **Unternehmen** nicht **auf Kosten des Grundeinkommens** ihr allgemeines **Lohnniveau absenken**.
Ein weiteres fundamentales Gegenargument ist die ungelöste Frage der Finanzierbarkeit eines Bürgergeldes. Es gibt keine Garantie, dass die enormen Kosten tatsächlich abgedeckt sind, ganz zu schweigen von der Frage, wie ein geordneter Übergang vom einen System auf das andere zu bewerkstelligen ist. Es ist völlig ungeklärt, wie bereits erworbene Ansprüche zum Beispiel bei der Rente umgesetzt werden können.
Ein Grundeinkommen wirkt anziehend auf Menschen aus dem Ausland. Aus diesem Grund sind die **einwanderungspolitischen Folgen** eines solchen Systems kaum abschätzbar. Gerade die bedingungslose Gleichverteilung, die von den Befürwortern als „gerechter" empfunden wird, sehen die Gegner in einem völlig anderen Licht. Es ist ihrer Meinung nach eben ungerecht, wenn alle Menschen das Gleiche bekommen. Arbeitsunfähige Menschen (sei es durch Krankheit, Unfall oder Behinderung) erhalten lediglich das Grundeinkommen, ohne die Möglichkeit, dies etwas aufstocken zu können. Dem Anspruch, dass in einer Solidargemeinschaft die Starken den Schwachen und Bedürftigen besonders helfen, wird das Grundeinkommen nicht gerecht. Genauso wenig wird es die relative Armut reduzieren. Bei einer Höhe von 400 €, wie im Text M 5 angenommen, bewegt sich das Einkommen immer noch auf sehr niedrigem Niveau und ist im Übrigen ähnlich niedrig wie das Arbeitslosengeld II (ohne zusätzliche Aufwendungen für Wohnung und Heizen zu berücksichtigen).

Zusammenfassend lässt sich sagen, dass das Modell des Bürgergeldes einen faszinierenden Grundgedanken enthält und einige Menschen auch davon profitieren können. Allerdings sind die **Risiken der Umsetzung und Finanzierung** zu hoch. Und wenn man von einem realistischen (negativen) Menschenbild ausgeht, so wiegt doch das Argument am schwersten, dass Menschen durch Anreiz gesteuerte Wesen bleiben und nur dann arbeiten werden, wenn sie darin auch einen wirtschaftlichen Nutzen erkennen. Wenn ein großer Teil der Gesellschaft diesen Nutzen aber nicht mehr sieht, dann kann die Volkswirtschaft auch kein hohes Volkseinkommen erzielen. Daher ist das Grundeinkommen nicht zu befürworten.

Schriftliche Abiturprüfung Wirtschaft (Baden-Württemberg) 2009
Aufgabe I: Markt und Preise

Aufgaben:

1. Beschreiben Sie, welche Funktionen der Wettbewerb in einer Marktwirtschaft erfüllt. 8 VP

2. Arbeiten Sie aus M 1 heraus, wie der Autor die Entwicklung auf dem deutschen Strommarkt einschätzt. 8 VP

3. Verantwortlich für die Strompreiserhöhungen sind laut Wulf Bernotat (M 1, Z. 5 ff.) die gestiegenen Steuern und Abgaben.
Überprüfen Sie diese Behauptung anhand von M 2. 10 VP

4. Erläutern Sie mögliche Folgen einer Senkung der Steuern und Abgaben auf Strom für Staat, private Haushalte und Unternehmen. 8 VP

5. a) Erstellen Sie für das Produkt X in M 3 ein Preis-Mengen-Diagramm und arbeiten Sie – auch rechnerisch – Konsumenten- und Produzentenrente heraus.
Gehen Sie von einem linearen Verlauf der Kurven zwischen den gegebenen Werten aus. 7 VP

   b) Stellen Sie rechnerisch dar, wie sich die Gesamtwohlfahrt durch eine Besteuerung dieses Produktes X in Höhe von 2 € pro Stück ändert.
(Zwischenergebnis: Der neue Gleichgewichtspreis beträgt 3,50 € pro Stück)
Legen Sie Ihren Berechnungen eine unveränderte Nachfrage zu Grunde. 7 VP

6. In Deutschland wurden in den letzten Jahren unter anderem die Märkte für Telekommunikation, Energie und Schienenverkehr geöffnet.
Erörtern Sie ausgehend von den genannten Beispielen die Chancen und Risiken der Liberalisierung von Märkten. 12 VP

60 VP

M 1 Winand von Petersdorf: Alarm im Vierstromland: Wo sind die Preisbrecher?

Die Ankündigungen der kräftigen Strompreiserhöhungen nähren den Verdacht aufs Neue: Die großen Stromversorger in Deutschland, Eon, RWE, EnBW und Vattenfall, nutzen ihre Marktmacht, um die Preise zu diktieren. Tatsächlich sind die Preise seit 1998, als im Strommarkt die Marktwirtschaft Einzug hielt, gestiegen und nicht gesunken, wie zu erwarten war. Schuld daran ist, wie Eon-Chef Wulf Bernotat argumentiert, der Staat, der die Steuern und Abgaben in den vergangenen neun Jahren kräftig erhöhte. Doch das ist nur die halbe Wahrheit. Oder nur ein Viertel davon.

Seit dem Jahre 2000 heben auch die Versorger den Nettopreis Jahr für Jahr an, wie Eon selbst bestätigt. Was hatte sich damals geändert? Bis 2000 hatten neue Stromhändler, ermutigt durch die Liberalisierung, die Preise nach unten getrieben. Doch danach verschwanden die Newcomer. [...] Die Netzbetreiber hatten sie ausgebremst. Inzwischen ist diese Klage nahezu verstummt. Inzwischen passt die Bundesnetzagentur auf, dass niemand behindert wird. Zudem sind die alten Kläger mundtot. Als Faktum bleibt: Die wichtigsten Leitungen gehören in Deutschland den vier großen Stromversorgern. Das ist nicht nur theoretisch eine unglückliche Konstellation. Denn das Netz ist der Marktplatz, auf dem der Wettbewerb stattfindet. Die vier Großen konkurrieren auf ihrem eigenen Marktplatz mit anderen Unternehmen. Sie haben einen beständigen Anreiz zu Behinderungen der Wettbewerber ohne Netz. [...]

Wer heute den Anbieter wechseln will, findet kaum ausländische Erzeuger. Über die Grenzen kommt wenig Strom. Der Marktplatz hat zu wenige Eingänge.

Dass zur Zeit trotzdem wenig Klagen über unfairen Netzzugang zu hören sind, muss nicht bedeuten, dass das immer so bleibt. Aus Sicht der Versorgungsunternehmen muss die Entflechtung nicht die schlechteste Lösung sein. [...]

Herrschte scharfer Wettbewerb, wären Versorger auch nicht mehr in der Verlegenheit, Hilfsargumente für ihre Preispolitik zu konstruieren: Höhere Beschaffungskosten zwängen zur Anhebung der Preise, argumentieren Eon und Co gern. So redet jedes Unternehmen in vergleichbarer Situation.

Das Beschaffungskosten-Argument hat seine Tücken. Maßgeblich für die Beschaffungskosten ist die Strombörse EEX in Leipzig. Die großen Versorger selbst kontrollieren 75 Prozent der Kraftwerkskapazität und können damit Einfluss auf die angebotene Strommenge an der EEX nehmen und darüber den Preis bestimmen. Das behauptet zumindest der VIK, ein Verband großer Energieverbraucher. [...] Wichtiger noch ist ein anderes Argument: Den Kunden können die Beschaffungskosten egal sein. Wer beim Bäcker einkauft, interessiert sich auch nicht für die Preisschwankungen beim Weizenmehl. Denn nicht die Kosten bestimmen den Preis, sondern die Marktverhältnisse.

Winand von Petersdorf: Alarm im Vierstromland: Wo sind die Preisbrecher? In: Frankfurter Allgemeine Sonntagszeitung vom 21. 10. 2007

M 2 Durchschnittliche Stromkosten eines Drei-Personen-Haushalts im Monat mit 3 500 kWh Jahresverbrauch

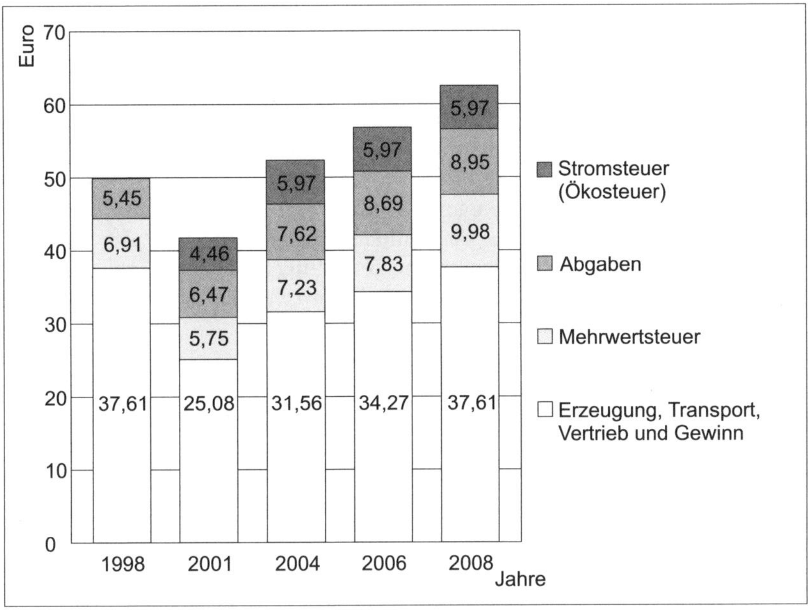

Quelle: Bundesverband der Energie- und Wasserwirtschaft (BDEW) 2008

M 3 Angebot und Nachfrage nach einem Produkt X

Angebot		**Nachfrage**	
Stückpreis in €	Angebotene Menge in Mio. Stück	Stückpreis in €	Nachgefragte Menge in Mio. Stück
0,50	0	7,00	0
2,00	60	4,00	20
3,00	100	2,00	100

Lösungsvorschlag

1. *„Beschreiben" bedeutet, dass Sie die wesentlichen Funktionen des Wettbewerbs strukturiert wiedergeben sollen. Eine schlüssige Wiedergabe von vier der hier genannten Funktionen reicht aus, um die volle Punktzahl zu erhalten.*

Ein **funktionierender Wettbewerb** sorgt in einer Marktwirtschaft dafür, dass der Markt durch die Konkurrenz zwischen den Anbietern und zwischen den Nachfragern „optimal" versorgt wird. So „wandern" beispielsweise sämtliche Produktionsfaktoren dorthin, wo sie die höchsten Renditen, den höchsten Zins, abwerfen (**Allokationsfunktion**). Die Anbieter müssen sich den Bedürfnissen und Wünschen der Kunden anpassen, wenn sie im Wettbewerb überleben wollen (**Steuerungsfunktion**). Sie passen darüber hinaus ihre Produktionsverfahren und -kapazitäten externen Veränderungen auf dem Markt an (**Anpassungsfunktion**) und sie sind ständig bemüht bzw. gezwungen, sich einen Vorsprung gegenüber den Konkurrenten zu verschaffen („Pioniergewinne"), und sorgen somit für Innovation und technischen Fortschritt (**Innovationsfunktion**). Sie versuchen außerdem, die Preise so zu gestalten, dass sie ihre Produkte absetzen können. Auf einem Markt, der durch einen funktionierenden Wettbewerb gekennzeichnet ist, entscheiden Effizienz und Leistung über die Entlohnung. Es ergibt sich also eine leistungsgerechte Verteilung der Einkommen (**Verteilungsfunktion**). Schließlich sorgt der Wettbewerb auch dafür, dass eine marktbeherrschende Stellung nur auf Zeit möglich ist (**Kontrollfunktion / Entmachtungsfunktion**).

2. *„Herausarbeiten" heißt, Informationen aus dem gegebenen Text unter einem bestimmten Gesichtspunkt zu entnehmen. Achten Sie daher darauf, keine bloße Zusammenfassung anzufertigen. Beschränken Sie sich unbedingt auf die Informationen aus dem Text selbst und geben Sie nur jene Aussagen wieder, die die Einschätzung des Autors zur Entwicklung auf dem Strommarkt unterstützen. Verwenden Sie den Konjunktiv, wenn Sie Aussagen des Autors wiedergeben. Beachten Sie die Anforderungen des Zitierens.*

Der Autor Winand von Petersdorf beleuchtet im vorliegenden Text, „Alarm im Vierstromland: Wo sind die Preisbrecher?", der am 21. 10. 2007 in der Frankfurter Allgemeinen Sonntagszeitung erschienen ist, die **Preisentwicklung am deutschen Strommarkt**. Seine Hauptthese ist, dass die vier großen Energielieferanten ihre **marktbeherrschende Stellung** ausnutzen, um die „Preise zu diktieren" (Z. 3).
So seien nicht staatliche Abgaben und Steuern die wesentlichen Preistreiber (vgl. Z. 5 ff.), sondern die besondere Situation auf dem Strommarkt mit den vier großen Stromversorgern, die das Stromnetz im Wesentlichen unter sich aufteilten (vgl. Z. 15 f.). Aus diesem Grund herrsche auf dem Strommarkt kein echter **Wettbewerb** (vgl. Z. 16 ff.). Auch die Liberalisierung des Strommarktes in Deutschland habe hier nichts wesentlich verändert (vgl. Z. 10 ff.). Hinzu komme, dass ausländische Erzeuger „zu wenige Eingänge" (Z. 22 f.) zum Markt fänden.
Auch die Behauptung der Stromlieferanten, höhere Beschaffungskosten seien die Ursache für die seit dem Jahr 2000 konstant steigenden Preise, sei irreführend. Denn diese Unternehmen kontrollierten selbst drei Viertel der Kraftwerkskapazitäten und seien daher in der Lage, den Preis für die Beschaffungskosten weitgehend selbst zu bestimmen (vgl. Z. 27 ff.).

3. *Die Aufgabenstellung „überprüfen" verlangt, dass Sie die vorgegebene Behauptung, die gestiegenen Strompreise seien auf die höheren Steuern und Abgaben zurückzuführen, an den konkreten Informationen aus M 2 messen. Wie bei jedem statistischen Material steht am Anfang eine formale Analyse. D. h., Sie müssen*

zunächst untersuchen, was wie und von wem dargestellt wird (Thema, Erhebungszeitraum, Quelle, Darstellungsform, Bezugsgrößen usw.). In einem zweiten Schritt ist das Material dann inhaltlich zu erfassen und zur Überprüfung der Behauptung heranzuziehen. Bei diesem Balkendiagramm ist es unbedingt notwendig, die jeweiligen Anteile zusammenzurechnen und die absoluten Euro-Werte in prozentuale Anteile umzurechnen, um die Zahlen vergleichen zu können.

Im vorliegenden Material wird die Entwicklung der durchschnittlichen Stromkosten eines Drei-Personen-Haushalts (pro Monat) für die Jahre 1998, 2001, 2004, 2006 und 2008 gezeigt. Dabei werden die Stromkosten in jedem der genannten Jahre in Säulenform dargestellt und unterteilt in Kosten für „Stromsteuer", „Abgaben", „Mehrwertsteuer" und „Erzeugung, Transport, Vertrieb und Gewinn". Die Angaben stellen jeweils Euro-Beträge dar. Die Zahlen wurden 2008 vom Bundesverband der Energie- und Wasserwirtschaft veröffentlicht.
Insgesamt lässt sich feststellen, dass die **Strompreise** zwischen 1998 und 2008 um ca. 25 % **gestiegen sind** (von 49,97 auf 62,51 €). Im Jahr 1998 lag der Anteil für Steuern und Abgaben bei ca. 25 %, in den darauf folgenden Jahren bei relativ konstanten 40 %. **Zunächst kann die Behauptung** von Wulf Bernotat (M 2) also **bestätigt** werden. Der höhere Steueranteil lässt sich u. a. erklären durch die neue Ökosteuer (seit 1999) und den erhöhten Mehrwertsteuersatz (seit 2007).
Es ist allerdings zu beachten, dass die Strompreise zwischen 2001 und 2008 um ca. 50 % angestiegen sind: von 41 € (2001) auf 62 € (2008). Berechnet man den jeweiligen Anteil, den die Steuern und Abgaben in diesem Zeitraum ausmachen, so wird deutlich, dass dieser Anteil konstant bei ca. 40 % liegt. Im Umkehrschluss heißt das, dass der **Kostenanteil für „Erzeugung, Transport, Vertrieb und Gewinn" bei jeweils 60 % liegt und damit um den gleichen prozentualen Anteil gestiegen ist (50 %)** wie die Gesamtkosten in diesem Zeitraum. Außerdem liegt der Betrag für die Hersteller 2008 wieder auf dem Niveau von 1998 (vor der Liberalisierung), nämlich bei 37,61 €.
Schaut man also etwas genauer auf die Entwicklung der Strompreise, so kann der Zusammenhang zwischen höheren Steuern bzw. Abgaben und höheren Strompreisen nicht mehr so eindeutig hergestellt werden wie zunächst vermutet. Schließlich ist noch zu bezweifeln, ob der BDEW, von dem diese Zahlen stammen, als neutrale Quelle gesehen werden kann.

4. *„Erläutern" bedeutet in diesem Fall, dass Sie mögliche Folgen (positive wie negative) einer Senkung der Steuern und Abgaben für die unterschiedlichen Akteure „Staat", „private Haushalte" und „Unternehmen" im Zusammenhang beschreiben und (mit Beispielen) erklären sollen. Nicht alle der hier genannten Aspekte sind notwendig, um die volle Punktzahl zu erhalten. Beleuchten Sie aber jeden Akteur einzeln.*

Für den **Staat** bedeutet eine Senkung der Abgaben und Steuern einen **Rückgang der Einnahmen**. Als Folge ergibt sich ein engerer Spielraum für staatliche Ausgaben. Der Staat verringert darüber hinaus mit einem Verzicht (z. B. auf die Ökosteuer) seine Möglichkeit, **finanzielle Anreize für nachhaltiges Wirtschaften** zu

setzen. Politisch gesehen würde eine Abgabenverringerung von der Mehrheit der Bevölkerung sicherlich unterstützt werden.
Vorausgesetzt, dass die Unternehmen die geringere Belastung der Strompreise durch den Staat nicht ausnutzen und die Preise erhöhen, verbleibt **privaten Haushalten** zunächst mehr Geld, um zu **sparen** oder zu **konsumieren**. Da die Stromkosten Haushalte mit niedrigen Einkommen anteilig stärker belasten, ergibt sich für diese auch ein anteilig größerer Spielraum. Andererseits verringert sich mit niedrigeren Strompreisen aber auch die Bereitschaft, Strom zu sparen und moderne Produkte zu kaufen, die weniger Strom verbrauchen.
Unternehmen, vor allem solche, die viel Strom verbrauchen, profitieren von geringeren Strompreisen. Sie können billiger produzieren, sind **konkurrenzfähiger** und können ihre Gewinnmargen erhöhen. Ähnlich wie bei den privaten Haushalten nimmt aber damit auch der Anreiz ab, den Stromverbrauch zu reduzieren und Strom sparende Produktionsverfahren und Produkte zu entwickeln.
Unternehmen, die Strom erzeugen, können möglicherweise mit steigendem – oder zumindest gleichbleibendem – Stromabsatz rechnen. Eventuell können sie die „Lücke“, die durch die Verringerung seitens des Staates entstanden ist, sogar mit eigenen Preiserhöhungen füllen. Damit würden ihre Einnahmen tendenziell steigen. Energie schonende Verfahren zur Stromerzeugung wären weniger profitabel.

5. a) *Diese Aufgabe verlangt zunächst die Darstellung in einem Preis-Mengen-Diagramm. Achten Sie auf die korrekte Beschriftung der Achsen (Preis in €/Menge in Mio.). Mit einer „rechnerischen“ Herausarbeitung ist gemeint, dass Sie die Flächen für die Konsumenten- und Produzentenrente berechnen sollen. Dazu reicht es aber aus, Schnittpunkte aus dem Koordinatensystem abzulesen.*

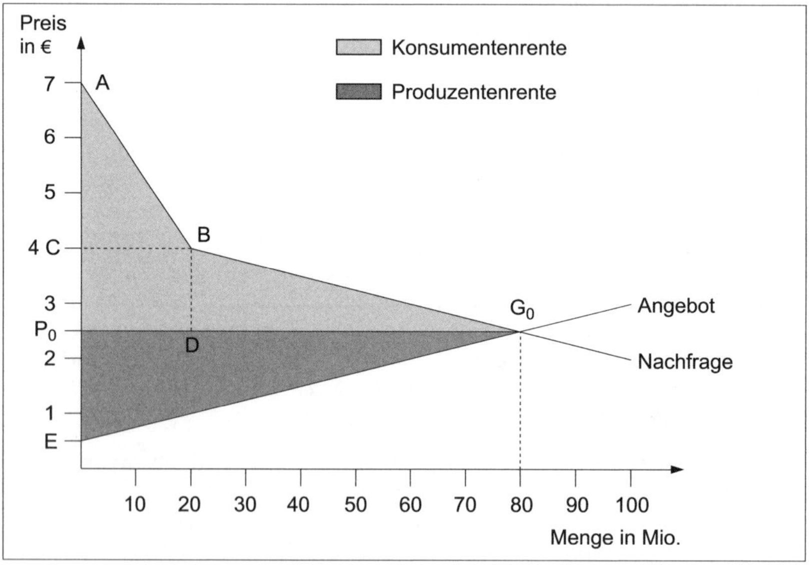

Die **Konsumentenrente** ist die Fläche zwischen der Nachfragekurve und einer durch den Gleichgewichtspreis ($P_0 = 2{,}50$ €) verlaufenden horizontalen Geraden. Rechnerisch erhält man sie durch Addition der Fläche A, C, B (Dreieck), der Fläche C, P_0, D, B (Rechteck) sowie der Fläche B, D, G_0 (Dreieck).

Flächenberechnung in einem rechtwinkligen Dreieck: $A = \frac{1}{2} \cdot a \cdot b$. Achtung: Rechnen Sie mit den korrekten Maßeinheiten. Die Mengenangaben sind in Mio. Stück abgetragen.

Fläche A, C, B: $\frac{1}{2} \cdot 3$ € $\cdot$ 20 Mio. = 30 Mio. €
Fläche C, P_0, D, B: 1,5 € $\cdot$ 20 Mio. = 30 Mio. €
Fläche B, D, G_0: $\frac{1}{2} \cdot 1{,}5$ € $\cdot$ 60 Mio. = 45 Mio. €

Zusammen ergibt sich eine **Konsumentenrente von 105 Mio. €**.

Die **Produzentenrente** ist die Fläche zwischen der Angebotskurve und einer durch den Gleichgewichtspreis (P_0) verlaufenden Geraden (Dreieck).

Fläche P_0, E, G_0: $\frac{1}{2} \cdot 2$ € $\cdot$ 80 Mio. = 80 Mio. €

Die **Produzentenrente entspricht also 80 Mio. €**.

b) *Um die Lösung besser nachvollziehen zu können, wird das Ausgangsschaubild mit der durch die Steuer veränderten Angebotskurve wiederholt. Diese Zeichnung wird allerdings nicht verlangt (und auch nicht bepunktet).*
Bei der „rechnerischen" Herausarbeitung müssen Sie die durch die neue Angebotskurve entstandenen Flächen für die Konsumentenrente, die Produzentenrente und das Steueraufkommen berechnen (analog zu Aufgabe 5 a).

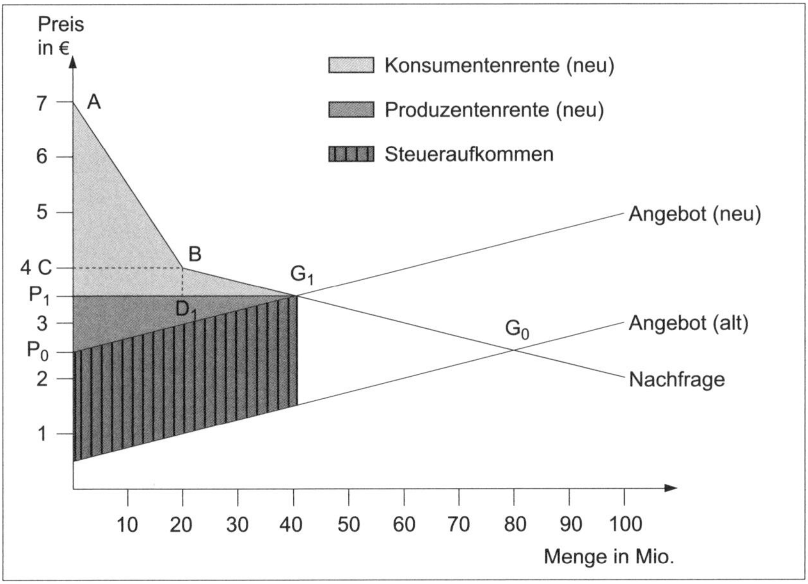

Durch die Steuer verteuert sich jedes Produkt um 2 €. Damit verschiebt sich die Angebotskurve und es ergibt sich ein neuer Gleichgewichtspreis (P_1 von 3,50 €) und eine neue Gleichgewichtsmenge (G_1) von 40 Mio. Stück. Die sich hieraus ergebende neue Konsumenten- und Produzentenrente wird wie folgt berechnet:

Konsumentenrente (neu):
Fläche A, C, B: $\frac{1}{2} \cdot 3\text{ €} \cdot 20\text{ Mio.} = 30\text{ Mio. €}$
Fläche C, P_1, D_1, B: $0{,}5\text{ €} \cdot 20\text{ Mio.} = 10\text{ Mio. €}$
Fläche B, D_1, G_1: $\frac{1}{2} \cdot 0{,}5\text{ €} \cdot 20\text{ Mio.} = 5\text{ Mio. €}$
Zusammen ergibt sich eine **neue Konsumentenrente von 45 Mio. €.**

Produzentenrente (neu):
Fläche P_1, P_0, G_1: $\frac{1}{2} \cdot 1\text{ €} \cdot 40\text{ Mio.} =$ **20 Mio. €**

Gesamtwohlfahrt:
Um die Gesamtwohlfahrt zu berechnen, müssen zunächst die Konsumenten- und Produzentenrente zusammengezählt werden.
Vor der Steuer liegt die Gesamtwohlfahrt aus Produzenten- und Konsumentenrente demnach **bei 185 Mio. €** (80 Mio. € + 105 Mio. €.).
Nach der Besteuerung des Produkts ist diese **auf 65 Mio. € gesunken** (20 Mio. € + 45 Mio. €).
Um die **Gesamtwohlfahrtswirkung** zu ermitteln, muss darüber hinaus gesehen werden, dass die **Steuereinnahmen**, die sich aus der Besteuerung des Produkts ergeben, zu dieser Produzenten- und Konsumentenrente **hinzugezählt** werden. Es sind Mittel, die der Staat beispielsweise zur Umverteilung einsetzen kann.
Die Steuereinnahmen lassen sich berechnen, indem man die Steuer pro Produkt (2 €) mit der neu umgesetzten Menge (40 Mio. Stück) multipliziert (= 80 Mio. €).
Rechnet man nun Produzentenrente, Konsumentenrente und Steuereinnahmen zusammen, ergibt sich eine **Gesamtwohlfahrt von 145 Mio. €.**
Folglich bewirkt die Besteuerung des Produkts eine **Wohlfahrtsminderung von 40 Mio. €.**

6. *„Erörtern" bedeutet in diesem Fall, dass Sie zunächst klären sollen, was unter einer Liberalisierung der Märkte verstanden wird. In einem zweiten Schritt sind Für- und Wider-Argumente, ausgehend von den genannten Beispielen, abzuwägen. Wichtig ist darüber hinaus, nach dieser Zusammenstellung ein eigenes Urteil abzugeben, welches auf den im Vorfeld genannten Gründen basiert.*

Wie sich am Begriff selbst schon ablesen lässt, sind **liberalisierte Märkte** „freiere" Märkte. D. h., auf diesen Märkten können sich die Marktteilnehmer freier bewegen. Dies kann sich auf die **Rücknahme von Gesetzen und Verordnungen** beziehen, welche zuvor den **Wettbewerb** oder die **Marktzutrittschancen** eingeschränkt oder gar unterbunden haben. Es kann auch bedeuten, dass – wie bei der Telekommunikation, dem Energiemarkt und dem Schienenverkehr geschehen –

vormals **staatliche Monopole** ganz oder teilweise abgeschafft und ehemalige Staatsunternehmen ganz oder teilweise **privatisiert** werden.

Die **Chancen einer Liberalisierung** sind vielfältig. Offene Märkte sorgen in der Regel dafür, dass die Vorteile eines **funktionierenden Wettbewerbs** schnell wirksam werden: Produkte werden besser und billiger. Die Öffnung des Telekommunikationsmarktes ist hier ein Paradebeispiel: Die Preise für Telekommunikationsdienstleistungen haben sich drastisch verringert. In einem liberalisierten Markt orientieren sich die Unternehmen stärker an den **Konsumentenwünschen:** Die Produktpalette wird breiter, die Serviceleistungen werden besser. Der Konkurrenzkampf fördert innovative Prozesse, neue Produkte kommen auf den Markt. Auch hier ist der Telekommunikationsmarkt beispielhaft.
Der **Staat** nimmt durch die Veräußerung staatlicher Unternehmen oder durch die Vergabe von Rechten (Beispiel UMTS-Lizenzen) Geld ein und ist darüber hinaus der **unternehmerischen Verantwortung** für diese Bereiche enthoben. Insgesamt erhofft man sich durch eine Liberalisierung **effizientere Märkte**, die **Verringerung von Fehlallokationen** und **Impulse für den Arbeitsmarkt**.

Wenn sich der Staat als Akteur aus einzelnen Märkten zurückzieht oder bestehende Vorschriften abbaut, ergeben sich aber auch **Risiken**. Der Staat hat als Unternehmer nicht vornehmlich **Gewinnmaximierung** als Ziel. Bei jedem Privatunternehmen muss das aber zwangsläufig so sein. Aus diesem Grund ist zu befürchten, dass die **Versorgung von unrentablen Bereichen**, die vormals der Staat übernahm (beispielsweise wenig frequentierte Eisenbahnstrecken oder die Abdeckung stark zersiedelter Räume mit Telekommunikationsdienstleistungen), **schlechter** wird. Ähnliches gilt womöglich für unrentable Servicedienstleistungen oder Qualitätskontrollen. Mangelhafte Sicherheitskontrollen konnten anfänglich beispielsweise bei der Privatisierung der Eisenbahn in Großbritannien beobachtet werden. Wenn bestimmte Bereiche gestrichen oder deren Betriebsabläufe rationalisiert werden, droht zwangsläufig ein **Stellenabbau**.
Sobald der Staat ein Unternehmen privatisiert, kann er nicht mehr so wirksam in diesen Bereichen Einfluss nehmen, um beispielsweise auf eine **sozialverträgliche Preisgestaltung** beim Strom oder den Ausbau des regionalen Schienenverkehrs zu achten. Welch negative Wirkung völlig entfesselte freie Märkte haben können, war an der **internationalen Finanzkrise** (2008/2009) deutlich abzulesen.

Insgesamt lässt sich feststellen, dass eine Liberalisierung der Märkte zunächst sehr verlockend klingt. Viele Beispiele zeigen aber, wie problematisch eine **Deregulierung** und ein Rückzug des Staates sein können. Auf dem Strommarkt ist der Endverbraucher relativ machtlos den Energieversorgern ausgeliefert. Der Staat musste im Zuge der Finanzkrise Milliarden in die Banken stecken. Bei einem Börsengang der Deutschen Bahn AG wird befürchtet, dass unrentable Strecken stillgelegt werden. Der Konkurrenzkampf bei den Postzustellern hat zu einer Verringerung der Post-Filialen und zu **Lohndumping** in diesem Bereich geführt.
Der Staat ist in vielen Fällen das einzige soziale und stabilisierende Element in der Marktwirtschaft. Insofern sollte stets gut überlegt sein, in welchen Bereichen sein Einfluss zugunsten von freieren Märkten zurückgenommen werden kann.

Schriftliche Abiturprüfung Wirtschaft (Baden-Württemberg) 2009
Aufgabe II: Die Zukunft der Sozialen Marktwirtschaft

Aufgaben:

1. Beschreiben Sie Vorstellungen von Gerechtigkeit in der Sozialen Marktwirtschaft.	8 VP
2. a) Arbeiten Sie heraus, wie der Autor von M 1 seine These begründet, Leistungsträger würden bestraft.	6 VP
b) Überprüfen Sie diese These mit Hilfe von M 2.	12 VP
3. Erläutern Sie, mit welchen Instrumenten der Staat für Umverteilung sorgt.	10 VP
4. Analysieren Sie die Entwicklung und Struktur des Bundeshaushalts (M 3).	12 VP
5. Gestalten Sie aus Ihrer Sicht einen Kommentar in einer renommierten Tageszeitung zur künftigen Entwicklung des Staatshaushalts.	12 VP
	60 VP

M 1 Michael Fuchs: Bestrafte Leistungsträger

Deutschland tut sich schwer im Umgang mit seinen Leistungsträgern. Gerade diejenigen, die durch ihre Arbeit großen Anteil haben am Aufschwung, diejenigen, die gut ausgebildet sind und viel arbeiten, werden in Deutschland bestraft: Die oberen 50 Prozent der Einkommenssteuerpflichtigen zahlen 92,5 Prozent der Einkommenssteuer. Dabei liegt die Grenze bei 27 216 Euro. […] Sozialromantische Politiker gefallen sich zu sehr mit ihrer Aussage, dass die zehn Prozent Spitzenverdiener ruhig mehr zahlen könnten. Nach Angaben des Finanzministeriums zahlen ebendiese zehn Prozent 52,9 Prozent des gesamten Einkommenssteueraufkommens. Dabei handelt es sich nicht um den geheimen Klub der Millionäre, sondern um all die, deren jährliches Bruttoeinkommen bei mindestens 67 000 Euro liegt. Das ist gutes Geld, aber noch lange kein Reichtum. Das Gros dieser Top-Verdiener sind engagierte Angestellte, hoch qualifizierte Facharbeiter und fleißige Selbstständige. In der Regel haben sie sich ihren Status hart erarbeitet, und die 35-Stunden-Woche endet für sie meistens mittwochs. […]

Fakt ist, dass die große Koalition den Menschen einiges zugemutet hat durch die Kürzung des Sparerfreibetrages, die Streichung der Eigenheimzulage und durch steigende Beiträge zur Renten-, Gesundheits- und Pflegeversicherung. Fakt ist auch, dass der Beitrag zur Arbeitslosenversicherung zu Jahresbeginn von 4,2 auf 3,3 Prozent gesenkt wird. Das trifft den Nerv des Übels. Die Bruttolöhne in Deutschland sind ordentlich, doch was „hinten" rauskommt, lässt Brutto-Leistungsträger, überspitzt gesagt, zu Netto-Prekariern[1] werden. […] Die Politik darf nicht zulassen, dass Leistungsträger zu Lastenträgern der

Gesellschaft degenerieren, oder wie Abraham Lincoln sagte: „Wir werden die Schwachen nicht stärken, indem wir die Starken schwächen."

1 Prekarier: Personen in ungesicherten Beschäftigungsverhältnissen mit geringem Einkommen und geringer sozialrechtlicher Absicherung; wird häufig als Synonym für Personen aus der „neuen Unterschicht" gebraucht

Michael Fuchs: Bestrafte Leistungsträger, in: FAZ vom 29. 11. 2007

M2a Wer schultert die Steuerlast?

Von den steuerpflichtigen Bundesbürgern trugen im Jahr 2007 …

		… mit dem jeweiligen Einkommen	… so viel Prozent zur gesamten Einkommenssteuer bei
… die unteren	20 %	bis 8 200 €	0,3 %
	50 %	bis 25 500 €	6,2 %
… die oberen	50 %	ab 25 500 €	93,8 %
	10 %	ab 64 500 €	53,1 %

Quelle: Bundesfinanzministerium 2008

M2b Veränderungen des durchschnittlichen realen Nettoeinkommens pro Kopf gegenüber 1992, in Prozent

Jahr	1995	1998	2000	2003	2006
Bei den reichsten 10 % der Bevölkerung	+ 6	+ 3	+ 12	+ 26	+31
Bei den ärmsten 10 % der Bevölkerung	–10	– 4	+ 6	– 2	–13

M 3 Entwicklung des Bundeshaushaltes 1969 bis 2008, in Mrd. €

	Ausgaben	Einnahmen	Zinsausgaben	Investive Ausgaben	Schuldenstand des Bundes
1969	42,1	42,6	1,1	7,2	23,1
1975	80,2	63,3	2,7	13,1	54,8
1980	110,3	96,2	7,1	16,1	153,4
1985	131,5	119,8	14,9	17,1	200,6
1990	194,4	169,8	17,5	20,1	277,2
1995	237,6	211,7	25,4	34,0	385,7
2000	244,4	220,5	39,1	28,1	715,6
2005	259,8	228,4	37,4	23,8	872,7
2006	261,0	232,8	37,5	22,7	902,1
2007[1]	272,7	258,0	39,3	26,1	915,0
2008[2]	283,2	270,1	42,1	24,3	928,0

1 Soll incl. Nachtragshaushalt vom 17. 10. 2007 **2** Regierungsentwurf

Quelle: Bundesministerium der Finanzen 2007: www.bundesfinanzministerium.de/nn_78618/DE/BMF__Startseite/Aktuelles/ Monatsbericht__des__BMF/2009/04/statistiken-und-dokumentationen/ finanzwirtschaftliche-entwicklung/tabellen/Tabelle __S07.html

Lösungsvorschlag

1. *„Beschreiben" bedeutet, dass Sie die wesentlichen Vorstellungen davon, was Gerechtigkeit bedeuten kann, schlüssig darstellen. Es müssen nicht alle hier beschriebenen Vorstellungen genannt werden, um die volle Punktzahl zu erhalten.*

   Im Sozialstaatsgebot des Grundgesetzes der Bundesrepublik Deutschland (Art. 20 GG) kommt das Ziel zum Ausdruck, bestehende Ungleichheiten zu vermindern. Dabei gibt es sehr unterschiedliche Vorstellungen darüber, was als „gerecht" empfunden werden kann. Es müssen entsprechend dem Konzept der Sozialen Marktwirtschaft soziale und marktwirtschaftliche Erfordernisse berücksichtigt werden.
   Sehr marktwirtschaftlich orientiert ist dabei das Konzept der **Leistungsgerechtigkeit**. Diejenigen, die mehr leisten, bekommen auch mehr. Sie werden entsprechend ihrer Leistung entlohnt. Etwas abgewandelt steckt dieser Gedanke auch im Kern des Prinzips der **Chancengerechtigkeit**, wonach jeder Mensch die gleichen Startbedingungen erhalten sollte, um danach seinen Fähigkeiten entsprechend zu handeln.
   Im Gegensatz dazu steht die Idee der **Bedarfsgerechtigkeit**, die klar zum Ausdruck bringt, dass allen Menschen, unabhängig von ihrer Leistung, eine bestimmte Grundsicherung gewährt werden muss. Etwas weiter geht dieser Grundgedanke beim **Gleichheitsprinzip**, also dem Versuch, möglichst gleiche Einkommensverhältnisse zu schaffen bzw. staatliche Leistungen unabhängig von der Bedürftigkeit zu gewähren (Beispiel Kindergeld).
   Darüber hinaus findet sich die Vorstellung, dass Gerechtigkeit auch über Generationen hinweg hergestellt werden muss, etwa in Bezug auf die Ressourcenverteilung und die Lebensqualität (**Generationengerechtigkeit**). Und schließlich kann es auch ein Ziel sein, **Teilhabegerechtigkeit** herzustellen. Dieses Prinzip geht von der Grundannahme aus, dass eine Gesellschaft nur dann als „gerecht" angesehen werden kann, wenn sich sämtliche Mitglieder prinzipiell auch an allen Bereichen der Gesellschaft (Politik, Bildung, Arbeitswelt usw.) beteiligen können.

2. a) *„Herausarbeiten" heißt, Informationen aus dem gegebenen Text unter einem bestimmten Gesichtspunkt zu entnehmen. Achten Sie daher darauf, keine bloße Zusammenfassung anzufertigen. Beschränken Sie sich unbedingt auf die Informationen aus dem Text selbst und geben Sie nur jene Aussagen wieder, die die These des Autors verdeutlichen. Verwenden Sie den Konjunktiv, wenn Sie Aussagen des Autors wiedergeben. Beachten Sie die Anforderungen des Zitierens.*

   In seinem Artikel „Bestrafte Leistungsträger", der am 29. 11. 2007 in der Frankfurter Allgemeinen Zeitung erschienen ist, kritisiert der Autor Michael Fuchs, dass die **Leistungsträger** unserer Gesellschaft in zunehmendem Maße zu den **„Lastenträgern der Gesellschaft"** (Z. 23 f.) würden.
   Er begründet diese Kritik mit dem Hinweis darauf, dass die „obere Hälfte" der Einkommensbezieher über 90 % des Einkommenssteueraufkommens bestreite, wobei die **obersten zehn Prozent sogar über 50 %** aufbrächten (vgl. Z. 4–9).

Dabei gehörten zu diesen oberen zehn Prozent bereits Menschen mit einem Bruttoeinkommen von über 67 000 €, was zwar ein gutes Einkommen sei, „aber noch lange kein Reichtum" (Z. 11 f.).
Der Autor kritisiert weiter, dass bei den gut und besser Verdienenden die hohen Sozialversicherungsabgaben und Steuern zu stark zusammenschrumpfenden Nettolöhnen führten und dass die Streichung von Vergünstigungen diese Einkommen zusätzlich belastet (vgl. Z. 16–22).
In diesem System würden also gerade diejenigen **von der Gesellschaft „bestraft"** (Z. 3), die gut ausgebildet und beruflich sehr qualifiziert seien und die sich ihr gutes Einkommen durch Fleiß und Engagement hart erarbeiten müssten (vgl. Z. 12–15).
Michael Fuchs warnt am Ende die Politik, sie dürfe es nicht zulassen, dass die Stützen der Gesellschaft derartig geschwächt werden (vgl. Z. 23–25).

b) *Die Aufgabenstellung „überprüfen" verlangt, dass Sie die These des Autors aus M 1 an den konkreten Informationen aus M 2a und M 2b messen. Wie bei jedem statistischen Material steht am Anfang eine formale Analyse. D. h., Sie müssen zunächst untersuchen, was wie und von wem dargestellt wird (Thema, Erhebungszeitpunkt, Quelle, Darstellungsform, Bezugsgrößen usw.). In einem zweiten Schritt ist das Material dann inhaltlich zu erfassen und zur Überprüfung der These heranzuziehen. Bei diesem Material ist zu beachten, dass zwei unterschiedliche Tabellen betrachtet werden müssen. Geben Sie jeweils ein Lesebeispiel.*

Im vorliegenden Material M 2a, „Wer schultert die Steuerlast?", wird in Tabellenform dargestellt, welcher Anteil (in Prozent) an der **gesamten Einkommenssteuer** von den oberen 10 % und 50 % bzw. den unteren 20 % und 50 % der **steuerpflichtigen Bundesbürger** im Jahr 2007 beigesteuert wurde. Grundlage der Einstufung in „oben" und „unten" sind die Einkommen, deren Grenzen in Eurowerten angegeben sind. Als Quelle wird das Bundesfinanzministerium angegeben.
So kann beispielsweise gesagt werden, dass im Jahr 2007 die oberen 10 % der steuerpflichtigen Bürger (mit einem Einkommen von 64 500 € und mehr) über 53 % zum gesamten Einkommenssteueraufkommen beigetragen haben.
Die Tabelle M 2b stellt die Entwicklung des „durchschnittlichen realen Nettoeinkommens pro Kopf gegenüber 1992" in den Jahren 1995, 1998, 2000, 2003 und 2006 dar. Die Veränderungen zum Basisjahr 1992 sind in Prozent angegeben und zwar jeweils für die reichsten und die ärmsten 10 % der Bevölkerung. Eine Quellenangabe fehlt in diesem Fall komplett, Angaben zum Urheber und zum Veröffentlichungszeitpunkt sind nicht möglich.
Aus der Tabelle lässt sich erkennen, dass **die reichsten 10 %** nach einem zunächst moderaten Anstieg bis 1998 seit 2000 beachtliche **Zuwachsraten bei ihren Nettoeinkommen** verzeichnen konnten: 2000 stieg das Nettoeinkommen um 12 %, drei Jahre später um 26 % und im Jahr 2006 gar um 31 % im Vergleich zum Basisjahr 1992. Die **ärmsten 10 %** der Bevölkerung mussten (bis

auf eine Ausnahme im Jahr 2000) jeweils **Einbußen beim Nettoeinkommen** in Kauf nehmen, am stärksten im Jahr 2006, nämlich einen Rückgang um 13 %. Die **These** von Michael Fuchs (Material M 1) wird durch das Material M 2a zunächst **bestätigt**. Die gut und besser Verdienenden tragen mit weitem Abstand die größte Steuerlast. Die unteren 50 % steuern lediglich 6,2 % der gesamten Einkommenssteuer bei. Der Autor bindet aber in seine These nicht ein, dass die Entwicklung der Nettoeinkommen ein differenzierteres Bild ergibt. Die Ergebnisse aus Material 2b machen deutlich, dass die Aussage, die Leistungsträger würden in unserer Gesellschaft „bestraft“, **relativiert** werden muss. Diese Gruppe konnte nämlich, im Gegensatz zu den ärmeren 10 %, ihre Nettoeinkommen stark verbessern. Michael Fuchs kritisiert aber gerade, dass die Nettoeinkommen dieser Gruppe zu gering seien. Er stellt nicht dar, dass die Entwicklung der letzten Jahre zu einer noch stärkeren Spreizung bei den Einkommen geführt hat und dass die reichsten 10 % zwar einen sehr hohen Anteil am Einkommenssteueraufkommen haben, gleichzeitig aber bei ihren Nettoeinkommen in den letzten Jahren kräftig hinzugewinnen konnten.

3. *„Erläutern“ bedeutet hier, dass Sie die verschiedenen Instrumente des Staates, die ihm zur Umverteilung zur Verfügung stehen, strukturiert und gewichtet beschreiben und (mit Beispielen) erklären. Nicht alle der hier genannten Aspekte sind notwendig, um die volle Punktzahl zu erhalten.*

Der Staat bedient sich verschiedener Instrumente, um **marktgenerierte Einkommen** umzuverteilen. Zunächst greift er bereits an der Quelle in die Einkommensverteilung ein und erhebt **direkte Steuern** wie die Lohn- und Einkommenssteuer, die Körperschaftssteuer, die Kapitalertragssteuer oder die Erbschaftssteuer. Dabei „schont“ er beispielsweise Geringverdiener oder Familien und belastet Besserverdiener oder Alleinstehende (zum Beispiel durch das System der progressiven Besteuerung, durch Steuerklassen, Freibeträge oder das Ehegattensplitting). Eine weitere wesentliche Einnahmequelle des Staates sind die **indirekten Steuern** wie die Mehrwertsteuer oder die Ökosteuer. Diese müssen von allen Marktteilnehmern zum Zeitpunkt des Konsums entrichtet werden. Darüber hinaus organisiert der Staat das **System der Sozialversicherungen** und verpflichtet einen Großteil der Erwerbstätigen, in diese Versicherungen anteilig einzubezahlen.
Der Staat verwendet einen Teil dieser Einnahmen, um **unerwünschte Marktprozesse** abzumildern und soziale Ungleichheit zu verringern bzw. bedürftigen Menschen zu helfen (**Fürsorgeprinzip**). Er gewährt direkte **staatliche Transferleistungen** in Form von **Sozialleistungen** wie der Sozialhilfe, dem Arbeitslosengeld II oder dem Wohngeld. Darüber hinaus werden Eltern dem **Gleichheitsprinzip** folgend durch das Kindergeld unterstützt, unabhängig vom Einkommen. Auch das Elterngeld ist eine Form der staatlichen Umverteilung.
Bestimmte Unternehmen und Branchen profitieren von **Subventionen** (Kohlepfennig, Solarstromeinspeisung oder beispielsweise die 2009 gewährte „Abwrackprämie“ für Altautos). Umverteilt wird auch in Richtung einzelner finanzschwacher Länder oder der fünf neuen Länder (**Länderfinanzausgleich** und Infrastruktur-

maßnahmen finanziert durch den **Solidaritätszuschlag**). Das kostenlose **Schulsystem** und subventionierte Bildungseinrichtungen sind ebenfalls Instrumente der staatlichen Umverteilung.

4. *Wie bei jedem statistischen Material steht am Anfang eine formale Untersuchung. D. h., Sie müssen zunächst beschreiben, was wie und von wem dargestellt wird (Thema, Erhebungszeitraum, Quelle, Darstellungsform, Bezugsgrößen usw.). In einem zweiten Schritt ist das Material dann systematisch inhaltlich zu erfassen und auszuwerten. Allgemeine Tendenzen und Besonderheiten sollten Sie herausstellen. Es ist sinnvoll, die absoluten Werte ins Verhältnis zu setzen, um sie vergleichen zu können. „Analysieren" bedeutet aber auch, dass Sie die Tabelle nicht nur beschreiben, sondern darüber hinaus versuchen, einzelne Entwicklungen zu erklären.*

In der Tabelle aus dem Jahr 2007, die auf Daten des Bundesfinanzministeriums beruht, wird die **Entwicklung des Bundeshaushalts** zwischen 1969 und 2008 angegeben, ab 1975 in Fünfjahresschritten und ab 2005 jährlich. Die Tabelle führt dabei in Mrd. € folgende Posten auf: Ausgaben, Einnahmen, Zinsausgaben, investive Ausgaben und den Schuldenstand des Bundes. Die Angaben für die Jahre 2007 und 2008 sind Prognosen.
Generell ist zu beobachten, dass sämtliche Bereiche im Lauf der Jahre **zunahmen**. So versiebenfachten sich die Ausgaben zwischen 1969 und 2008 von 42 auf 283 Mrd. €. Der Schuldenstand vervierzigfachte sich sogar im gleichen Zeitraum (von 23 auf 928 Mrd. €). Die **Einnahmen stiegen nicht im selben Maße wie die Ausgaben**. Nur 1969 waren beide Seiten relativ ausgeglichen. In allen Folgejahren gab der Bund mehr aus, als er einnahm. Die höchste Differenz lag bei 31,4 Mrd. € im Jahr 2005. Folglich nahmen im Lauf der Zeit auch die Ausgaben für Zinsen zu. Investive Ausgaben wurden insgesamt ebenfalls gesteigert, allerdings nicht im gleichen Verhältnis wie die Gesamtausgaben. Nachdem sie nach der Wiedervereinigung um das 1,7-Fache zunahmen, gingen sie zwischen 2000 und 2006 sogar zurück. 1969 machten Investivausgaben immerhin 17,1 % der Gesamtausgaben aus. 2008 waren es nur noch 8,6 %.
Besonders hervorzuheben ist die Verdopplung der Ausgaben 1975 im Vergleich zu 1969, während die **Einnahmen nur um 50 % stiegen**. Die **höheren Ausgaben für den Sozialstaat** und die **Bildungsexpansion** sind als Gründe zu nennen.
Die **deutsche Einheit** war sicherlich mitverantwortlich dafür, dass die Schulden zwischen 1990 und 2000 um 258 % zugenommen haben. Die Zinsausgaben haben sich im gleichen Zeitraum mehr als verdoppelt, wohingegen die investiven Ausgaben nur wenig zugenommen haben. **Schlechte konjunkturelle Entwicklungen**, die **hohen Arbeitslosenzahlen** und mangelnder politischer Wille in Zeiten des Wachstums haben es bis in die jüngere Vergangenheit nicht möglich gemacht, die Differenz zwischen Einnahmen und Ausgaben auszugleichen.

5. *Achten Sie beim Gestalten des Kommentars darauf, dass Sie zielgerichtet und schlüssig argumentieren. Es kommt nicht darauf an, welche Meinung Sie vertre-*

ten, sondern vielmehr, wie gut sie begründet wird und wie die Darstellung strukturiert ist. Bei einem Kommentar sollten Sie zunächst die Sachlage darstellen (binden Sie möglichst aktuelle Informationen ein), anschließend sollten Sie diese Lage bewerten, um dann mit einem Appell zu enden, indem Sie beispielsweise einen Lösungsansatz vorschlagen.

Deutschland steckt in der **Schuldenfalle**. Bund, Länder und Gemeinden kämpfen mit **wachsenden Defiziten** und immer **steigenden Schulden**. Der Schuldenberg wird zu einer Last, die kaum noch zu schultern ist. Die gigantischen zusätzlichen öffentlichen Ausgaben als Folge der **Finanzkrise** 2009 haben bei gleichzeitig geringer werdenden Einnahmen die Schulden weiter dramatisch steigen lassen.
Durch diese Entwicklung wird der **finanzpolitische Gestaltungsspielraum** immer weiter eingeengt. Ein großer Teil des Staatshaushalts wird von den Zinsverpflichtungen aufgefressen, statt für sinnvolle Investitionen oder gar die Tilgung der Schulden eingesetzt zu werden. Für wirkliche **Steuerentlastungen gibt es keinen Spielraum** mehr. Darüber hinaus ist der Staat zunehmend abhängig von der Zinsentwicklung an den Kreditmärkten. Hohe Zinsen lassen die Verpflichtungen in die Höhe schnellen. Der Kapitalmarkt selbst wird erheblich belastet, wenn der Staat den Unternehmen die Kredite abschöpft.
Wir bedienen uns hemmungslos **auf Kosten der zukünftigen Generationen**, denn die Schulden von heute sind die Steuern von morgen. Das Schuldensystem ist darüber hinaus eine riesige **Umwälzmaschine** von arm nach reich. Denn die Masse der Steuerzahler finanziert die Zinsen für die wenigen Gläubiger des Staats. Insgesamt leisten wir uns ein System, mit dem ein „normales" Unternehmen schon lange an die Wand gefahren wäre.
Selbstverständlich ist der Staat kein Unternehmen wie jedes andere. Er darf und muss seine Möglichkeiten nutzen, stabilisierend in die Märkte einzugreifen. Und das kostet Geld. Viel Geld. Die Entwicklung der vergangenen Jahre zeigt aber, dass wir ohne eindeutige und **zwingende Obergrenzen** keinen Weg aus unserer Zwangslage finden werden. Weder die Stabilitätskriterien der Eurozone noch die Beteuerungen der Politiker haben dazu geführt, dass die Nettokreditaufnahme wesentlich kleiner wurde, selbst bei kräftigem Wirtschaftswachstum. Hier liegt das wesentliche Problem. Für weitere Ausgaben in Krisenzeiten zu plädieren, fällt Politikern wesentlich leichter, als **Sparmaßnahmen** in Zeiten des wirtschaftlichen Aufschwungs durchzusetzen. Hier müssen wir uns die Hände per Gesetz binden. Die Föderalismusreform 2009 ist ein richtiger Ansatz, wenn auch die Neuverschuldungsgrenzen mit vielen Ausnahmen aufgeweicht wurden. Es müssen sämtliche öffentliche Ausgaben noch stärker auf den Prüfstand kommen, denn Steuererhöhungen kommen in Krisenzeiten nicht infrage. Der Staat muss neu definieren, für welche Bereiche er zuständig ist und für welche eben nicht. Auch wenn es vielleicht wünschenswert ist, den Sozialstaat möglichst freundlich zu gestalten, kann eine ständige Überforderung der öffentlichen Kassen dennoch keine Lösung sein. Die Finanzkrise hat gezeigt, wie fragil das ganze System ist. Nur durch eine solide Haushaltspolitik können wir der Schuldenfalle entkommen und uns stark machen für die nächste Krise.

Schriftliche Abiturprüfung Wirtschaft (Baden-Württemberg) 2010
Aufgabe I: Markt und Preise

Aufgaben:

1. Beschreiben Sie am Beispiel des Straßenverkehrs negative externe Effekte auf die Umwelt. — 8 VP

2. Stellen Sie, ausgehend von M 1, die Funktionsweise des EU-Emissionshandels in den Zeiträumen 2008–2012 und ab 2013 in einem Preis-Mengen-Diagramm dar und erklären Sie Ihre Darstellung. — 10 VP

3. Emissionsrechtehandel und CO_2-Steuer sind Instrumente zur Internalisierung negativer externer Effekte.
   Vergleichen Sie die beiden Instrumente aus volks- und betriebswirtschaftlicher Sicht. — 10 VP

4. Arbeiten Sie heraus, wie die Autoren von M 2 ihre Position in Bezug auf die notwendige Reduktion der Emission von Treibhausgasen begründen. — 8 VP

5. Beurteilen Sie unter Berücksichtigung von M 3 die These, dass die CO_2-Emissionen „mit gesetzlichen Geboten und Verboten, mit Grenzwerten und technischen Auflagen zu unterbinden" seien (M 2, Z. 15 ff.). — 12 VP

6. Erörtern Sie, ausgehend von M 4, Möglichkeiten und Grenzen der privaten Haushalte, zur Reduzierung der CO_2-Emissionen beizutragen. — 12 VP

60 VP

M 1 Ruf nach CO_2-Reserve

Seit 2005 müssen etwa 10 000 Betreiber größerer Industrieanlagen in der EU Lizenzen erwerben und verkaufen, wenn sie Kohlenstoffdioxid in die Atmosphäre emittieren. Das so genannte Emissionshandelssystem (ETS) ermöglicht es Unternehmen, die ihre eigenen CO_2-Zielvorgaben überschreiten, von umweltfreundlicher arbeitenden Firmen zusätzliche Emissionszertifikate zu erwerben und zur Erfüllung der im Rahmen des Kyoto-Protokolls festgelegten Klimaschutzziele beizutragen. Im ersten Handelszeitraum (2005–2007) verteilten einige Länder allerdings zu viele Lizenzen. […]

Um einen weiteren Einbruch des Marktes zu verhindern, beschloss die Kommission eine Obergrenze bei 2,08 Millionen Tonnen für 2008–2012 und stellte den Mitgliedsstaaten zehn Prozent weniger Zertifikate zur Verfügung, als diese für den zweiten Handelszeitraum angefordert hatten. […]

Im Dezember 2008 hat die EU zugestimmt, das Konzept zu überdenken um steilere Zurückgänge für Industrieanlagen zu erreichen. Das neue Konzept, das 2013 in Kraft treten soll, beschränkt Emissionen auf ein Maximum von 1,72 Millionen Zertifikaten, was die gesamten industriellen EU-Emissionen bis 2020 um 21 % unter das Niveau der Emissionen von 2005 bringen würde. Der Kompromiss zwischen den verschiedenen Institutionen sieht das Versteigern von Zertifikaten erst ab 2027 vor.

Ruf nach CO_2-Reserve. In: EU News vom 9. 2. 2009, www.euractiv.com/de/klimawandel[1] (26. 3. 2009)

1 EurAktiv: News- und Netzwerkplattform für EU-Akteure und Europainteressierte

M 2 Elmar Altvater und Achim Brunnengräber: Vorwort.

Der Klimawandel bedroht uns alle, wenn auch in unterschiedlichem Ausmaß. […]

Notwendig wären 50 % weniger Kohlendioxid-Emissionen bis 2050, wenn die Konzentration von Treibhausgasen in der Atmosphäre unter der kritischen Grenze von 450 ppm (parts per million) gehalten werden soll. Doch wie könnte dies erreicht werden? […]

Es ist paradox, dass internationale Klimapolitik seit etwa einem Jahrzehnt den Eintrag von CO_2 und anderer Treibhausgase in die Atmosphäre vor allem mit Instrumenten des Marktes begrenzen will. Denn ein Markt für CO_2 existiert gar nicht. CO_2 hat keinen Gebrauchswert, mit dem Bedürfnisse befriedigt werden könnten, im Gegenteil, es ist schädlich; der Stoff lässt sich also nicht in eine Handelsware verwandeln. CO_2 hat auch keinen Wert, der als Marktpreis ausgedrückt werden könnte, im Gegenteil, es handelt sich um einen Unwert, den man möglichst schleunigst loswerden möchte, wenn es denn so einfach wäre.

Also bietet es sich eigentlich an, die CO_2-Emissionen ordnungsrechtlich, mit gesetzlichen Geboten und Verboten, mit Grenzwerten und technischen Auflagen zu unterbinden, nicht aber Marktmechanismen eines zunächst gar nicht existenten Marktes zu bemühen. […]

Preissignale und Gewinnanreize sollen so gesetzt werden, dass die Verfolgung individueller Interessen zu einem für alle, ja für die Gesamtheit der sechs Milliarden Erdenbürger optimalen Ergebnis führt, nämlich zu einer Reduktion der Treibhausgasemissionen um den Prozentsatz, der klimapolitisch notwendig ist – ohne Gebote und Verbote, staatliche Bürokratie, in aller Marktfreiheit. Da aber ein Markt für Verschmutzungsrechte nicht existiert, muss dieser geschaffen werden. Es muss etwas zur Handelsware gemacht werden, das eigentlich nicht handelbar ist. [...] Der Kunstgriff des Emissionshandels ist zwar faszinierend. Doch die Gewissheit, die notwendige Reduktion der Emission von Treibhausgasen mit marktbasierten Instrumenten erreichen zu können, ist Zweifeln gewichen.

Elmar Altvater und Achim Brunnengräber: Vorwort. In: Elmar Altvater und Achim Brunnengräber (Hrsg.): Ablasshandel gegen Klimawandel? Marktbasierte Instrumente in der globalen Klimapolitik und ihre Alternativen, VSA-Verlag Hamburg 2008, S. 9f.

M 3 Entwicklung des Preises für Emissionszertifikate Handelszeitraum 2005–2007

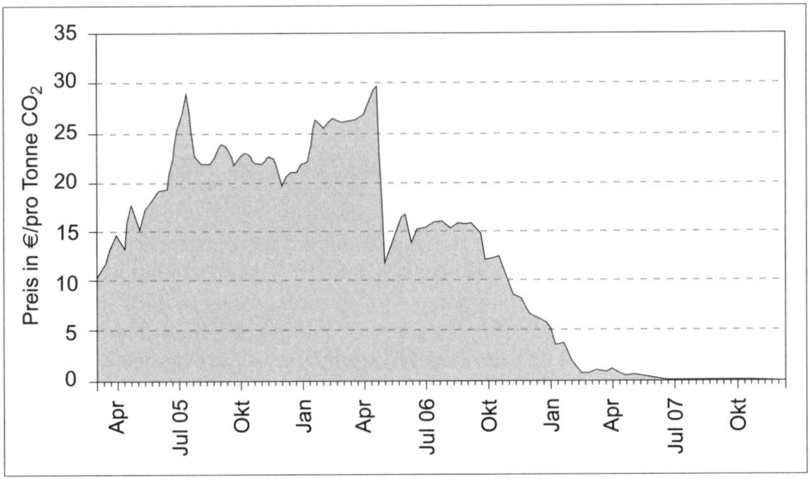

Nach: Daten der Leipziger Energiebörse, eigene Darstellung

M 4 Deutschlands CO_2-Quellen

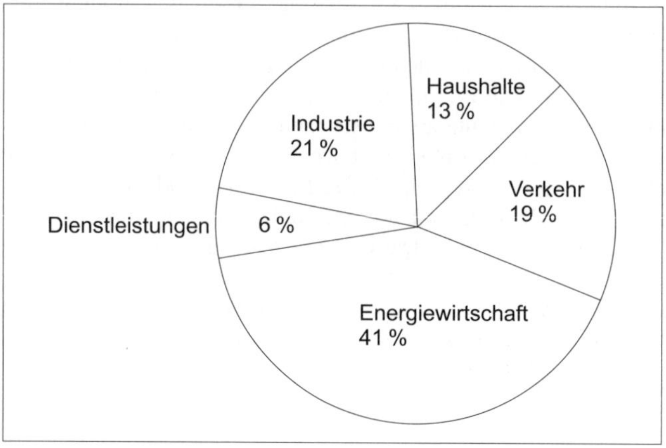

Daten: DIW, Berlin, 2005

Lösungsvorschlag

1. *Sie sollen bei dieser Aufgabe in einem zusammenhängenden und schlüssigen Text auf Grundlage eigener Kenntnisse aufzeigen, wie und warum sich durch den Straßenverkehr negative externe Effekte für die Umwelt ergeben. Definieren Sie dazu eingangs kurz den Begriff „externer Effekt".*

Externe Effekte sind Auswirkungen ökonomischer Entscheidungen auf unbeteiligte Dritte. Ein **negativer externer Effekt** ist schädigend für deren Wohlfahrt. Die so entstehenden Kosten werden vom Verursacher nicht in die Preiskalkulation mit einbezogen. So kommt es zu einer ökonomischen Fehlallokation und einem Marktversagen. Die Umwelt wird als öffentliches Gut betrachtet, ihr Wert kann also nicht durch einen Preis bestimmt werden. Daher kann auch nicht die Knappheit des Guts „saubere Umwelt" angezeigt werden. Es besteht also kein Anreiz, Umweltschäden zu vermeiden, und somit ergeben sich durch übermäßige Nutzung der Umwelt volkswirtschaftliche Schäden.

Der Straßenverkehr verursacht verschiedene negative externe Effekte: Der Gebrauch von Verbrennungsmotoren verstärkt die **Luftverschmutzung** durch den Schadstoffausstoß, und die CO_2-Emissionen steigern die Menge klimaschädlicher Treibhausgase. Außerdem müssen wegen des zunehmenden Verkehrs mehr Straßen gebaut werden, was zu einem größeren **Flächenverbrauch** und zu einer größeren **Versiegelung** des natürlichen Bodens führt. Zudem produziert der Straßenverkehr **Lärm**. Menschen, Tiere und Pflanzen sind von diesen negativen Effekten direkt betroffen. Des Weiteren werden z. B. durch Krankheiten oder notwendige Lärmschutzmaßnahmen **Kosten** verursacht. Der **Lebensraum der Tiere** wird eingeschränkt und Baumaßnahmen, wie z. B. der Bau von Brücken für den Wildwechsel, führen ebenfalls zu Kosten.

2. *Bei dieser Aufgabe müssen Sie zuerst die relevanten Angaben aus dem Text M 1 herausarbeiten, um diese anschließend mithilfe eines Preis-Mengen-Diagramms zu verdeutlichen. Wichtig ist die vollständige Bezeichnung der Achsen und Kurven. Anschließend müssen Sie Ihre Darstellung erklären.*

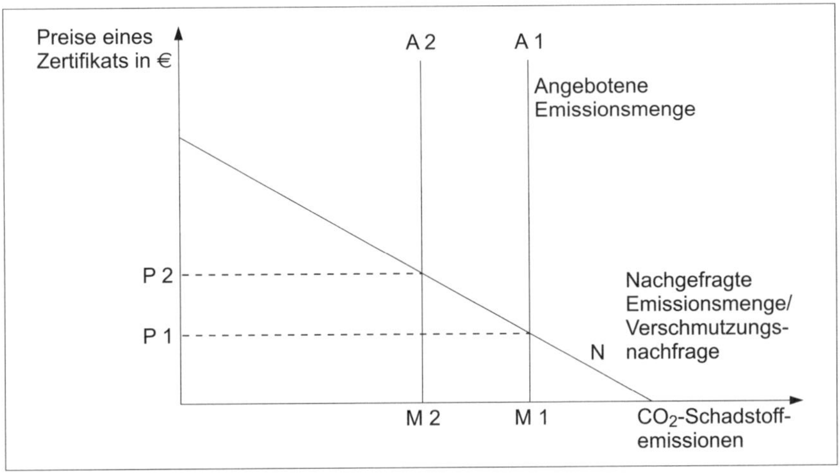

Beim EU-Emissionshandel geht es um eine Begrenzung der ausgestoßenen CO_2-Menge im Handelszeitraum 2008–2012 auf 2,08 Millionen Tonnen (Menge M 1) und ab 2013 auf 1,72 Millionen Tonnen (Menge M 2). Durch die Begrenzung der angebotenen Menge (A 1) an Emissionszertifikaten bildet sich ein Preis (P 1). Das Angebot ist vollkommen unelastisch. Die Mengenreduzierung des Angebots ab 2013 führt zu einer Verschiebung der Angebotskurve nach links (A 1 → A 2). Dadurch erhöht sich der Preis (P 2) für die Zertifikate.

3. *Laut dieser Aufgabenstellung müssen Sie sich für beide Instrumente Kriterien überlegen, anhand derer Sie Gemeinsamkeiten und Unterschiede in der Bewertung aus volks- und betriebswirtschaftlicher Sicht gewichtend einander gegenüberstellen und anschließend ein Ergebnis formulieren.*

Aus volkswirtschaftlicher Sicht ist die **Steuerung**, bzw. der **Grad der Zielerreichung** ein erstes Vergleichskriterium. Beim Emissionsrechtehandel ist die Steuerung durch die genaue Festlegung der maximalen Menge der Zertifikate sehr gut möglich. Hingegen ist der Grad der Zielerreichung bei der CO_2-Steuer ungewiss, da nur ein Anreiz zur Reduzierung der Emissionen gegeben wird, aber keine Verpflichtung dazu besteht.
Die **Effizienz** ist ein weiteres Vergleichsmerkmal. Beide Instrumente sind zur Mengenreduzierung geeignet. Beim Emissionshandel wird eine genaue Reduktions-

menge vorgegeben. Ein Problem kann aber die Festlegung der richtigen Menge sein, die die Unternehmen durch ein knappes Angebot an Zertifikaten tatsächlich zur Reduktion der Emissionen zwingt. Bei der CO_2-Steuer ist es problematisch, die Steuerhöhe für die ausgestoßene Menge an Schadstoffen so festzulegen, dass für die Unternehmen Anreize zur Reduktion gesetzt werden.
Betriebswirtschaftlich gesehen setzen beide Instrumente **Anreize**. Die Zertifikate haben den Vorteil, dass Unternehmen beim Einsatz besserer Umwelttechnologien überschüssige Zertifikate verkaufen und damit weitere Einnahmen erzielen können. Die CO_2-Steuer bietet den Anreiz, durch den Einsatz umweltfreundlicher Technologien Kosten (Steuern) zu sparen. Die Steuer hat darüber hinaus den Vorteil, dass die Kosten durch einen weiteren Abbau der Emissionen dauerhaft reduziert werden können.
Die **Kosten** sind bei beiden Instrumenten jedoch langfristig nicht genau kalkulierbar. Beim Zertifikatehandel schwanken die Preise gemäß dem Zusammenspiel von Angebot und Nachfrage, die Steuerhöhe kann durch die politischen Entscheidungsträger jederzeit verändert werden.
Ein weiteres Vergleichsmerkmal ist die **Wettbewerbsfähigkeit**. Unternehmen sind von der konkreten Umsetzung sowohl einer CO_2-Steuer als auch eines Zertifikatehandels abhängig: Gelten diese Maßnahmen für alle Unternehmen oder gibt es Ausnahmen? Wird eine Regelung nur national oder auch international umgesetzt? Nicht alle wichtigen Industrie- und Schwellenländer haben das Kyoto-Protokoll unterzeichnet und einige Länder haben ein Nachfolgeprotokoll mit verbesserten Zielen zur Reduktion der Emissionen in Kopenhagen im Jahre 2009 verhindert, sodass diese beiden Instrumente nicht weltweit eingesetzt werden. Die Unternehmen müssen nun überlegen, wo sie aus Kostengründen produzieren, um im Wettbewerb mit anderen bestehen zu können.

4. *Hier sollen Sie dem Material M 2 die Position der Autoren entnehmen. Dabei ist es wichtig, dass Sie die Argumente und die Einschätzung der Autoren in eigenen Worten und strukturiert wiedergeben und entsprechende Textangaben machen. Beachten Sie auch die formalen Kriterien (Angabe von Autoren, Quelle, Erscheinungsort, Datum usw., Verwendung des Konjunktivs bei der Wiedergabe von Aussagen der Autoren).*

Elmar Altvater und Achim Brunnengräber formulieren im Vorwort des 2008 in Hamburg erschienenen Buches „Ablasshandel gegen Klimawandel? […]“ ihre Position zum Einsatz klimapolitischer Instrumente. Dabei gehen sie von den klimatologisch notwendigen Zielen aus (vgl. Z. 3 ff.). Emissionen von Treibhausgasen mit marktbasierten Instrumenten zu senken, ist nach Meinung der Autoren „paradox“ (Z. 7). Sie sind der Ansicht, dass ein Markt für CO_2 nicht existiere, weil CO_2 keinen Gebrauchswert besitze (vgl. Z. 9 f.) und folglich auch nicht mit einem „Marktpreis ausgedrückt werden könnte“ (Z. 12 f.). Der Emissionsrechtehandel sei zwar ein faszinierender „Kunstgriff“ (Z. 26), doch würden inzwischen die Zweifel überwiegen, dass mit marktbasierten Instrumenten eine Reduktion der Treibhausgasemissionen erreicht werden könne (vgl. Z. 27 ff.). Die Autoren schlagen deshalb vor, die Emissionen nur „ordnungsrechtlich, mit gesetzlichen **Geboten** und **Verboten**" (Z. 15 f.) zu reduzieren. Sie widersprechen damit den Argumenten der Befürworter des Emissionshandels (vgl. Z. 19 ff.).

5. *Bei dieser Aufgabenstellung müssen Sie sich geeignete Kriterien überlegen – und diese auch nennen –, anhand derer Sie die Stichhaltigkeit der genannten These mithilfe der Informationen aus M 3 prüfen können. Am Anfang sollten Sie das Schaubild kurz beschreiben.*

Das Schaubild M 3 zeigt die Entwicklung des Preises für Emissionszertifikate im Handelszeitraum von 2005 bis 2007 und basiert auf Daten der Leipziger Energiebörse. Auf der x-Achse sind die Monate angegeben, auf der y-Achse der Preis in Euro pro Tonne CO_2. Der Preis stieg zwischen März 2005 und April 2006 mit starken Schwankungen auf knapp 30 € pro Tonne, wobei dieser Höchstwert bereits im Juli 2005 einmal fast erreicht wurde. Nach April 2006 folgte ein Absturz auf ca. 12 € pro Tonne. Anschließend stieg der Preis nur sehr leicht an und war weit vom Höchstwert entfernt. Ab Oktober 2006 erfolgte ein völliger Preisverfall.
Bei der Betrachtung des Schaubildes fällt auf, dass ein **Markt für Emissionszertifikate** nicht dauerhaft bestand. Insofern wird hier die Sicht der Autoren von M 2 bestätigt. Eine mögliche Erklärung kann aus M 1 entnommen werden, wo als Ursache die zu große Anzahl der ausgegebenen Lizenzen (vgl. Z. 8) genannt wird.
Die von den Autoren vorgeschlagenen **ordnungsrechtlichen Maßnahmen** haben den Vorteil, dass sie tatsächlich direkt beim Verursacher der Emissionen wirken. So werden z. B. durch die Umweltplaketten in bestimmten Gebieten Fahrverbote für Autos ausgesprochen, die festgelegte Schadstoffgrenzen überschreiten. Ebenso können Gebote mit festen Grenzwerten für neue Autos (z. B. Euro 5) oder Industrieanlagen erteilt werden. Verstöße können strafrechtlich verfolgt werden. Der **bürokratische Aufwand** (Anmeldung und Kontrolle) kann allerdings hoch sein. So führen Verbote und Gebote u. U. dazu, dass Unternehmen ihre Produktion in Länder verlagern, in denen diese Vorschriften nicht existieren. Eine Pigou-Steuer oder Umweltzertifikate bieten dagegen Anreize, die Grenzwerte zu unterschreiten, Kosten zu sparen und innovativ zu sein.

6. *Bei der letzten Aufgabe müssen Sie durch Abwägen der Möglichkeiten und Grenzen der privaten Haushalte in Bezug auf die CO_2-Reduktion zu einem begründeten Urteil gelangen. Die Grafik M 4 sollten Sie am Anfang kurz beschreiben.*

In der Grafik des DIW von 2005 werden in einem Kreisdiagramm Deutschlands CO_2-Quellen in Prozent angegeben. Die **privaten Haushalte** haben danach einen 13-prozentigen Anteil am Ausstoß von CO_2-Emissionen. Dieser Wert suggeriert, dass die privaten Haushalte vergleichsweise wenig CO_2 emittieren und deshalb ihr Einsparpotenzial gering ist.
Sie sind aber auch am **Verkehr** beteiligt und können durch umweltfreundlichere Autos, durch die Nutzung öffentlicher Verkehrsmittel oder den Gebrauch von Fahrrädern zur Reduktion des CO_2-Ausstoßes beitragen. Ebenso können sie z. B.

auf Flugreisen verzichten. Ein großes Potenzial besteht auch bei der **Energieeinsparung**. So können Häuser gedämmt, Heizungsanlagen modernisiert und verbrauchsärmere Leuchtmittel verwendet werden, wodurch auch ein gewisser Einfluss auf die **Industrie** möglich ist. Außerdem kann sich jeder Haushalt für einen Energieanbieter entscheiden, der umweltschonend Energie erzeugt.

Die genannten Möglichkeiten haben ihre **Grenzen** aber in den verfügbaren Einkommen und Vermögen der privaten Haushalte. Außerdem sind diese davon abhängig, ob ihnen z. B. überhaupt öffentliche Verkehrsmittel zur Verfügung stehen. Darüber hinaus spielen persönliche Präferenzen eine Rolle. Problematisch sind die Informationsasymmetrien. So kann ein Konsument nicht immer erkennen, wie lang die Transportwege für bestimmte Güter sind und mit welchem Energieaufwand ein Gut hergestellt wurde. Ein verändertes Verhalten der privaten Haushalte kann der Staat durch Subventionen oder Zuschüsse und Maßnahmen zur Bildung eines Umweltbewusstseins unterstützen.

Schriftliche Abiturprüfung Wirtschaft (Baden-Württemberg) 2010
Aufgabe II: Die Zukunft der Sozialen Marktwirtschaft

Aufgaben:

1. Arbeiten Sie aus M 1 heraus, mit welchen Argumenten der Autor für eine „Neue Balance von Staat und Markt" (M 1, Überschrift) eintritt.	8 VP
2. Überprüfen Sie die Aussagen des Autors zur unterschiedlichen Belastung durch Steuern und Abgaben (vgl. M 1, Z. 33 ff.) anhand von M 2.	12 VP
3. Vergleichen Sie das in M 3 dargestellte Steuermodell der FDP mit dem 2008 in der Bundesrepublik Deutschland gültigen Steuertarif.	10 VP
4. Beschreiben Sie die Entwicklung der Staatsquoten der in M 4 dargestellten Länder und der OECD.	8 VP
5. Stellen Sie unter Berücksichtigung von M 2 – M 4 die Auswirkungen des FDP-Steuermodells für Staat und private Haushalte dar.	10 VP
6. Die Schuldenbremse versperrt „dem Staat die Möglichkeit, kreditfinanzierte Investitionen für zukünftige Generationen vorzunehmen." (vgl. M 1, Z. 32 f.). Erörtern Sie diese These.	12 VP
	60 VP

M 1 Peter Bofinger: Neue Balance von Staat und Markt

Mit der globalen Finanzkrise ist ein scheinbar kaum zu bremsender Siegeszug des Marktes jäh gestoppt worden. […] Das zentrale Dogma bestand darin, dass ein so weit wie möglich sich selbst überlassener Markt im Grund alle wirtschaftlichen Probleme zu lösen in der Lage ist. Der Staat geriet dabei zunehmend in die Rolle eines Störenfrieds, der deshalb möglichst klein zu halten sei. […]

Dass die mit der Entstaatlichung frei werdenden Mittel vor allem zur steuerlichen Entlastung höherer Einkommen und von Kapitalgesellschaften eingesetzt wurden, war ebenfalls Ausdruck einer ausgeprägten Marktgläubigkeit, wonach Menschen nur dann bereit sind, eine gute Leistung zu erbringen, wenn sie dafür sehr viel Geld bekommen. Durch die Finanzkrise hat das Vertrauen in die Allmacht des Marktes schwer gelitten. Wie konnte es dazu kommen, dass sich der Finanzmarkt, der von vielen Ökonomen als das Herzstück des Marktsystems angesehen wurde, im Grunde selbst zerstört hat und nur deshalb noch am Leben ist, weil er vom Staat seit nunmehr 20 Monaten gleichsam intensivmedizinisch betreut wird? […]

Wie könnte ein Kurswechsel aussehen? Wenn der Staat eine aktivere Rolle wahrnehmen soll, benötigt er finanzielle Ressourcen und Handlungskompetenzen. Der in diesem Jahrzehnt lange Zeit vorherrschende Prozess der Entstaatlichung muss daher so schnell wie möglich gestoppt werden. Dies erfordert vor allem, dass von weiteren Steuersenkungen Abstand genommen wird. In Rela-

tion zur Wirtschaftsleistung erzielt der deutsche Staat schon heute deutlich weniger Steuereinnahmen als die meisten anderen vergleichbaren Länder. Ohne eine angemessene Finanzausstattung wird es dem Staat nicht möglich sein, die Zukunft des Landes aktiv zu gestalten. Die für die Wettbewerbsfähigkeit der deutschen Wirtschaft und den Zusammenhalt unserer Gesellschaft gleichermaßen erforderlichen Bildungsinvestitionen können nur vom Staat geleistet werden. Dies gilt auch für Zukunftsinvestitionen im Bereich der Infrastruktur sowie für Forschung und Entwicklung. [...]
Mit der Schuldenbremse will die Große Koalition im Grundgesetz ein Verschuldungsverbot für die Länder und eine maximale Neuverschuldung des Bundes von 0,35 Prozent des Bruttoinlandsprodukts festschreiben. Damit versperrt sie dem Staat die Möglichkeit, kreditfinanzierte Investitionen für zukünftige Generationen vorzunehmen. [...] Während Arbeitnehmer – vor allem durch die Sozialabgaben – deutlich stärker belastet werden als in vergleichbaren Ländern, hält sich der Staat bei der Besteuerung von Vermögen und Erbschaften vornehm zurück. Bei der Einkommensteuer war die Belastung von Beziehern sehr hoher Einkommen noch nie so niedrig wie heute. [...] Die Marktwirtschaft kann sich auf Dauer nur dann behaupten, wenn sie für die Mehrzahl der Menschen eine spürbare Verbesserung der Lebensverhältnisse ermöglicht. Dies wird nicht gelingen ohne einen starken Staat, der durch hohe Zukunftsinvestitionen und robuste soziale Leitplanken dafür sorgt, dass auch die Interessen der zukünftigen Generationen wie auch der weniger leistungsfähigen Menschen Berücksichtigung finden.

Peter Bofinger: Neue Balance von Staat und Markt. In: Frankfurter Rundschau vom 7. 4. 2009

M 2 Steuer- und Abgabenlast

Veränderungen bei verschiedenen Einkommensgruppen (alleinstehender Arbeitnehmer) von 2000 bis 2006 in Prozentpunkten

Einkommensgruppen in Prozent des Durchschnittseinkommens	Frankreich	Deutschland	USA	OECD
33 bis 67 %	– 6,5	+ 0,3	– 0,5	– 0,9
67 bis 100 %	0	– 0,6	– 0,5	– 0,4
100 bis 150 %	+ 1,0	–1,4	– 0,9	– 0,2
150 bis 200 %	+ 1,5	– 2,0	–1,6	– 0,3

Nach Daten der OECD 2008

M 3 Steuertarif der BRD 2008 und Steuermodell der FDP

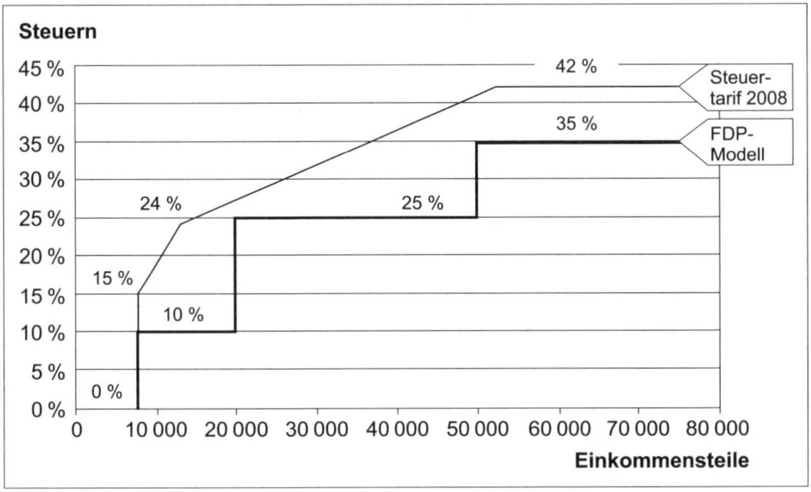

Lesehilfe: Der höhere Steuersatz gilt immer für den Teil des Einkommens über dem Grenzbetrag. Wer z. B. als kinderloser Lediger ein Einkommen von 40 000 € versteuern muss, zahlt auf die ersten 8 000 € keine Steuern, für den Einkommensteil zwischen 8 001 € und 20 000 € 10 % und den Einkommensteil zwischen 20 001 € und 40 000 € 25 % Einkommenssteuer.

Quelle: www.fdp.bundespartei.de (9. 6. 2009)
Flyer 2009: Für faire Finanzbeziehungen zwischen Bürger und Staat

M 4 Staatsquoten ausgewählter Länder (Angaben in % des BIP)

	1990	1995	2000	2002	2004	2006	2008
Deutschland	43,6	54,8	45,1	48,0	47,3	45,3	43,4
Frankreich	49,4	54,4	51,6	52,6	53,3	52,7	52,5
USA	37,1	37,0	34,2	36,3	36,4	36,5	38,6
OECD	40,9	42,9	39,1	40,6	40,6	40,2	40,9

Nach Daten der OECD 2009

Lösungsvorschlag

1. *„Herausarbeiten" heißt, unter einem bestimmten Gesichtspunkt – hier der Begründung des Autors für einen Politikwechsel – aus dem gegebenen Text Informationen zu entnehmen. Achten Sie darauf, keine bloße Zusammenfassung anzufertigen oder zu paraphrasieren, sondern formulieren Sie die Textaussagen auch in eigenen Worten. Beschränken Sie sich dabei unbedingt auf die Informationen aus dem Text selbst und geben Sie nur die Aussagen wieder, die für die Aufgabenstellung von Bedeutung sind. Beginnen Sie mit einem Einleitungssatz (Wer schreibt wann und wo worüber?), achten Sie auf indirekte Rede, wenn Sie Aussagen des Autors wiedergeben, und beachten Sie die Zitierregeln.*

   Peter Bofinger tritt in seinem Kommentar „Neue Balance von Staat und Markt" in der Frankfurter Rundschau vom 7. 4. 2009 für einen Politikwechsel ein. Die vorherrschende Meinung, der Markt könne alle Probleme lösen (vgl. Z. 3 f.) und die durch die Entstaatlichung freiwerdenden Gelder könnten zur Entlastung der Leistungsträger eingesetzt werden (vgl. Z. 6 f.), sei durch die Finanzkrise erschüttert worden (vgl. Z. 10 f.). Eine **aktivere Rolle des Staates** erfordere „finanzielle Ressourcen und Handlungskompetenzen" (Z. 17 f.), z. B. für notwendige **Bildungs- und Zukunftsinvestitionen** (vgl. Z. 26 ff.), die nur durch den Verzicht auf Steuersenkungen (vgl. Z. 20) und das Ende der „**Entstaatlichung**" (Z. 18 f.) erreicht würden. Das Verschuldungsverbot sei daher zukunftsschädlich (vgl. Z. 31 ff.), die Belastung der Arbeitnehmer sei insgesamt deutlich zu hoch, die Belastung sehr hoher Einkommen dagegen auf einem historisch niedrigen Niveau (vgl. Z. 33 ff.). Die Marktwirtschaft könne nur erhalten werden, wenn die Lebensverhältnisse der Mehrheit der Bürger verbessert würden (vgl. Z. 37 ff.) und ein starker Staat auch für die Zukunft die soziale Absicherung garantiere (vgl. Z. 40 ff.).

2. *Der Operator „überprüfen" verlangt hier, dass Sie die Aussagen des Autors aus M 1 an den in M 2 dargestellten Sachverhalten messen und ein Ergebnis formulieren. Dazu müssen Sie zunächst das statistische Material formal analysieren (Thema, Erhebungszeitpunkt, Quelle, Darstellungsform, Bezugsgrößen usw.). Achten Sie besonders darauf, dass die Veränderungen der Steuer- und Abgabenlast in Prozentpunkten dargestellt werden.*

   Die Tabelle basiert auf Daten der OECD aus dem Jahr 2008 und zeigt die **Entwicklung der Steuer- und Abgabenlast** in Prozentpunkten bei vier Einkommensgruppen alleinstehender Arbeitnehmer aus drei Ländern (Deutschland, Frankreich, USA) sowie die durchschnittliche Entwicklung in der OECD im Zeitraum zwischen 2000 und 2006.
   In den USA und im OECD-Schnitt wurden im genannten Zeitraum alle Einkommensgruppen entlastet, in Deutschland und Frankreich gab es sowohl Be- als auch Entlastungen: Frankreich hat – als einziges Land in der Tabelle – die hohen Einkommensgruppen stärker belastet, während Deutschland **nur die niedrigste Einkommensgruppe** durch Steuern und Abgaben zunehmend belastet und alle anderen Einkommensgruppen entlastet hat.

Die niedrigste Einkommensgruppe (33–67 % des Durchschnittseinkommens) wurde lediglich in Deutschland um 0,3 Prozentpunkte mehr belastet, in den anderen Ländern sowie im OECD-Durchschnitt sank deren Belastung, besonders stark in Frankreich um 6,5 Prozentpunkte. Bei der Gruppe, die zwischen 67 und 100 % des Durchschnittseinkommens bezieht, sank in Deutschland, den USA und im OECD-Durchschnitt die Belastung, in Frankreich gab es dagegen keine Änderung. Bei der dritten Gruppe (100 bis 150 % des Durchschnittseinkommens) zeigt sich ebenfalls die **Sonderstellung Frankreichs:** diese Gruppe wurde hier um 1 Prozentpunkt mehr belastet, während die anderen Länder eine Entlastung vornahmen, in Deutschland um 1,4 Prozentpunkte. Diejenigen, die bis zum Doppelten des Durchschnittsverdienstes erhielten, wurden dagegen in Frankreich um 1,5 Prozentpunkte mehr belastet, während sie in allen anderen Ländern der Tabelle entlastet wurden, hier besonders stark in Deutschland um 2 Prozentpunkte.
Dass die deutschen Arbeitnehmer stärker als in vergleichbaren Ländern belastet würden (vgl. M 1, Z. 33 ff.), lässt sich in der Tabelle nicht erkennen. Vielmehr wurden alle Einkommensgruppen – bis auf die unterste – entlastet, genau wie in den anderen Ländern. Auffällig ist tatsächlich die – im Unterschied zu den anderen Ländern – **Belastung der untersten Einkommensgruppe**, durch die Deutschland eindeutig heraussticht. Anzumerken ist aber, dass die Tabelle nur Veränderungen in einer Zeitperiode, jedoch keine Aussagen über das absolute Belastungsniveau angibt und darüber hinaus nur einen Haushaltstyp berücksichtigt (den des alleinstehenden Arbeitnehmers). So können Bofingers Aussagen nur eingeschränkt anhand von M 2 überprüft werden. Bezüglich des Vorwurfs der **überproportionalen Bevorteilung höherer Einkommen** (vgl. Z. 36 f.) fällt auf, dass die Entlastungen bei der dritten und vierten Einkommensgruppe in Deutschland tatsächlich am höchsten ausfielen – die Werte lassen allerdings keine Rückschlüsse auf das vom Autor behauptete historisch tiefe Steuer- und Abgabenniveau zu.
Darüber hinaus macht M 2 auch keine Angaben über die Bofingers Meinung nach zu geringe Besteuerung von Erbschaften und Vermögen (vgl. Z. 35 f.). Insofern bestätigt M 2 nur auf den ersten Blick die Aussagen Bofingers – tatsächlich sind diese durch die Tabelle aber nicht vollständig verifizierbar.

3. *„Vergleichen" erfordert, Gemeinsamkeiten und Unterschiede der Tarife gewichtend einander gegenüberzustellen und ein Ergebnis zu formulieren. Achten Sie wiederum darauf, das Schaubild formal zu analysieren.*

Die Grafik M 3, herausgegeben von der FDP, zeigt das Steuermodell der FDP und den 2008 gültigen Steuertarif der Bundesrepublik Deutschland.
Beide Tarife haben einen Grundfreibetrag von 8 000 €, wobei der Eingangssteuersatz des Steuertarifs von 2008 mit 15 % 5 Prozentpunkte oberhalb des Eingangssteuersatzes des FDP-Modells liegt. Das FDP-Modell ist ein **Dreistufenmodell:** Die Eingangsbesteuerung von 10 % gilt für Einkommen von 8 001 € bis 20 000 €. Mit 25 % werden die Einkommensteile zwischen 20 001 € und 50 000 € belastet und alle Einkommensteile darüber mit einem Spitzensteuersatz von 35 %. Im Unterschied dazu steigt der Steuertarif von 2008 steil bis zu einem Einkommen

von ca. 13 000 € und einem Steuersatz von 24 % an, der weitere Verlauf ist flacher und endet bei einem Spitzensteuersatz von 42 % – also 7 Prozentpunkte oberhalb des FDP-Modells – für Einkommensteile ab ca. 52 000 €. Im Steuertarif von 2008 wird durch die **Steuerprogression** jeder zusätzlich verdiente Euro jenseits des Grundfreibetrags relativ stark besteuert, ab ungefähr 13 000 € Verdienst steigt die Besteuerung moderater, für Einkommensteile ab etwa 50 000 € aufwärts bleibt sie konstant.

Das FDP-Modell besteuert demzufolge alle Einkommensgruppen geringer als das Regierungsmodell. **Vereinfachung**, **Entlastung der Steuerzahler** und **Steuermindereinnahmen des Staates** sind die Konsequenz.

4. *Der Operator „beschreiben" erfordert hier, dass Sie die Informationen zur Entwicklung der Staatsquoten schlüssig darstellen.*

Die auf Grundlage von OECD-Daten von 2009 erstellte Tabelle vergleicht die Staatsquoten – also den Anteil der staatlichen Ausgaben an der gesamten volkswirtschaftlichen Leistung – von Deutschland, Frankreich und den USA mit dem OECD-Durchschnitt zwischen 1990 und 2008. Die Daten sind von 1990 bis 2000 in 5-Jahresschritten, ab 2000 in 2-Jahresschritten abgebildet.

Die deutsche Staatsquote im Jahr 2008 (43,4 %) wich mit 0,2 Prozentpunkten nur minimal von der des Ausgangsjahres 1990 ab, wies aber dazwischen **starke Schwankungen** auf – mit einem Höhepunkt von 54,8 % (1995). Die französische Staatsquote schwankte zwischen dem Höchstwert 54,4 % im Jahr 1995 und dem niedrigsten Stand von 49,4 % (1990), bewegte sich insgesamt im Vergleich zu Deutschland **auf höherem Niveau** und betrug im Jahr 2008 52,5 % – hat sich also im Vergleich zum Ausgangsjahr um 3,1 Prozentpunkte erhöht. Auffällig erscheint das Jahr 1995, in dem sowohl die Staatsquoten Deutschlands und Frankreichs als auch der OECD-Durchschnitt ungewöhnlich hoch waren, nicht aber die Staatsquote der USA. Diese lag deutlich niedriger und schwankte zwischen 34,2 % (2000) und 38,6 % (2008) – somit lagen die USA immer unter dem OECD-Durchschnitt von meistens etwas mehr als 40 %, während Deutschland und vor allem Frankreich über diesem Wert lagen.

5. *„Darstellen" verlangt hier von Ihnen, mögliche Auswirkungen des FDP-Steuermodells auf die zwei in der Aufgabe genannten Akteure „Staat" und „private Haushalte" zu beschreiben und zu verdeutlichen. Achten Sie darauf, die Auswirkungen sorgfältig in Wirkungsketten zu beschreiben und sich auf die Materialien M 2 – M 4 zu beziehen.*

Wie in der Aufgabe 3 bereits beschrieben, sieht das FDP-Steuermodell eine steuerliche Entlastung aller Einkommensgruppen und eine Vereinfachung des Steuersystems durch einen Stufentarif vor. Der **Trend zur Entlastung** verschiedener Einkommensgruppen (vgl. M 2) würde sich somit fortsetzen, wobei nun auch die unterste Einkommensgruppe (33 – 67 % des Durchschnittseinkommens, vgl. M 2) davon profitieren würde. In erster Konsequenz führen diese Entlastungen zu **geringeren Staatseinnahmen**, was folgende zwei Optionen nach sich zieht: Entwe-

der der Staat kürzt auf der Ausgabenseite, oder er verschuldet sich in Höhe der Mindereinnahmen, wenn die staatlichen Leistungen aufrechterhalten werden sollen (was allerdings wegen der ab 2016 gültigen sog. Schuldenbremse unwahrscheinlich ist). Kürzt der Staat seine Ausgaben, macht sich dies in einer **sinkenden Staatsquote** bemerkbar, womit der 2008 festgestellte Wert von 43,4 % (vgl. M 4) weiter sinken dürfte, was dem Trend der „Entstaatlichung" (M 1, Z. 6) seit 2002 entspricht – das Gestaltungspotenzial des Staates wird eingeschränkt. Eine **zunehmende Staatsverschuldung** engt durch die Belastungen des Schuldendienstes („Zinsfalle") den haushaltspolitischen Spielraum aber ebenso ein.
Für die privaten Haushalte ergeben sich durch die steuerliche Entlastung zwei Verwendungsmöglichkeiten: Die **Konsum-** oder die **Sparquote** kann sich erhöhen, was u. a. von positiven bzw. negativen Zukunftserwartungen abhängen kann. Ein gesteigerter Konsum kann zu Steuermehreinnahmen führen (sowohl bei indirekten Steuern wie der Mehrwertsteuer, als auch bei direkten Steuern wie der Einkommenssteuer durch eventuell neu geschaffene Arbeitsplätze), sodass sich die geringeren Staatseinnahmen durch die Lohnsteuer im besten Fall wieder ausgleichen können. Schließlich erhofft sich die FDP, dass durch die steuerliche Entlastung **Leistungsanreize** geboten werden, die positive gesamtwirtschaftliche **Wachstumseffekte** haben können. Falls die privaten Haushalte allerdings mehr sparen sollten, wird der Staat sicherlich auf der Ausgabenseite Kürzungen vornehmen müssen.
Somit kann es bei einer sinkenden Staatsquote zu **eingeschränkten Sozialleistungen**, **Transferzahlungen** etc. kommen, die v. a. untere Einkommensgruppen treffen und wiederum zu einem eingeschränkten Konsumverhalten führen können.

6. *Wie bei jeder Erörterung sollen Sie auch hier Gründe, die für oder gegen die in der Aufgabe genannte These sprechen, abwägen und am Ende ein sich aus Ihrer Darstellung ableitbares und begründetes Urteil fällen. Zeigen Sie in Ihrer Antwort, dass Sie die Idee der Schuldenbremse verstanden haben. Wenn Sie aktuelle Bezüge (z. B. die Finanz- und Wirtschaftskrise) in Ihre Argumentation einbinden, kann dies als Zusatzleistung gewertet werden.*

Die Schuldenbremse bezeichnet die Regelung, dass sich der Bund ab 2016 jährlich nur noch um bis zu 0,35 % des BIP verschulden darf und dass die Länder ab 2020 überhaupt keine Schulden mehr machen dürfen.
Für die Einführung der Schuldenbremse spricht die Tatsache, dass Deutschland in der Schuldenfalle steckt: Bund, Länder und Gemeinden kämpfen mit wachsenden Defiziten und – v. a. beim Bund – immer weiter steigenden Schulden. Die **Staatsverschuldung** Deutschlands beträgt zurzeit mehr als 1 500 Mrd. €, davon entfallen auf den Bund zwei Drittel. Zusätzlich haben die gigantischen Ausgaben als Folge der **Finanzkrise 2009** bei gleichzeitig geringer werdenden Einnahmen die Schulden weiter dramatisch steigen lassen: 2010 hat der Bundestag eine Rekordneuverschuldung von 80 Mrd. € beschlossen.
Wer Schulden macht, muss allerdings **Zinsen** zahlen: So ist der zweithöchste Ausgabenposten im Bundeshaushalt – nach den Ausgaben für Soziales – seit Jahren

die **Zinszahlung** (ca. 15 % der Ausgaben), und diese übertrifft bei Weitem die Ausgaben z. B. für Bildung und Forschung (ca. 3,5 %). Wirtschaftsökonomisch spricht man hier von **Opportunitätskosten:** 2010 wird der Bund 40 Mrd. € für Zinszahlungen ausgeben, die an anderer Stelle fehlen, um die eigentlichen Aufgaben des Staates zu erfüllen, und somit wichtige **Zukunftsinvestitionen** verhindern. Dazu kommt, dass der Staat extrem empfindlich gegenüber Zinsänderungen an den Geld- und Kreditmärkten ist, weswegen sich die Zinskosten relativ schnell extrem erhöhen können. Erhöhte Ausgaben verlangen mehr staatliche Einnahmen oder führen zu Leistungskürzungen. Infolgedessen wird die **nachfolgende Generation** entweder durch höhere Steuern oder z. B. eine geringere soziale Sicherung „bestraft". Zu erwähnen ist noch ein weiterer negativer Aspekt, nämlich dass der Staat mit seiner hohen Kreditnachfrage als Konkurrent der privaten Unternehmen auf dem Kapitalmarkt auftritt – und dadurch deren Kreditaufnahme tendenziell verteuert („**crowding out**").
Letztendlich wäre demzufolge die Schuldenbremse ein alternativloses Mittel zur im **Stabilitätspakt** geforderten Konsolidierung der Haushalte: Der staatliche Handlungsspielraum zur Bewältigung von Zukunftsaufgaben wird erhalten, da u. a. die Aufwendungen für Zinsen und Tilgung im Bundeshaushalt sinken – somit wird auch der **Generationengerechtigkeit** Genüge getan.
Peter Bofinger ist allerdings nicht dieser Meinung: stattdessen kritisiert er an der Schuldenbremse, dass sie dem Staat die Möglichkeit nehme, „kreditfinanzierte Investitionen für zukünftige Generationen vorzunehmen" (M 1, Z. 32 f.).
Tatsächlich gibt es auch sogenannte **gewünschte Effekte der Staatsverschuldung:** Die Verschuldung ist dann akzeptabel, wenn damit **öffentliche Investitionen** finanziert werden, die Kredite also später auch Erträge abwerfen, bzw. wenn Geld für solche Aufgaben ausgegeben wird, die der nächsten Generation unmittelbar zugutekommen, etwa für Verkehrswege oder Bildung und Forschung. Erhöhen diese Ausgaben die Produktivität der Volkswirtschaft, indem die zu erwartenden Erträge die Belastungen übersteigen, entspricht die Neuverschuldung sogar dem Kriterium der **ökonomischen Effizienz** (Kosten-Nutzen-Kalkül). Des Weiteren sind Staatsschulden auch in einer **Wirtschaftskrise** bzw. bei einer Konjunkturschwäche gerechtfertigt: Wenn Unternehmen ihre Investitionen und Haushalte ihren Konsum einschränken, führt dies zu sinkenden Steuereinnahmen und höheren Ausgaben (z. B. bei einer steigenden Arbeitslosenquote). Falls der Staat seine Ausgaben kürzen würde, um eine zusätzliche Verschuldung zu vermeiden, könnte er den Konjunktureinbruch noch verschärfen, was wiederum u. a. zu weniger Einnahmen führen kann. In der Wirtschaftskrise 2008/2009 konnte der Staat stattdessen durch Ausgabenerhöhungen, d. h. durch kreditfinanzierte **Konjunkturprogramme**, die Wirtschaft stützen und einen weiteren konjunkturellen Einbruch verhindern, sodass die schärfste **Rezession** der Nachkriegsgeschichte relativ rasch überwunden wurde.
Insofern kann man Bofingers Kritik an der Schuldenbremse zustimmen: ein handlungsfähiger Staat braucht die Möglichkeit der Neuverschuldung auch über 0,35 % hinaus, um öffentliche Investitionen in das Humankapital, d. h. wichtige strategische Weichenstellungen für das kommende Jahrzehnt, vornehmen zu können.

Schriftliche Abiturprüfung Wirtschaft (Baden-Württemberg) 2011
Aufgabe I: Unternehmen im Wirtschaftsgeschehen

Aufgaben:

1. Arbeiten Sie aus M 1 mögliche Gründe für den Erfolg von „True Fruits" heraus. — 6 VP

2. Beschreiben Sie wichtige Eigenschaften eines Unternehmensgründers. — 6 VP

3. Charakterisieren Sie anhand von M 2 die Entwicklung auf dem Markt von „Smoothies". — 8 VP

4. Ordnen Sie die Aussagen in M 1 und M 2 zur bisherigen und prognostizierten Entwicklung von „True-Fruits-Smoothies" in das Modell des Produktlebenszyklus ein. — 8 VP

5. Das Unternehmen „True Fruits" bilanziert in diesem Jahr trotz Umsatzzuwächsen sinkende Gewinne.
   Erklären Sie, warum Gewinn- und Umsatzsteigerung sowohl komplementäre als auch konkurrierende Ziele sein können. — 8 VP

6. „True Fruits" hat als Zielgruppe derzeit das „postmaterielle Milieu" und die „modernen Performer". Es ist eine Ausweitung auf die Kundengruppe „bürgerliche Mitte" geplant.
   Erläutern Sie ausgehend von den Materialien, wie sich dadurch der Marketing-Mix des Unternehmens ändern müsste. — 12 VP

7. Die Gründer von „True Fruits" erwägen im Rahmen der geplanten Expansion einen Wechsel der Rechtsform des Unternehmens von einer GmbH zu einer Aktiengesellschaft.
   Erörtern Sie dieses Vorhaben. — 12 VP

60 VP

M 1 Obstbrei mit Lifestyle-Charakter

Der erste Smoothie war harte Arbeit: Wochenlang pressten und pürierten die drei Studenten der Betriebswirtschaftslehre Inga Koster (29 Jahre), Marco Knauf (30 Jahre) und Nicolas Lecloux (27 Jahre) zu Hause kistenweise Obst. So lange, bis ihr dickflüssiger Obstsaft die gewünschte sämige Konsistenz besaß und gut schmeckte. [...] Das war der Anfang. Heute verkaufen die drei jeden Monat 500 000 kleine Flaschen mit Fruchtmus und beschäftigen zwölf Mitarbeiter. Ihre Marke True Fruits gilt unter den als Smoothies bezeichneten Saftgetränken als Marktführer an Tankstellen, Flughäfen, Kiosken und Kantinen. Und kann mit so großen Namen wie Chiquita, Knorr, Schwartau, Valensina, Granini, Bauer (Mövenpick) und der britischen Innocent mithalten. [...]

Während eines Auslandssemesters in Schottland waren Koster und Knauf auf das Kultgetränk gestoßen und zu regelmäßigen Abnehmern geworden. Knauf [...] witterte seine Chance, da Smoothies [...] zu der Zeit in Deutschland noch nicht angeboten wurden. Zurück an der Fachhochschule Bonn-Rhein-Sieg, überzeugten die BWL-Studenten einen Professor, dazu ein Forschungsprojekt ins Leben zu rufen. Biologie- und Chemiekommilitonen wurden mit ins Boot geholt. [...] Eine Grafikstudentin entwarf die elegante Glasflasche, die 2007 den internationalen Verpackungspreis World Star gewonnen hat. Am schwierigsten gestaltete sich die Suche nach einem Abfüller. [...] Nach vielen vergeblichen Kontakten stießen sie bei der Streker Natursaft GmbH in Großaspach bei Stuttgart auf Interesse.

Mit dem im Rahmen ihrer Diplomarbeit entwickelten Business-Plan gewann Koster bei einem Wettbewerb den zweiten Platz. Durch die Presseberichte wurde ein Bonner Unternehmer auf das Projekt aufmerksam. Gemeinsam mit einem Freund stellte er 150 000 Euro als Startkapital zur Verfügung. 100 000 Euro gab eine Sparkasse. Im Juni 2006 gründeten Koster, Knauf und Lecloux die True Fruits GmbH, im November brachten sie Smoothies in vier Geschmacksrichtungen auf den Markt und mussten sich gleich mit Abmahnungen der Konkurrenz herumschlagen. Der Grund: Die Kennzeichnung auf der Flasche war laut Fruchtsaftverordnung einen Millimeter zu klein geraten.

Vor allem aber prallten sie zunächst überall ab. Bei den großen Handelsketten wurden sie gar nicht erst vorgelassen. Durch private Kontakte platzierten sie ihr Produkt schließlich bei einem Rewe-Supermarkt. Die Fläschchen verkauften sich glänzend. Nach und nach kamen weitere selbständige Rewe-Händler dazu, die Koster, Knauf und Lecloux anfangs alle einzeln und später mit dem Logistikunternehmen Dachser belieferten. Als es mehr als hundert waren, erklärte sich die Rewe-Zentrale bereit, das Produkt ins Sortiment aufzunehmen. Ähnlich lief es auch bei den Aral-Tankstellen. Dass die Kunden bereit sind, zwischen 2,49 Euro und 3,99 Euro für einen Viertelliter Obstpüree auszugeben, liegt laut Koster am Stil des Produkts. Das moderne Design mache den Smoothie zu einem Lifestyle-Getränk. Hauptzielgruppe seien junge Berufstätige, die sich in der Mittagspause etwas Gutes tun wollen.

An der Fortsetzung des Smoothie-Trends hegen die jungen Gründer keinen Zweifel, rechnen aber auch mit noch mehr Wettbewerbern. Trotzdem prophezeit Knauf selbstbewusst: „Wir werden uns in den nächsten Jahren locker verdreifachen.“ In diesem Jahr klettert die Zahl der verkauften Flaschen von 2,5 Millionen auf 7 Millionen. Auch in Österreich und der Schweiz ist das Fruchtsaftgetränk im Handel. Die Gewinnzone soll True Fruits Ende dieses Jahres erreichen.

„Wir haben immer weitergemacht, obwohl wir oft nicht wussten, wie der nächste Schritt sein würde“, sagt Knauf mit sichtlichem Stolz. Bei Rückschlägen habe einer den anderen aufgemuntert. Sein jetziges Arbeitstempo allerdings könne er „höchstens noch fünf Jahre durchhalten“. Gerade ist der Vertriebs-Geschäftsführer wieder auf der Suche nach weiteren Mitarbeitern. In die Szenekneipen, in denen seine Smoothies geschlürft werden, kommt er daher nur selten.

Quelle: Christine Scharrenbroch: Obstbrei mit Lifestyle-Charakter
In: Frankfurter Allgemeine Zeitung vom 2. Juni 2008

M 2 Marktanteile der Top-6-Smoothie-Anbieter, eigene Zusammenstellung

	Chiquita	True fruits	Schwartau	Innocent	Granini	Valensina
Dez. 2007	54,1	21,3	23,6	1,0	0	0
April 2008	52,2	16,3	16,1	5,7	8,6	1,1
Aug. 2008	42,9	18,2	17,4	6,9	10,5	4,0
Dez. 2008	46,6	16,6	15,8	8,8	8,0	4,3
April 2009	45,1	22,9	15,3	9,4	4,2	3,0
Aug. 2009	42,0	28,6	14,8	9,5	2,8	2,3
Dez. 2009	44,0	28,5	14,2	10,8	0	2,5
März 2010	44,0	26,6	14,0	12,3	0	3,1

M 3 Die Sinus-Milieus in Deutschland 2009 – Soziale Lage und Grundorientierung

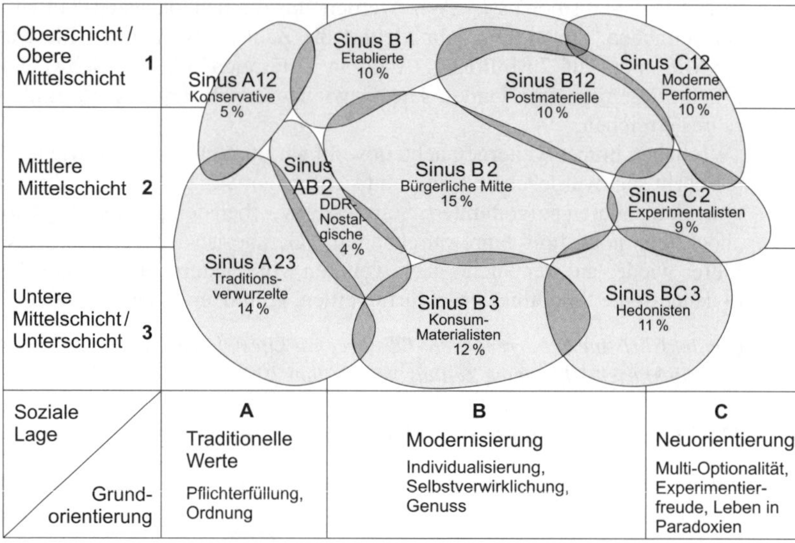

Quelle: Sinus Sociovision 2009, http://www.sinus-institut.de/uploads/tx_mpdownloadcenter/informationen_2009_01.pdf

M 4 Kurzcharakteristik relevanter Sinus-Milieus 2009

Milieu	Anteil	Kurzbeschreibung
Post-materielles Milieu	10 %	Liberal, an ideellen Werten orientiert, intellektuelle Interessen. Maßloser Konsum ist verpönt. Dazu gehören viele leitende Angestellte, Freiberufler und Studenten zwischen 20 und 30 Jahren.
Moderne Performer	10 %	Die junge, unkonventionelle Leistungselite: ehrgeizig, mobil, flexibel, Multimedia-Begeisterung und nach Selbstverwirklichung strebend, häufig Singles.
Bürgerliche Mitte	15 %	Der leistungs- und anpassungsbereite Mainstream, bejaht die gesellschaftliche Ordnung, strebt nach beruflicher und sozialer Etablierung sowie nach Sicherheit und Harmonie. Viele Angestellte des öffentlichen Dienstes. Alter zwischen 30 und 50 Jahren, häufig verheiratet und Kinder.

Quelle: Sinus Sociovision 2009, http://www.sinus-institut.de/uploads/tx_mpdownloadcenter/informationen_2009_01.pdf

Lösungsvorschlag

1. *Sie sollen bei dieser Aufgabe aus dem Text Informationen herausarbeiten, die den Erfolg von True Fruits aufzeigen. Wichtig bei der Beantwortung ist, dass Sie die formalen Kriterien (Zitierregeln) einhalten.*

   In dem vorliegenden Artikel „Obstbrei mit Lifestyle-Charakter“, der am 2. Juni 2008 in der Frankfurter Allgemeinen Zeitung veröffentlicht wurde, stellt die Autorin Christine Scharrenbroch den erfolgreichen Beginn des Unternehmens True Fruits dar.
   Grundlage des Erfolgs der drei Existenzgründer war das Entdecken einer **Marktlücke** in Deutschland, denn Smoothies wurden hier zu diesem Zeitpunkt noch nicht verkauft (vgl. Z. 13 f.). Bis der Smoothie den Ansprüchen der Existenzgründer genügte (vgl. Z. 4 f.), hatten sie „**harte Arbeit**“ (Z. 1) geleistet. Zusätzlich holten sie sich weitere **Unterstützung:** Sie „überzeugten [...] einen Professor, dazu ein Forschungsprojekt ins Leben zu rufen“ (Z. 15 f.) und beteiligten Studenten anderer Fachrichtungen. „Das **moderne Design**“ (Z. 40) der Glasflaschen, das von einer Grafikstudentin entworfen wurde (vgl. Z. 17), ist ebenfalls ein Grund für den Erfolg, da es die klar definierte Zielgruppenorientierung (vgl. Z. 40 ff.) des Produkts unterstützt. Die finanzielle Grundlage wurde durch einen prämierten **Business-Plan** geschaffen (vgl. Z. 22 f.), denn dieser führte dazu, dass ein Bonner Unternehmer mit seinem Freund und eine Sparkasse insgesamt 250 000 € als Startkapital bereitstellten (vgl. Z. 23 ff.). Als letzter Grund kann genannt werden, dass die Jungunternehmer **zahlreiche Abnehmer** an verschiedenen Verkaufsorten von ihrem Produkt überzeugen konnten und die Smoothies dadurch in immer größerem Umfang in den Verkauf gebracht werden konnten (vgl. Z. 5 ff., 32 ff.).

2. *Bei dieser Aufgabenstellung wird eine zusammenhängende und schlüssige Wiedergabe aus eigenen Kenntnissen gefordert. Einige Eigenschaften eines Unternehmensgründers können Sie aber auch aus dem Text M 1 ableiten.*

   Ein Unternehmensgründer sollte zwar viele wichtige Eigenschaften besitzen, einen idealtypischen Unternehmensgründer, der alle diese in seiner Person vereinigt, gibt es aber selten. Daher sollte er Personen, welche die ihm selbst fehlenden Eigenschaften besitzen, zur Unterstützung heranziehen. Eine Gewichtung der Eigenschaften ist allerdings schwierig, da sie je nach Unternehmung angepasst werden muss.
   Eigeninitiative und **Dynamik** sind wichtige Eigenschaften, damit der Schritt in die Selbstständigkeit vollzogen werden kann. Nur wer aktiv ist und eine gewisse **Risikobereitschaft** besitzt, kann die Gründungsphase positiv beeinflussen. Erleichtert wird der Anfang durch **Kreativität** und **Innovationsfreude**. Wer ein neues oder ein weiterentwickeltes Produkt anbieten kann, dessen Chancen steigen, am Markt erfolgreich zu sein. **Fachliche Qualifikationen** und bestimmte **Fertigkeiten**, etwa im Rechnungswesen, sowie Kenntnisse, z. B. über verwendete Materialien oder Rohstoffe, ermöglichen eine Grundlage, um das Unternehmen gut starten zu lassen. Bei den Jungunternehmern von True Fruits hätte es nicht

gereicht, einfach nur beliebig Früchte zu kaufen und zu vermixen. Sie mussten etwa wissen, welche Früchte gut harmonieren und wie sie ihre Produkte möglichst lange haltbar machen.
Da die Gründungsphase darüber hinaus mit sehr vielen organisatorischen und rechtlichen Aufgaben verbunden und damit sehr zeitintensiv ist und es immer wieder Rückschläge geben kann, sollte ein Jungunternehmer sehr **belastbar** sein.
Die **Kommunikationsfähigkeit** ist eine weitere wichtige Eigenschaft. Ein Unternehmensgründer muss mögliche Investoren von seiner Idee überzeugen können, um das nötige Startkapital zu erhalten. Ebenso ist es wichtig, Kunden von dem Produkt oder der Dienstleistung zu überzeugen. Dazu gehört auch ein gewisses Maß an **Selbstvertrauen** und **Selbstbewusstsein**, um auf die entsprechenden Akteure zugehen zu können. Schließlich soll für die eigene Firma mit den angebotenen Produkten und Dienstleistungen um Unterstützung geworben werden. Nur wer selbstbewusst auftritt, kann das Misstrauen potenzieller Geschäftspartner überwinden.
Je nachdem, wie viele Personen in der Gründungsphase im Unternehmen beschäftigt sind, ist es wichtig, dass der Unternehmer **Personalführungskompetenz** besitzt, damit alle Mitarbeiter richtig eingesetzt werden und motiviert sind, den Unternehmenserfolg gemeinsam zu fördern und sich nicht gegenseitig zu blockieren.
Um einen dauerhaften Unternehmenserfolg zu erreichen, sollten die Unternehmer ihren **Realitätssinn** bewahren, in ihrer **Leistungsorientierung** nicht nachlassen und ihre **Ziele** nicht aus den Augen verlieren.

3. *Diese Aufgabe verlangt eine zusammenhängende Wiedergabe der Informationen zur Entwicklung des Smoothie-Marktes. Dabei sollten Sie darauf achten, dass Sie bestimmte Werte, wie z. B. Minimal- und Maximalwerte, nennen. Ebenso sollte die Zahlenart genannt werden. Aus dem vorliegenden Material ist diese nicht direkt ersichtlich. Es handelt sich in M 2 um Prozentzahlen, was Sie aus der Überschrift ableiten können, da dort von Marktanteilen gesprochen wird. Achten Sie bei Ihren Ausführungen auf den Unterschied zwischen „Prozent“ und „Prozentpunkten“. Außerdem müssen die formalen Kriterien eingehalten werden. In diesem Fall entfällt die Quellenangabe, da in M 2 keine aufgeführt ist.*

In der vorliegenden Tabelle werden die Marktanteile der Top-6-Smoothie-Anbieter für ausgewählte Monate in einem Zeitraum von Dezember 2007 bis März 2010 in Prozent angegeben.
Chiquita ist über den genannten Zeitraum immer **Marktführer**. Im Dezember 2007 besaß die Firma 54,1 % Marktanteil. Bis März 2010 sank dieser um 10 Prozentpunkte auf 44,0 %. Trotz des Verlustes hat Chiquita noch einen deutlichen Abstand zu True Fruits. Dieser Anbieter nahm ab April 2008 über den gesamten weiteren Zeitraum immer die **zweite Position am Markt** ein. Im Dezember 2007 hatte True Fruits einen Marktanteil von 21,3 %, der um 2,3 Prozentpunkte niedriger war als der Marktanteil von Schwartau und bis April 2008 um 5 Prozentpunkte auf 16,1 % abnahm, was den niedrigsten Wert für dieses Unternehmen darstellte. Ursache für diese Abnahme kann das **Auftreten weiterer Konkurrenzprodukte**

von Innocent, Granini und Valensina gewesen sein. In der folgenden Zeit bis August 2009 – Ausnahme war Dezember 2008 mit 16,6 % – stieg der Marktanteil von True Fruits auf ca. 28,6 % und fiel anschließend wieder leicht.
Der **drittgrößte Anbieter** Schwartau verlor im gesamten Zeitraum, bis auf August 2008, immer mehr Marktanteile: Etwa 40 % seiner Marktanteile gingen von Dezember 2007 (23,6 %) bis März 2010 (14,0 %) verloren.
Dagegen steht Innocent mit der **größten Wachstumsdynamik**. Von Dezember 2007 mit 1,0 % steigerte sich der Marktanteil hier bis März 2010 bis auf 12,3 %.
Granini **stieg verspätet in den Markt ein**, erreichte im August 2008 sogar einen Marktanteil von 10,5 %, verlor aber anschließend wieder und stieg bereits im Dezember 2009 aus dem Geschäft mit den Smoothies aus.
Valensina trat zum gleichen Zeitpunkt wie Granini in den Markt ein, hatte aber immer den geringsten Marktanteil von allen Firmen und besetzt somit nur eine **Nischenposition**.
Aus der Tabelle kann allerdings nicht abgeleitet werden, wie viel die Unternehmen tatsächlich abgesetzt haben. Eventuell stiegen oder fielen die **Verkaufszahlen insgesamt**. Es ist also nicht zu erkennen, ob der Smoothie-Markt im Wachsen begriffen ist. Außerdem ist nicht ersichtlich, ob es **weitere Anbieter** von Smoothies gibt – was aber anzunehmen ist, da in der Überschrift nur von den „Top-6-Smoothie-Anbietern" die Rede ist.

4. *„Einordnen" bedeutet hier, dass Sie auf Grundlage der Sachverhalte in den Materialien M 1 und M 2 die Entwicklung von True Fruits in den Zusammenhang des Produktlebenszyklusmodells stellen sollen.*

Das Modell des **Produktlebenszyklus** besteht aus der **Entwicklungs-**, der **Einführungs-**, der **Wachstums-**, der **Reife-**, der **Sättigungs-** und der **Degenerationsphase**. Die **Absatz-**, **Umsatz-** und **Gewinnentwicklung** eines Produkts in einem bestimmten Zeitraum können in diese Phasen eingeordnet werden, um hinsichtlich des gesamten Entwicklungsprozesses des Produkts richtig interpretiert zu werden. Nicht alle der oben genannten Phasen sind für die Einordnung der True Fruits Smoothies aufgrund der Materialien M 1 und M 2 relevant.
Zur **Entwicklungs-** und **Einführungsphase** der Marke True Fruits gehörten das Entdecken der Marktlücke in Deutschland und die daraus folgende Geschäftsidee (vgl. Z. 13 ff.). Viele Smoothie-Varianten wurden daraufhin erprobt und getestet (vgl. Z. 1 ff.). Darüber hinaus wurde die Entwicklung mit einem Forschungsprojekt und der Integration weiterer studentischer „Fachkräfte" kombiniert (vgl. Z. 15 ff.). Schließlich wurde noch ein Abfüller gefunden (vgl. Z. 19 ff.). Die Einführungsphase endete mit der Markteinführung der Smoothies mit vier verschiedenen Geschmacksrichtungen im November 2006 (vgl. Z. 27 f.) und der Gewinnung von Rewe-Supermärkten und Aral-Tankstellen als Verkaufsorte (vgl. Z. 32 ff.).
Die **Wachstumsphase** war gekennzeichnet durch eine prognostizierte Verdreifachung der Verkäufe (vgl. Z. 45 f.) und ein erwartetes Erreichen der Gewinnzone Ende 2008 (vgl. Z. 48 f.). Ob der **Break-Even-Point** tatsächlich erreicht wurde,

lässt sich aus den Materialien nicht erschließen. Aus M 2 können nur Marktanteile, aber keine Umsatzmengen herausgelesen werden.
Die Expansion nach Österreich und in die Schweiz (vgl. Z. 47 f.) sowie die Verdreifachung der Verkäufe können auch der **Reifephase** zugeordnet werden. Diese könnte des Weiteren durch den stagnierenden oder leicht sinkenden Marktanteil im Zeitraum von August 2009 bis März 2010 (vgl. M 2) gekennzeichnet sein. Da aber aus M 2 nicht ersichtlich wird, ob sich der Smoothie-Markt im Wachstum befindet, kann man hier keine eindeutigen Schlüsse ziehen. Außerdem können aufgrund der Informationen in M 1 und M 2 keine Aussagen über die **Sättigungs-** und **Degenerationsphase** des Produkts getroffen werden.

5. *Bei dem Operator „erklären" müssen Sie in dieser Aufgabe durch eigenes Wissen einen begründeten Zusammenhang zwischen den Begriffen „Umsatz" und „Gewinn" herstellen.*

Ziele sind dann **komplementär**, wenn die Erhöhung des Zielerreichungsgrades eines Ziels gleichzeitig auch zu einer Erhöhung des Zielerreichungsgrades eines anderen Ziels führt. Dagegen **konkurrieren** Ziele miteinander, wenn die Erhöhung des Zielerreichungsgrades eines Ziels gleichzeitig zu einer Minderung des Zielerreichungsgrades eines anderen Ziels führt.
Der **Gewinn** ergibt sich aus dem **Umsatz** abzüglich aller Kosten [Gewinn = Umsatz (Preis mal verkaufter Menge) – (fixe und variable) Kosten].
Somit sind die Ziele Gewinnsteigerung und Umsatzsteigerung z. B. dann komplementär, wenn durch alleinige Preiserhöhung eine Zunahme des Umsatzes erreicht wird und ebenso wenn der Grenzerlös, das heißt der Preis pro zusätzlich verkauftem Stück, größer als die Grenzkosten ist. Im Gegensatz dazu sind die beiden Ziele z. B. dann konkurrierend, wenn die Umsatzsteigerungen die Grenzkosten so verändern, dass sie höher als die Grenzerlöse sind. Durch einen höheren Absatz folgt damit auch eine Absenkung des Gesamtgewinns.

6. *Ausgehend von den Materialien M 3 und M 4 sollen Sie deren Inhalte im Zusammenhang mit dem Marketing-Mix beschreiben und mit Beispielen erklären.*

Ein **Marketing-Mix** besteht aus einer Kombination verschiedener Marketing-Instrumente der **Produktpolitik** (**product**), der **Preispolitik** (**price**), der **Kommunikationspolitik** (**promotion**) und der **Distributionspolitik** (**place**).
Zurzeit hat True Fruits das „postmaterielle Milieu" und die „modernen Performer" als Zielgruppe. Damit bedient das Unternehmen bisher nur 20 % der Bevölkerung in Deutschland. Eine Ausweitung auf die Kundengruppe „bürgerliche Mitte" würde den Kundenkreis um 15 % erweitern und damit die Absatzchancen deutlich erhöhen. Dazu müsste True Fruits aber seine Marketingstrategie erweitern.
Die bisherigen Zielgruppen gehören teilweise zur oberen Mittelschicht und zur Oberschicht. Damit steht den potenziellen Kunden ein meistens überdurchschnittlich hohes Einkommen zur Verfügung, das auch für hochwertige Lebensmittel ausgegeben werden kann. Die liberale Einstellung der Postmateriellen und die Fle-

xibilität der modernen Performer stehen für Offenheit gegenüber Neuem, sodass auch nicht aus Gewohnheit oder konservativem Verhalten immer das gleiche Produkt im Supermarkt eingekauft wird. Die vorherrschende Lebensform der angestrebten neuen Zielgruppe ist die Familie mit Kindern. Das verfügbare Einkommen wird deshalb anders verwendet. Die **Preispolitik** von True Fruits könnte dahingehend verändert werden, dass die Smoothies etwas günstiger verkauft werden. Etwa durch den Verkauf von Sixpacks könnte eine Rabattierung erfolgen.
Eine weitere Veränderung ist durch die **Produktpolitik** möglich. So könnte das Unternehmen z. B. größere „Familienflaschen" anbieten, um den Literpreis zu senken. Auch die Entwicklung einer weiteren Familiengeschmackssorte ist denkbar, genauso eine Veränderung des Designs. Eventuell kann eine bruchsichere Flasche auf den Markt gebracht werden, damit junge Schüler sie zur Pausenverpflegung mit in die Schule nehmen können, ohne dass sie sich verletzen können, falls eine Flasche beim Spielen oder bei Rangeleien auf den Boden fällt.
Die **Distributionspolitik** sollte den Einkaufsgewohnheiten der Familien mit Kindern angepasst werden. Rewe-Supermärkte und Aral-Tankstellen haben ein gehobenes Preisniveau, sodass Familien häufig in Discountern einkaufen gehen. Daher sollten die Produkte auch dort angeboten werden. Eine weitere Möglichkeit ist die Bereitstellung der Smoothies in Getränkeautomaten in Gymnasien und Mensen.
Mittels der **Kommunikationspolitik** müssen die Produkte der Zielgruppe der „bürgerlichen Mitte" überhaupt erst einmal bekannt gemacht werden. Auch hier gibt es verschiedene Möglichkeiten: Ein Weg ist das Sponsoring von Kultur- und Sportangeboten, die eine breite Zustimmung in dieser Zielgruppe erfahren. Darüber hinaus könnten Werbeanzeigen in Familienzeitschriften oder regionalen Zeitungen geschaltet werden. Eine weitere Möglichkeit ist die Einrichtung von Verkostungsständen oder Probierflaschen in Supermärkten.

7. *Bei der Bearbeitung dieser Aufgabe müssen Sie Für- und Wider-Argumente aus der Sicht der Unternehmensgründer von True Fruits abwägen und ein begründetes Urteil fällen. Achten Sie dabei insbesondere auf die Unternehmensstrategie und die dargestellte Marktsituation.*

Einen Wechsel von einer GmbH zu einer Aktiengesellschaft müssen sich die Gründer von True Fruits gut überlegen, da sich daraus sowohl Vor- als auch Nachteile ergeben können.
Für eine Expansion wie sie bei True Fruits geplant ist, wird sehr viel **Kapital benötigt**, das durch eine Herausgabe von Aktien leichter zu beschaffen ist. So kann das Mindestkapital von 50 000 €, das für den Erhalt der Rechtsform der Aktiengesellschaft notwendig ist, leicht verwendet werden. Damit würde gleichzeitig auch die **Abhängigkeit von Krediten** zurückgehen. Banken müssten nicht mehr überzeugt werden Kredite zu vergeben und Sicherheiten müssten nicht mehr geboten werden. Für eine GmbH ist es aufgrund der beschränkten Haftung grundsätzlich schwieriger, Kredite zu erhalten.
Das **Risiko der Gründer**, ihre Stammeinlage bei der GmbH zu verlieren, verändert sich bei der Überführung in eine Aktiengesellschaft kaum, da sie als Aktio-

näre ebenfalls nur mit ihrem Kapitaleinsatz haften. Im Erfolgsfall können die **Gewinne** bei einer Aktiengesellschaft nun durch Dividendenzahlungen nach Aktiennennwerten verteilt werden. Bei der True Fruits GmbH wurden die Gewinne dagegen bisher nach der Höhe der Geschäftsanteile ausgeschüttet.
Verluste müssen bei einer GmbH durch Auflösung von Rücklagen beglichen werden. Bei einer Aktiengesellschaft können Verluste auch durch eine effektive Kapitalerhöhung, die Herausgabe neuer Aktien, aufgefangen werden.
Die Unternehmensgründer müssten sich aber nach dem Wechsel auch an den **Interessen der Aktionäre** orientieren und ihnen auf Hauptversammlungen Rede und Antwort stehen, wenn sie Mitglieder des Vorstandes oder des Aufsichtsrates sind. Zugleich erwarteten die Aktionäre dauerhaft angemessene Dividendenausschüttungen.
Außerdem wären die Gründer in einer Aktiengesellschaft nicht mehr **alleinige Geschäftsführer**. Sie müssten Leitungsbefugnisse an einen Vorstand abtreten. Je nachdem wie groß ihre Beteiligung an der AG wäre, könnten sie aber noch an der Besetzung des Vorstandes mitwirken. Bei einer „feindlichen" Übernahme der Aktiengesellschaft durch ein anderes Unternehmen könnten die Unternehmensgründer ihre Gestaltungsmöglichkeiten und den Einfluss auf den Vorstand allerdings komplett verlieren.

Fazit: Eine Aktiengesellschaft böte dem Unternehmen bessere Kapitalquellen, die für die geplante Expansion notwendig sind und zumindest zur Stabilisierung der zweiten Position unter den Top-6-Smoothie-Anbietern führen könnten. Trotzdem wäre eine Umwandlung mit Risiken verbunden und ein Ausbau des Marktanteils nicht garantiert. Darüber hinaus könnten die Gründer den Einfluss auf „ihr" Unternehmen verlieren, das sie mit großem Engagement aufgebaut haben.

Schriftliche Abiturprüfung Wirtschaft (Baden-Württemberg) 2011
Aufgabe II: Internationale Wirtschaftsbeziehungen

Aufgaben:

1. Beschreiben Sie Ursachen der Globalisierung. — 8 VP
2. Ein Land öffnet seinen Markt für ausländische Produzenten (M 1 a) und führt danach einen Importzoll ein (M 1 b).
   Erläutern Sie die dargestellten ökonomischen Wirkungen eines Importzolls für alle beteiligten Akteure. — 10 VP
3. Stellen Sie anhand von M 2 die Entwicklung des Welthandels dar. — 10 VP
4. Erläutern Sie, wie sich die Ansichten Krugmans (M 3) von klassischen Außenhandelstheorien unterscheiden. — 12 VP
5. Arbeiten Sie aus M 4 heraus, wie die Autoren ihre These vom „Zwei-Klassen-Protektionismus" begründen. — 8 VP
6. „Protektionismus ist böse, Freihandel ist gut." (M 4, Z. 1)
   Überprüfen Sie diese These anhand selbst gewählter Beispiele. — 12 VP

60 VP

M 1 a Ökonomische Wirkungen einer Marktöffnung

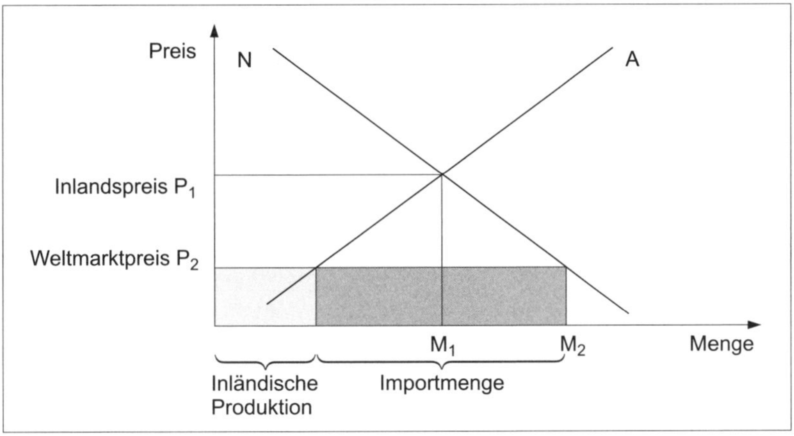

M 1b Ökonomische Wirkungen eines Importzolls

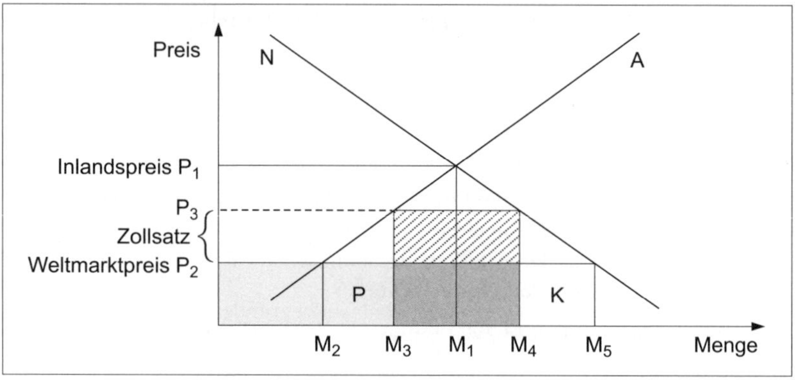

Nach: Bundeszentrale für politische Bildung (Hrsg.): Informationen zur politischen Bildung, Heft 299, S. 37

M 2 Welthandel, ausgewählte Regionen, gerundet, in US-Dollar (Milliarden)

Region	Handel	2001	2003	2005	2007	2009
EU (25 Staaten/ ab 2007: 27)	Export	2 425,9	3 123,7	4 026,2	5 338,7	4 567,1
	Import	2 526,6	3 179,3	4 165,7	5 602,0	4 714,2
NAFTA (USA, Mexiko, Kanada)	Export	1 147,5	1 162,9	1 475,7	1 840,7	1 602,2
	Import	1 579,5	1 723,1	2 283,4	2 700,8	2 175,5
LDC (am wenigsten entwickelte Länder)	Export	36,0	46,1	83,4	129,5	125,0
	Import	47,7	59,8	87,4	124,7	144,3
Welt	Export	6 191	7 586	10 489	13 993	12 461
	Import	6 482	7 861	10 853	14 287	12 647

Nach: Daten der WTO 2009
http://stat.wto.org/StatisticalProgram/WSDBStatProgramYear.aspx?,
Zugriff 5. 5. 2010

M 3 Geehrter Grenzgänger

„Wenn es irgendein Credo der Ökonomenzunft gibt, gehört sicherlich der Satz dazu: Ich unterstütze den freien Handel“ [Paul Krugman 1987]. Das sei aber „heute zweifelhafter als jemals, seit 1817 Ricardos Werk über die Grundlagen der politischen Ökonomie publiziert wurde“.

Bis in die siebziger Jahre hinein hatten Ökonomen meist zur 200 Jahre alten Erklärung von David Ricardo gestanden: [...] Lange schon hatten aber viele Fakten dieser Sicht widersprochen, zum Beispiel blühte der Handel zwischen Ländern mit ziemlich gleicher Ausstattung an Kapital, Rohstoffen und Menschen. Deutschland lieferte Autos nach Frankreich, Frankreich lieferte Autos nach Deutschland.

Krugman fand Wege, das modellhaft zu begründen; unter anderem nahm er die uralte Erkenntnis auf, dass große Industrieunternehmen umso wirtschaftlicher arbeiten, je größer die Märkte sind, die sie beliefern. Also lohnt es sich für Renault, ein bestimmtes Automodell für einen bestimmten Käufertyp in Deutschland und in Frankreich zu produzieren – auf den Bau eines anderen Modells aber zu verzichten und es den Kollegen bei BMW zu überlassen. Die Autokäufer haben vom Handel gleich zweierlei: mehr Auswahl und preiswertere Autos dank der internationalen Massenproduktion.

Krugmans Art, über den Handel nachzudenken, ließ auch Fälle zu, in denen man die Grenzen protektionistisch verschließen sollte. Auf Märkten nämlich, wo stets der Größere gewinnt, kann es sinnvoll sein, ausländische Wettbewerber vom eigenen Markt fernzuhalten oder die eigenen Unternehmen im Ausland zu subventionieren. „Strategische Handelspolitik“ hieß die Idee.

Thomas Fischermann und Uwe Jean Heuser: Geehrter Grenzgänger
In: Die Zeit vom 16. 10. 2008

M 4 Zwei-Klassen-Protektionismus

„Protektionismus ist böse, Freihandel ist gut.“ So einfach scheint das zu sein. [...] In der aktuellen Weltwirtschaftskrise gewannen staatliche Eingriffe jedoch wieder an Bedeutung, nun allerdings vor allem in Gestalt von „Rettungspaketen“, die aus Krediten, Bürgschaften oder direkten Staatsbeteiligungen bestehen. Anders ausgedrückt: Es handelt sich um verschiedene Formen von Subventionen – oder auch um „Subventionsprotektionismus“ im Unterschied zum klassischen „Zollprotektionismus“.

Ein bekanntes Beispiel ist die Debatte um die Opel-„Rettung“. In der Logik einer neoliberalen Wirtschaftspolitik handelt es sich dabei um nichts anderes als um Protektionismus, einen – eigentlich – unzulässigen staatlichen Eingriff der Bundesregierung zum Schutz der heimischen Automobilindustrie und einheimischer Arbeitsplätze. [...] Nicht nur deutsche, auch japanische oder französische Hersteller fänden in den ehemaligen Opel-Kunden neue Käufer. Für die letztgenannten ist die Rettung der Arbeitsplätze in Bochum, Rüsselsheim und Eisenach daher eine Subvention, die aus ihrer Perspektive wie eine Handelsbarriere wirkt. [...] Solch kostspielige Instrumente stehen allerdings im

Wesentlichen nur den reichen Industrieländern zur Verfügung. Für die Entwicklungs- und Schwellenländer bleibt die „alte“ Zollpolitik, wenn auch nur innerhalb der Grenzen, die durch die „regelgebundene Weltwirtschaft“ gesetzt sind […].
„Freihandel ist nicht Anti-Protektionismus. Es ist der Protektionismus der Mächtigen“ – so formuliert es die indische Aktivistin und Trägerin des alternativen Nobelpreises Vandana Shiva. […] Auf den Punkt gebracht bedeutet dies: global sinkende Zölle, zunehmend befreit von staatlicher Regulierung im Sozial- und Umweltbereich, dazu ein starker Patentschutz und an ihre Interessen angepasste Investitionsbedingungen sowie in Zeiten der Wirtschaftskrise umfangreiche staatliche „Rettungspakete“ – das sind die besten Voraussetzungen für globale Unternehmen, günstige Produktionsbedingungen in Schwellen- und Entwicklungsländern zu nutzen und gleichzeitig die kaufkräftige Nachfrage global zu bedienen.

Christina Deckwirth und Michael Frein: Zwei-Klassen-Protektionismus
In: Blätter für deutsche und internationale Politik, 12/2009, S. 13–16

Lösungsvorschlag

1. *Der Operator „beschreiben“ erfordert hier, dass Sie die Globalisierungsursachen aus eigenen Kenntnissen zusammenhängend und schlüssig wiedergeben. Zur besseren Strukturierung der Antwort ist die Verwendung von Oberbegriffen (politisch, wirtschaftlich, technologisch etc.) geschickt. Außerdem sollten Sie den Begriff der Globalisierung im wirtschaftlichen Sinn zu Beginn definieren.*

Wirtschaftliche Globalisierung bedeutet die Entstehung weltweiter Märkte für Waren, Kapital und Dienstleistungen sowie die damit verbundene zunehmende Verflechtung des Welthandels. Dieser Prozess wurde durch verschiedene Ursachen hervorgerufen, die sich gegenseitig beeinflussen:
Als eine wichtige **politische Voraussetzung** für die heutige Globalisierung gilt der Abbau von Handelshemmnissen, z. B. Zollschranken. Die Liberalisierung und Deregulierung der Märkte betrifft Güter und Dienstleistungen sowie das Kapital und erleichtert die wirtschaftlichen Beziehungen zwischen den Ländern. Dazu kommt der politische Wandel der ehemaligen Staaten des Warschauer Paktes und Chinas sowie die Entwicklung der Schwellenländer (z. B. südostasiatische Tigerstaaten), die für neue Produktionsstandorte und Absatzmärkte sorgten.
Des Weiteren trugen in **technologischer Hinsicht** die gesunkenen Informations- und Transportkosten zur Globalisierung bei. Mithilfe der Frachtcontainer wurde der weltweite Transport von Gütern deutlich einfacher und billiger. Durch das Internet können ohne Zeitverlust große Datenmengen gesendet und empfangen und somit die Kommunikationsstrukturen verbessert werden. All dies ermöglichte den Aufbau globaler Liefer- und Absatzketten sowie neuer Produktionsmöglichkeiten für Unternehmen.

Eine weitere Ursache ist **gesellschaftlich-kultureller Art**. Durch vermehrte Reisetätigkeit und Kommunikation haben sich weltweit die Konsumbedürfnisse und -gewohnheiten angeglichen, was zu globalen Markterschließungsstrategien führte. Abschließend sind als **wirtschaftliche Faktoren** – neben den Sättigungstendenzen auf regionalen Märkten und der rasant wachsenden Anzahl neuer Produkte – die verkürzten Produktlebenszyklen zu nennen, welche zu höheren Forschungs- und Entwicklungskosten führen. Somit sind Unternehmen gezwungen, ihre Produktion global auszuweiten und zu vermarkten.

2. *Der Operator „erläutern" verlangt hier eine zusammenhängende Beschreibung der Schaubilder sowie eine Erklärung der ökonomischen Auswirkungen eines Importzolls auf die Akteure Staat, private Haushalte, inländische und ausländische Produzenten anhand von Beispielen. Achtung: Die Fragestellung bezieht sich zwar nur auf den Importzoll (M 1 b), dennoch müssen Sie zum besseren Verständnis der Wirkungen eines Importzolls ebenso Schaubild M 1 a mit einbeziehen.*

Das Schaubild M 1 a zeigt mithilfe eines Preis-Mengen-Diagramms die Wirkung einer Marktöffnung. In einer geschlossenen Volkswirtschaft bildet sich modellhaft der **Gleichgewichtspreis** P_1 bei der Menge M_1 im Schnittpunkt von Angebots- und Nachfragekurve. Nach der Öffnung der Volkswirtschaft befindet sich der Weltmarktpreis P_2 unter dem bisherigen Inlandspreis P_1, weswegen sich dieser an den Weltmarktpreis angleicht. Wie das Schaubild zeigt, ist zum Weltmarktpreis die inländische Angebotsmenge niedriger als die inländische Nachfrage – die Differenz wird aus anderen Ländern importiert: Die dunkelgraue Fläche entspricht dem Importerlös (= Menge · Preis) für die ausländischen Produzenten, die hellgraue Fläche dem Erlös der inländischen Produktion.
Im Schaubild M 1 b steigert nun der erhobene **Importzoll** den Weltmarktpreis P_2 um den Betrag des Zolls auf P_3. Somit ergeben sich für die Akteure folgende Konsequenzen: Die Konsumenten, also die inländischen Käufer, haben Nachteile, da der Zoll den Preis erhöht. Als Folge dessen reduzieren die Konsumenten den Verbrauch. Die nachgefragte Menge sinkt vom Punkt M_5 auf M_4. Im Vergleich zur Situation der Marktöffnung sinkt die **Konsumentenrente**, d. h. der Nutzen der Nachfrager aus ihrer Marktteilnahme. Die inländischen Produzenten profitieren vom Importzoll. Da dieser den Preis über den Weltmarktpreis hinaus erhöht, werden mehr Erzeuger angeregt, die Produktion zu steigern. Die im Inland angebotene Menge steigt dadurch von M_2 auf M_3. Somit erhöht sich auch der Nutzen der inländischen Anbieter aus ihrer Marktteilnahme, die **Produzentenrente** steigt. Die ausländischen Produzenten erfahren einen Nachteil, da ihr Exportabsatz durch den Rückgang der importierten Mengen sinkt (vom Punkt M_5 auf M_4). Damit wird deutlich, dass der Zoll eine Schutzfunktion zugunsten der inländischen Produktion ausübt, da er einseitig die Importe belastet. Der Staat hat durch den Importzoll, der eine Steuer auf importierte Güter darstellt, einen Vorteil in Form der Einnahmen (schraffierte Fläche).
Insgesamt lässt sich feststellen, dass – verglichen mit der Situation des Freihandels – die **Wohlfahrtsverluste** der Konsumenten die Vorteile von Produzenten und

Staat übersteigen. Somit ergibt sich ökonomisch betrachtet durch die Erhebung eines Importzolls ein Gesamtwohlfahrtsverlust, der sich grafisch durch die weißen Dreiecke links und rechts von der schraffierten Fläche zeigt.

3. *„Darstellen" fordert hier die Beschreibung und Verdeutlichung der wesentlichen Strukturen der Welthandelsentwicklung.*

Die Tabelle M 2 zum Welthandel basiert auf Zahlen der WTO und zeigt in absoluten Zahlen (Milliarden US-Dollar) die Export- und Importwerte ausgewählter Regionen und der gesamten Welt für den Zeitraum von 2001 bis 2009 in Zweijahresschritten.
Die **Import- und Exportwerte** stiegen weltweit von 2001 bis 2009 um das Doppelte (jeweils auf über 12 Billionen USD), wobei 2009 im Vergleich zum Höchstwert 2007 ein Rückgang um ca. 10 % zu verzeichnen war. Parallel dazu haben sich in allen Regionen die Export- und Importwerte bis zum Jahr 2007 gesteigert, um 2009 alle (bis auf einen Wert) wieder zu fallen.
So hat sich der Export der EU zwischen 2001 und 2007 mehr als verdoppelt (von 2,4 Billionen USD auf den Höchstwert von 5,3 Billionen USD). Anzumerken ist hier die Erhöhung der Anzahl an EU-Mitgliedstaaten im Jahr 2007 auf 27 Staaten. Bis 2009 gab es dann eine starke Abnahme von ca. 14 %. Mit den Importwerten der EU verhielt es sich ähnlich.
Die **NAFTA** (bestehend aus den USA, Mexiko und Kanada) verzeichnete zwischen 2001 und 2007 eine Exportsteigerung von ca. 60 % (auf 1,8 Billionen USD) und eine Importsteigerung von ca. 70 % (auf 2,7 Billionen USD). Von 2007 bis 2009 – den Jahren der Finanz- und Wirtschaftskrise – gab es einen Rückgang von ca. 13 % beim Export und ca. 19 % beim Import.
Die **LDC** (die am wenigsten entwickelten Länder) konnten – allerdings auf einem geringen Niveau – zwischen 2001 und 2007 ihre Exporte (von 36,0 auf 129,5 Milliarden USD) sowie Importe (von 47,7 auf 124,7 Milliarden USD) etwa verdreifachen. Bis ins Jahr 2009 sanken die Exportzahlen dann geringfügig. Auffällig ist, dass anders als bei allen anderen Regionen die Importzahlen der LDC stiegen.
In allen aufgeführten Regionen (außer LDC 2007) gab es im gesamten Zeitraum einen **Importüberschuss**, der in der EU allerdings nur gering, in der NAFTA größer ausfiel. So hatte diese von 2001–2009 einen Importüberschuss zwischen etwa 36 % und 54 %.
Das **Handelsdefizit** der LDC sank von 32,5 % im Jahr 2001 auf 15,4 % im Jahr 2009.
2001 hatte die EU einen **Export- und einen Import-Weltmarktanteil** von ca. 39 %, die NAFTA einen Exportanteil von ca. 19 % und einen Importanteil von ca. 24 %. Somit machten die Im- und Exporte der EU und der NAFTA im Jahr 2001 einen Anteil von ca. 60 % am Welthandel aus, die der LDC dagegen nur einen verschwindend geringen Anteil von unter 1 %.
In den Folgejahren ließ sich eine gering abnehmende Bedeutung von EU und NAFTA beobachten. So sank bis 2009 der EU-Exportanteil am Weltmarkt um

etwa 3 Prozentpunkte und der NAFTA- Exportanteil um ca. 6 Prozentpunkte. Bei den LDC gab es einen minimalen Anstieg von Export- und Importanteilen.
Die Zahlen zeigen das **starke Wachstum des Welthandels**, die zwar leicht abnehmende, aber immense Bedeutung der Regionen **EU** und **NAFTA** sowie die **Folgen der Weltwirtschaftskrise**. Allerdings ist die Erklärungskraft der Tabelle eingeschränkt, da nur drei ausgewählte Handelsregionen aufgeführt sind.

4. *Bei dieser Aufgabe müssen Sie die Ansichten Krugmans mit Textbelegen darstellen. Achten Sie hierbei auf eine saubere Textarbeit. Stellen Sie die klassischen Außenhandelstheorien kurz vor, bevor Sie Krugmans Ansichten davon unterscheiden. Der Operator „erläutern" verlangt eine anschauliche, zusammenhängende Erklärung.*

Im Zeit-Artikel „Geehrter Grenzgänger" vom 16. 10. 2008 stellen Thomas Fischermann und Uwe Jean Heuser die Außenhandelsansichten von Paul Krugman vor. Seiner Meinung nach ist die Unterstützung des freien Handels, wie sie die klassischen Außenhandelstheorien vertreten, heute anzuzweifeln (vgl. Z. 2 f.).
Zu den Vertretern der klassischen Außenhandelstheorien gehören Adam Smith und David Ricardo.
Adam Smiths Freihandelsidee beruht auf dem Gedanken der **Arbeitsteilung**, die wiederum zu Spezialisierung, erhöhter Effizienz und damit letztendlich zu Produktivitätssteigerung führe. Dies erklärte Smith mit dem Prinzip der absoluten Kostenvorteile. D. h., die Produktionskosten für ein Gut sind in einem Land geringer als in einem anderen Land. Bei Spezialisierung der Länder auf die Produktion des jeweils im Vergleich zur Produktion in anderen Ländern kostengünstigeren Gutes könnten durch den internationalen Handel alle Marktteilnehmer von der gesteigerten Produktivität profitieren und zu mehr Wohlstand gelangen. Smiths Theorie konnte allerdings nicht erklären, warum Länder, die in der Produktion aller Güter einen absoluten Nachteil haben, dennoch Güter exportieren.
Diese Frage beantwortete **Ricardo** mit seiner Theorie der **komparativen Kostenvorteile**. Hier kommt es nicht auf die absolute Höhe der Produktionskosten an, sondern auf die Produktionskostenverhältnisse. So könne ein Land einen komparativen Kostenvorteil in der Produktion eines Gutes (d. h. geringere Opportunitätskosten) besitzen und dieses Gut exportieren, auch wenn es einen absoluten Nachteil in dessen Produktion hat. Laut Ricardo lohnt sich die Spezialisierung auf das Gut, bei dessen Produktion ein Land einen komparativen, d. h. relativen, Kostenvorteil hat: Somit könnten z. B. zwei Länder jeweils mehr von dem Gut herstellen, in Bezug auf das sie einen komparativen Vorteil haben, und mehr davon gegen das andere Gut tauschen – die Handelsbeziehung ist für beide Länder von Vorteil.
Eine Modifikation der Theorie der komparativen Kostenvorteile entwickelten **Heckscher und Ohlin** mit der **Faktorproportionentheorie**. Hier wird der Handel nicht mit Produktionsunterschieden erklärt, sondern mit der unterschiedlichen Ausstattung der Länder mit den Produktionsfaktoren Arbeit, Boden und Kapital. Demzufolge habe beispielsweise ein Land mit relativ hoher Kapitalausstattung einen komparativen Kostenvorteil in der Herstellung von kapitalintensiven Gü-

tern, da Kapital verhältnismäßig billig ist. Folglich exportiere dieses Land kapitalintensive Güter, während Länder mit hoher Arbeitsausstattung arbeitsintensive Güter exportierten. Diese Theorie zielt auf eine Erklärung des Handels zwischen den verschiedenen Sektoren einer Volkswirtschaft ab – also auf die Verschiedenartigkeit der Produktionsbedingungen.
Die bisher vorgestellten Theorien können allerdings alle nicht den intensiven Handel zwischen (Industrie)ländern mit gleicher Ausstattung erklären (vgl. Z. 6 ff.). Laut Fischermann und Heuser begründete Krugman diesen **intra-industriellen Handel** (also den Handel mit vergleichbaren Gütern derselben Art) mit dem Vorteil länderübergreifender Märkte am Beispiel Renault und BMW (vgl. Z. 11 ff.). So spezialisierten sich die Produzenten auf die Herstellung eines bestimmten Gutes und stellten nicht die gesamte Palette ähnlicher Güter her. Durch Spezialisierung eines großen Unternehmens auf ein Gut könnten „dank der internationalen Massenproduktion" (Z. 18) Größenkostenersparnisse realisiert werden. Insofern führe diese Produktdifferenzierung für den Konsumenten zu einer größeren und auch preiswerteren Produktvielfalt (vgl. Z. 17 f.).
Es wird der Unterschied von Krugmans Ansichten gegenüber klassischen Außenhandelstheorien deutlich: Krugman lieferte eine Erklärung für den auch ohne die Existenz von komparativen Kostenvorteilen existierenden Handel. Wenn zwei Länder in ihren Produktionsbedingungen (Faktorausstattung) identisch sind, finde Handel im Wesentlichen aufgrund von **Größenvorteilen** und **spezifischen Nachfragestrukturen** statt.
Die in M 3 eingangs erwähnten Zweifel Krugmans an der uneingeschränkten Gültigkeit der Freihandelstheorien habe dieser mit der Möglichkeit oder auch Notwendigkeit von Marktabschottungen oder Subventionen (vgl. Z. 19 ff.) begründet. Diese seien als „Strategische Handelspolitik" (Z. 23) einzusetzen, um Marktmacht zu verhindern und heimische Unternehmen zu schützen – was den klassischen Freihandelstheorien widerspricht.

5. *„Herausarbeiten" heißt, Informationen aus dem gegebenen Material unter einem bestimmten Gesichtspunkt (hier: die Begründungen der Autoren für ihre These) zu entnehmen. Beschränken Sie sich dabei unbedingt auf die Informationen aus dem Text und geben Sie nur die Aussagen wieder, die für die Aufgabenstellung von Bedeutung sind. Beginnen Sie mit einem Einleitungssatz (Wer schreibt wann und wo worüber?), verwenden Sie den Konjunktiv, wenn Sie Aussagen des Autors wiedergeben und beachten Sie die Anforderungen des Zitierens.*

Die Autoren Christina Deckwirth und Michael Frein vertreten in dem Text „Zwei-Klassen-Protektionismus", im Jahr 2009 in „Blätter für deutsche und internationale Politik" veröffentlicht, die These, dass es zwei verschiedene Formen von Subventionen gebe: die neue Form des Subventionsprotektionismus und den klassischen Zollprotektionismus (vgl. Z. 6 f.).
Der **Subventionsprotektionismus** zeige sich durch **staatliche Eingriffe** in der Wirtschaftskrise in Gestalt von sog. Rettungspaketen, um z. B. Arbeitsplätze zu schützen – wie das Beispiel Opel vor Augen führe (vgl. Z. 8 ff.). Diese Maßnahme

sei aber eigentlich, d. h. nach dem Selbstverständnis der vorherrschenden neoliberalen Wirtschaftspolitik, unzulässig (vgl. Z. 10) und wirke „wie eine Handelsbarriere“ (Z. 15 f.). Zudem könnten diese **kostspieligen Maßnahmen** nur von **reichen Industrieländern** genutzt werden, sodass man von einem „Protektionismus der Mächtigen“ (Z. 21 f.) sprechen könne. Bei diesem unterstützten „global sinkende Zölle“ (Z. 24), Patentschutz, Investitionsbedingungen und sog. Rettungspakete die globalen Unternehmen und damit die Mächtigeren im internationalen Handel (vgl. Z. 24 ff.).
Für die **Entwicklungs- und Schwellenländer** bleibe dagegen nur „die ‚alte‘ Zollpolitik“ (Z. 18), somit handele es sich um einen „Zwei-Klassen-Protektionismus“.

6. *Der Operator „überprüfen“ verlangt, die im Text vertretene These an ihrer Stimmigkeit zu messen, wobei Sie hier selbst gewählte Beispiele zur Verdeutlichung benutzen sollen. Beginnen Sie mit einer Definition der Begriffe „Freihandel“ und „Protektionismus“ und achten Sie darauf, sowohl ökonomische Kriterien als auch unterschiedliche Akteursperspektiven zu verwenden.*

Freihandel meint den internationalen, von allen Einschränkungen und Behinderungen befreiten Waren-, Dienstleistungs- und Kapitalverkehr. Grundlage ist die Idee des Wirtschaftsliberalismus. **Protektionismus** bedeutet, staatliche Eingriffe zum Schutz der heimischen Wirtschaft durch tarifäre und nichttarifäre Handelshindernisse (z. B. Zölle, mengenmäßige Importbeschränkungen) vorzunehmen.
Für den Freihandel und gegen den Protektionismus spricht das Argument des **Kostenvorteils:** Wie schon in Aufgabe 4 erwähnt, können Länder durch internationalen Handel ihre komparativen Kostenvorteile ausnutzen, die einerseits auf unterschiedliche Arbeitsproduktivität (David Ricardos Theorie der komparativen Kostenvorteile), andererseits auf unterschiedliche Faktorausstattungen (Heckscher-Ohlin-Modell) zurückzuführen sind. Die Spezialisierung auf die Produktion eines Gutes, bei dem das jeweilige Land einen komparativen Vorteil besitzt, lässt dieses mehr von jenem Gut produzieren und exportieren. Im Gegenzug kann das Land mehr Güter importieren, als es selbst hätte produzieren können. Im Endeffekt werden also durch die **produktivitätssteigernde internationale Arbeitsteilung** die Konsummöglichkeiten sowie die Wohlfahrt erhöht. Des Weiteren zwingt der steigende Wettbewerb im Inland die Unternehmen dazu, effizienter und billiger zu produzieren, wohingegen ineffiziente Produzenten aus dem Markt verdrängt werden. Dagegen sorgt der **Schutz nicht wettbewerbsfähiger Industrien** dafür, dass der fehlende Wettbewerbsdruck dort weder zu Kostensenkungsmaßnahmen führt, noch die Qualität der Produkte verbessert. Zudem werden volkswirtschaftliche Ressourcen gebunden (z. B. Förderung der deutschen Steinkohle), die für andere Zwecke fehlen (z. B. Verbesserung des Bildungssystems oder auch Investitionen in Zukunftsbranchen). Darüber hinaus kann die Öffnung neuer Märkte durch die wachsende Nachfrage ein **exportgeleitetes Wachstum** herbeiführen, was auch zu mehr Beschäftigung führt. Letztendlich führt ein internationaler freier Handel zu einem steigenden Angebot und somit auch zu sinkenden Preisen, ist also im Interesse der Konsumenten.

Gegen Freihandel und für Protektionismus spricht die Gefahr, dass die Spezialisierung zu einer **einseitigen Ausrichtung der Produktion** und damit einer starken Abhängigkeit von der Preisentwicklung auf Auslandsmärkten führt. So sind z. B. Länder, deren Ausfuhr sich auf ein Hauptprodukt (Kaffee, Baumwolle usw.) stützt, völlig von den Weltmarktpreisen abhängig, die zudem – je nach Ernte – stark schwanken. Außerdem kann Protektionismus im Sinne einer politisch erwünschten **Versorgungssicherheit** strategisch wichtige Bereiche am Leben halten (z. B. landwirtschaftliche Produkte, Kohle als Energieträger, Rüstungsindustrie). Im Freihandel stehen des Weiteren häufig arbeitsintensive Industriezweige wie die Textil- und Bekleidungsindustrie im Wettbewerb mit Produkten aus Niedriglohnländern. Da die Unternehmen aufgrund der steigenden internationalen Konkurrenz entweder ihre Beschäftigung abbauen oder ihre Produktionsstätten in Niedriglohnländer verlegen, wird es zu einer steigenden **Arbeitslosigkeit** v. a. in den Niedriglohnsektoren kommen. Der Staat kann somit durch Subvention der betroffenen Sektoren die Beschäftigung sichern. Nach dem **„infant industry argument"**, dem Erziehungszollargument, benötigen besonders junge, sich entwickelnde Industrien Zeit, um sich dem internationalen Wettbewerb stellen zu können. Ein temporärer Schutz dieser Industrien soll helfen, Startschwierigkeiten wie Mangel an Erfahrung und unternehmerischer Fähigkeiten zu überwinden. So erhoben die USA und Deutschland im 19. Jh. hohe Zölle auf Industriegüter und Japan hielt bis in die 1970er-Jahre hinein Importkontrollen aufrecht. Zuletzt ermöglicht Protektionismus den **Schutz vor umwelt- und gesundheitsschädlichen Importprodukten**, womit das hohe Niveau der Standards in den Industrieländern gesichert werden soll. Als Beispiel hierfür dient auch die Debatte über gentechnisch manipulierte Lebensmittel. Darüber hinaus soll der Import von Produkten, die unter **menschenunwürdigen Bedingungen** (z. B. Kinderarbeit) hergestellt wurden, eingeschränkt werden.

Die auf „gut" und „böse" reduzierte These wird somit der **komplexen Realität** nicht gerecht. Einerseits lässt sich insgesamt wohl kaum verneinen, dass der in den letzten Jahrzehnten stark gewachsene Handel das Weltsozialprodukt und damit den **Wohlstand vergrößert** hat. Auf der anderen Seite haben die Staaten auf das Ausmaß der Weltwirtschaftskrise in Form von Konjunkturprogrammen und Subventionen (Stichwort Abwrackprämie) reagiert und somit eine **neue Debatte über Protektionismus** entfacht (siehe auch M 4). Bedeutsamer jedoch für die Überprüfung dieser These scheint die jeweilige Akteursperspektive: Aus **Sicht der Entwicklungsländer** bleiben oft Zölle die einzige Möglichkeit zum Schutz der heimischen Märkte. Aus **Sicht der Industrieländer** kann Protektionismus geeignet sein, sowohl die eigenen Umwelt- und Sozialstandards zu sichern als auch Konjunktureinbrüche abzufedern.

Schriftliche Abiturprüfung Wirtschaft (Baden-Württemberg) 2012
Aufgabe I: Wirtschaftliches Handeln im Sektor Unternehmen

Aufgaben:

1. Arbeiten Sie aus M 1 heraus, wie der Autor die Marktentwicklung für Discounter sieht. — 8 VP
2. Unternehmen verwenden bei der strategischen Marketingplanung ihrer Produkte verschiedene Analysemethoden. Beschreiben Sie die Portfolio-Analyse. — 8 VP
3. Analysieren Sie anhand von M 2 – M 4 den Markt für Biolebensmittel. — 12 VP
4. Gestalten Sie ausgehend von M 1 eine Marketingstrategie für einen Discounter mit dem Ziel, Marktanteile zu steigern. — 12 VP
5. Erläutern Sie, wie der Karikaturist in M 5 die Strategie der Discounter in Bezug auf Biolebensmittel sieht. — 8 VP
6. Unternehmen sollen auch ökologische und soziale Verantwortung übernehmen.
   Bewerten Sie, ob Unternehmen dieser Forderung gerecht werden. — 12 VP

60 VP

M 1 Klaus Wieking: Einzelhandel – Krieg der Discounter

Aldi, Lidl und die anderen Billigheimer stehen gehörig unter Druck. Etwa Schlecker: Kürzlich verkündete das Drogerie-Imperium aus Ehingen einen radikalen Wandel seiner Geschäftspolitik. Viele Jahre hatte Gründer Anton Schlecker auf ungehemmte Expansion, Mini-Läden, rigides Kostenmanagement und Dumpinglöhne gesetzt. Inzwischen gilt Schlecker als renditeschwacher Sanierungsfall mit miserablem Ruf, der weit hinter Konkurrenten wie dm oder Rossmann zurückgefallen ist. […]

Jahrzehntelang zeigte die Erfolgskurve der Discounter nur himmelwärts. Nach und nach eroberten sie auf Kosten von Rewe, Edeka und anderen den Markt. Inzwischen werden rund 45 Prozent der Flächen im Lebensmitteleinzelhandel von Discountern betrieben. Ihr Rezept war so einfach wie wirkungsvoll: schlichtes Ladenambiente, begrenztes Sortiment aus eigenen Marken, knallhartes Kostencontrolling und ebensolche Preise. Deutschland wurde zum einig Discountland, inzwischen überzieht ein Netz aus knapp 16 000 Billigläden die Republik (Stand: 1. 1. 2010).

Mit ihrer aggressiven Expansionspolitik sind die Billigläden inzwischen aber an ihre Grenzen gestoßen. In den ersten zehn Monaten dieses Jahres, so der aktuelle Konsumklimaindex des Marktforschungsinstituts GfK, legten die Discounter umsatzmäßig um 0,8 Prozent zu – das ist nicht einmal die Hälfte des

Wachstums von Vollsortimentern à la Rewe. Vor allem Aldis Bilanz fällt sparsam aus. Für das ablaufende Jahr prognostizieren die Konsumforscher Aldi Marktanteilsverluste. Schon 2009 verlor der Branchenprimus, der mit 43 Milliarden Euro Umsatz immer noch so viel verdiente wie alle anderen Discounter zusammen, laut GfK-Rechnung ein Prozentpunkt Marktanteil – Alarmstufe Rot für König Aldi, zumal der verhasste Kronprinz Lidl zulegen konnte.
Die Schwäche der Billigketten resultiert nicht nur aus der Endlichkeit ihres Geschäftsmodells, sondern auch aus dem Wiedererstarken der Vollsortimenter. Vor allem Edeka und Rewe setzen ihnen mit einer Doppelstrategie zu. Auf der einen Seite spielen sie verstärkt ihre natürlichen Vorteile wie Frische, Vielfalt und Service aus. Gleichzeitig setzen sie die Waffen ihrer Gegner ein, bauen das eigene Billigsortiment aus und produzieren selbst preiswerte Handelsmarken. [...] Da den Discountern Wachstum auf Kosten anderer Vertriebsformen vorerst verwehrt bleibt, fallen sie übereinander her. „Der Wettbewerb unter den Discountern ist viel härter geworden“, analysiert der GfK-Forscher Wolfgang Twardawa. Um seinen Nimbus, immer der Billigste zu sein, zu verteidigen, senkte Aldi fortlaufend die Preise und zog das ganze Segment nach unten. Nach dem Discounter Plus, der in der zur Edeka gehörenden Marke Netto aufging, könnte Penny das nächste Opfer des gnadenlosen Konkurrenzkampfes sein. [...] Um sich vom Wettbewerb abzugrenzen, müssten die Billigheimer in neue Sortimente, Kommunikationsformen und Vertriebswege, etwa ins Internet, investieren, erklärt der Berater Markus Eicher von der PR-Agentur wbpr, die Lidl zu ihren Kunden zählt. Es seien „Qualitätsbotschaften auf allen Ebenen“ gefragt, so Eicher weiter.

In: Süddeutsche Zeitung vom 28. 10. 2010

M 2 Umsätze im Einzelhandel (Index 2000 = 100)

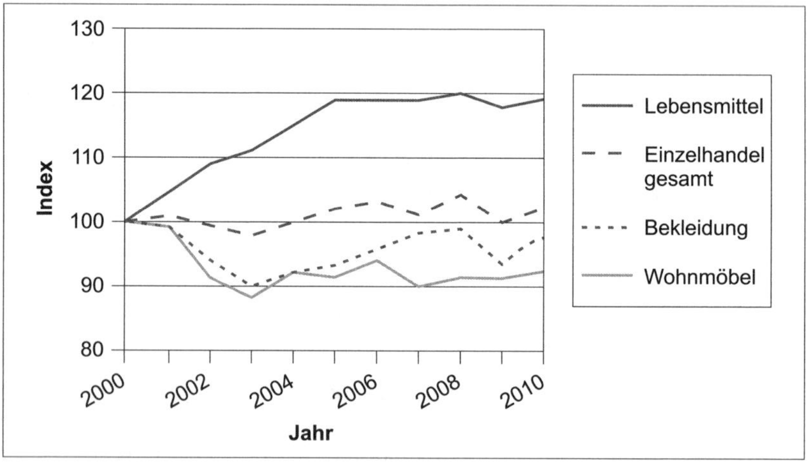

Nach: Destatis 2011

M 3 Bevorzugte Einkaufsorte für Bio-Lebensmittel (in %)*
Basis: Käufer von Bio-Lebensmitteln

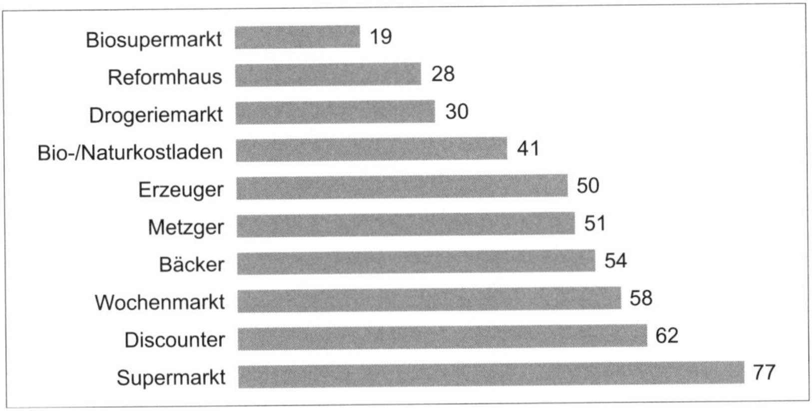

* Mehrfachnennungen möglich

Nach: Pleon Ökobarometer 2008

M 4 Faktoren des Umsatzwachstums von Bio-Lebensmitteln (Veränderungen in Prozent gegenüber dem Vorjahr)

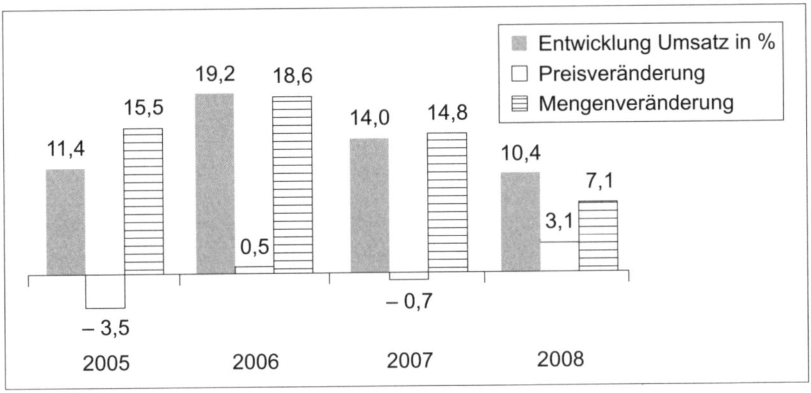

Nach: Universität Kassel und Agromilagro 2009

M 5 Karikatur von Burkhard Mohr

In: Sonntag Aktuell vom 10. 01. 2010

Lösungsvorschlag

1. *Der Operator „herausarbeiten" verlangt bei dieser Aufgabe, dass Sie aus dem Text Informationen entnehmen, anhand derer der Autor die Marktentwicklung für Discounter aufzeigt. Achten Sie bei der Beantwortung der Aufgabe auf die Einhaltung der formalen Kriterien (Zitierregeln).*

Klaus Wieking beschreibt in seinem Artikel „Einzelhandel – Krieg der Discounter", der am 28. 10. 2010 in der Süddeutschen Zeitung erschienen ist, die Marktentwicklung für Discounter.
Der Autor schreibt, dass **Discounter** wie Aldi, Lidl und Schlecker nach jahrzehntelangem Erfolg (vgl. Z. 8) „gehörig unter Druck" (Z. 1) stünden. Erfolgreich seien sie mit einer „aggressiven Expansionspolitik" (Z. 16) gewesen. So hätten sie ein Filialnetz von knapp 16 000 Geschäften (vgl. Z. 14) errichtet und verfügten damit über „rund 45 Prozent der Flächen im Lebensmitteleinzelhandel" (Z. 10). Der **Wettbewerb** mit **Vollsortimentern** wie Rewe und Edeka, die eine „Doppelstrategie" (Z. 28) verfolgten, indem sie neben ihren bisherigen Vorteilen auch ein eigenes Billigsortiment anböten und ausbauten (vgl. Z. 28 ff.), werde verstärkt. Eben-

falls sei der Wettbewerb unter den Discountern selbst viel härter geworden (vgl. Z. 32 f.). So sei die **Wachstumsrate** beim Umsatz der Discounter inzwischen sehr gering (vgl. Z. 17 ff.). Discounter wie Plus verschwänden vom Markt und gingen in anderen Discountern auf (vgl. Z. 36 ff.). Der Autor zitiert den Berater Markus Eicher, der neue **Marketingstrategien** für die Discounter vorschlägt: Sie sollten „in neue Sortimente, Kommunikationsformen und Vertriebswege [...] investieren" (Z. 39 ff.).

2. *Bei dieser Aufgabenstellung sollen Sie aus eigenen Kenntnissen wesentliche Informationen der Portfolio-Analyse zusammenhängend und schlüssig wiedergeben. Dabei sollten Sie die Koordinaten und Felder der Matrix darlegen, um daraus Schlüsse für den Produktgruppen-Mix ziehen zu können. Zur Unterstützung Ihrer Beschreibung können Sie auch eine Skizze der Matrix anfertigen. Eine Darstellung mit Bildern ist nicht erforderlich.*

Die **Portfolio-Analyse** ist ein Instrument, das Unternehmen für ihre **strategische Marketingplanung** verwenden können und um zu erkennen, ob sie mit ihren Produkten zukunftsfähig sind. Es liefert Informationen über die Wettbewerbssituation eines Produkts oder eines Produktgruppen-Mixes. Chancen und Risiken, Kosten und Gewinnpotenzial können hier veranschaulicht werden.
Dazu wird eine Matrix in vier Felder gegliedert. Die horizontale Achse kennzeichnet den prozentualen **Marktanteil** der Produkte bzw. Produktgruppen, die vertikale Achse zeigt das **Marktwachstum**. Die Achsen werden in die Intensitätsgrade „niedrig" und „hoch" unterteilt.
Im Feld mit einem niedrigen Marktanteil, aber einem hohen Marktwachstum befinden sich die Nachwuchsprodukte mit einem **Fragezeichen**, englisch **„question mark"**. Anfangs verursachen sie hohe Kosten und erwirtschaften bei einem geringen Marktanteil noch keinen oder nur einen geringen Gewinn. Da Wachstumschancen bestehen, sollten diese Produkte beobachtet und gefördert werden, damit ihr Marktanteil erhöht werden kann. Ist die Marktsituation aussichtslos, sollte das Produkt zurückgezogen werden.
Das Feld der **Sterne**, englisch **„stars"**, ist durch einen hohen Marktanteil und ein hohes Marktwachstum gekennzeichnet. Dort befinden sich Zukunftsprodukte. In diesem Bereich sollten hohe Investitionen getätigt werden, damit der Marktanteil gehalten oder weiter ausgebaut werden kann, um das Unternehmenswachstum zu sichern.
Sog. **Milchkühe**, englisch **„cash cows"**, sind durch Produkte gekennzeichnet, die einen großen Marktanteil besitzen, aber deren Marktwachstum stagniert. Die Unternehmen können hier einen verlässlichen Gewinn kalkulieren und sollten deshalb versuchen, den Marktanteil zu halten und die Ertragsquellen zu „melken".
Das vierte Feld beinhaltet die **armen Hunde**, englisch **„poor dogs"**. Diese Produkte befinden sich am Ende des **Produktlebenszyklus** und haben nur noch einen geringen Marktanteil sowie niedrige Wachstumsraten. Die Unternehmen sollten diese Produkte unauffällig vom Markt nehmen.

Unternehmen sollten mithilfe der Portfolio-Matrix überprüfen, ob die Felder gleichmäßig besetzt sind. Dadurch können sie erkennen, ob sie in der Lage sind, Wachstum zu generieren, und ob ein **Risikoausgleich** besteht. Wenn dies nicht der Fall ist, müssen Unternehmen reagieren, da sie sonst gefährdet sind.

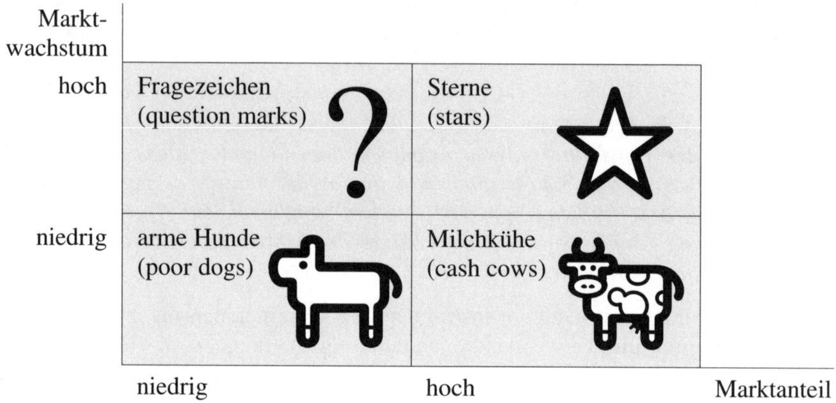

3. *Sie sollen bei dieser Aufgabe die Schaubilder M 2–M 4 systematisch und gezielt untersuchen. Die Materialien sollen alle formal vorgestellt werden. Achten Sie darauf, welche Zahlen (Index, Prozent) jeweils verwendet werden. Denken Sie bei Ihren Ausführungen auch an den Unterschied zwischen „Prozent" und „Prozentpunkten". Die Ergebnisse Ihrer Analyse sollen auf den Markt für Biolebensmittel bezogen werden.*

In M 2 wird in einem Kurvendiagramm nach Daten von Destatis aus dem Jahr 2011 die Entwicklung der Umsätze im Einzelhandel mit Index-Zahlen in den Jahren 2000 bis 2010 dargestellt. Basisjahr ist 2000. Gegliedert ist das Schaubild in „Lebensmittel", „Einzelhandel gesamt", „Bekleidung" und „Wohnmöbel". Auffällig ist, dass der Umsatz bei den Lebensmitteln im Gegensatz zu den anderen Bereichen vom Jahr 2000 bis 2005 kontinuierlich auf einen Index-Wert von knapp 120 steigt und bis zum Jahr 2010 ungefähr auf diesem Niveau bleibt. Aus dem Schaubild kann allerdings nicht herausgelesen werden, welchen **Anteil die Biolebensmittel an der Steigerung** haben. Die Umsatzkurve im Einzelhandel verläuft knapp oberhalb des Index-Wertes 100, außer zwischen den Jahren 2002 und 2004, wo sie knapp darunter verläuft. Bei der Bekleidung fällt die Umsatzkurve bis zum Minimalwert 90 im Jahr 2003. Sie steigt bis zum Jahr 2008 auf den Index-Wert von knapp 100 und schwankt bis 2010 unterhalb dieses Wertes. Der größte Rückgang beim Umsatz ist bei den Wohnmöbeln zu erkennen. Im Jahr 2003 wird der Minimalwert mit einem Index-Wert von knapp unter 90 erreicht. Anschließend verläuft die Kurve leicht schwankend oberhalb von 90.
Im Schaubild in M 3 werden in einem Balkendiagramm die zehn bevorzugten Einkaufsorte für Biolebensmittel aufgeführt. Als Basis dienen die Käufer von Biolebensmitteln und die Angaben werden prozentual gemacht. Mehrfachnennungen waren

möglich. Das Schaubild wurde nach den Daten von Pleon Ökobarometer aus dem Jahr 2008 erstellt. Auffällig ist, dass die Käufer von Biolebensmitteln **am wenigsten den Biosupermarkt bevorzugen**, der genannte Wert liegt bei 19 %. Ebenfalls wird der Bio-/Naturkostladen, der sich auch in der Produktpalette auf Bio-Waren spezialisiert hat, nur mit 41 % aufgeführt. Dazwischen liegen das Reformhaus mit 28 % und der Drogeriemarkt mit 30 %. Der **Supermarkt** ist mit 77 % der **am häufigsten besuchte Einkaufsort**, direkt gefolgt von den Discountern mit 62 %. Im Mittelfeld der bevorzugten Einkaufsorte liegen die Erzeuger (50 %), die Metzger (51 %), die Bäcker (54 %) und die Wochenmärkte (58 %).
Das letzte Schaubild in M 4 zeigt in einem Säulendiagramm die Faktoren des Umsatzwachstums von Biolebensmitteln, wobei es sich bei den Angaben um Veränderungen in Prozent gegenüber dem Vorjahr handelt. Als Quelle dienten die Universität Kassel und Agromilagro mit Daten von 2009. Der Zeitraum umfasst die Jahre 2005 bis 2008. Pro Jahr werden Daten in jeweils einer Säule für die Umsatzentwicklung, die Preisveränderung und die Mengenveränderung angegeben. Es ist zu erkennen, dass in allen vier Jahren der Umsatz von Biolebensmitteln steigt. Der Höhepunkt liegt im Jahr 2006 mit + 19,2 % gegenüber dem Vorjahr. Vergleicht man das Umsatzwachstum im Jahr 2008 hiermit, so sinkt dieses um 8,8 Prozentpunkte und stellt in diesem Schaubild den niedrigsten Wert zum Umsatzwachstum dar. Aus der Mengenveränderung lässt sich schließen, dass das Umsatzwachstum hauptsächlich durch die **Steigerung der verkauften Menge** von Biolebensmitteln zu begründen ist. Der Höhepunkt der Mengenveränderung ist ebenfalls im Jahr 2006 zu verzeichnen, bei 18,6 %. Die geringste Mengenveränderung zum Vorjahr gibt es im Jahr 2008 mit 7,1 %. Während in den Jahren 2005 und 2007 ein Preisrückgang mit 3,5 % bzw. 0,7 % gegenüber dem Vorjahr zu verzeichnen und im Jahr 2006 nur ein minimaler **Preisanstieg** um 0,5 % zu erkennen ist – diese Veränderungen **sorgen für die große Mengenveränderung** –, führt die Preissteigerung im Jahr 2008 um 3,1 % gegenüber dem Vorjahr zu einem geringeren Mengenanstieg der verkauften Biolebensmittel.
Wenn man die Ergebnisse der drei Schaubilder M 2 – M 4 zusammenfassend betrachtet, ist festzustellen, dass trotz **stagnierender Entwicklung** seit dem Jahr 2005 im gesamten Lebensmittelbereich die Biolebensmittel ihren Anteil beim **Umsatz** und ihre **Menge steigern** konnten. Da die Supermärkte und die Discounter die bevorzugten Einkaufsorte sind, werden sie am meisten von der positiven Entwicklung der Biolebensmittel **profitiert** haben.

4. *Diese Aufgabe verlangt von Ihnen, eine Marketingstrategie auf der Grundlage der Informationen aus M 1 zu entwickeln. Sie können aber auch Informationen aus M 2 – M 4 heranziehen. Die Strategie soll für einen Discounter gestaltet werden. Das Ziel besteht darin, Marktanteile hinzuzugewinnen.*

Als **Unternehmensziel** für einen Discounter wird die Steigerung der **Marktanteile** festgelegt. Die **Marketingstrategie** soll ein langfristig konzipiertes Vorgehen zur Erreichung dieses Zieles liefern. Dazu erfolgt eine Analyse, wie das Unternehmen gegenüber der Konkurrenz und den Kunden aufgestellt ist.

M 1 verdeutlicht, dass die Discounter untereinander und mit den Vollsortimentern in einem harten Konkurrenzkampf stehen. Das **Umsatzwachstum** ist sehr stark zurückgegangen. Die Vollsortimenter haben eine Doppelstrategie entwickelt, die unter anderem den Ausbau des Billigsortiments beinhaltet, mit dem die Discounter bisher erfolgreich waren. Als Folge ergibt sich ein verändertes **Kundenverhalten**. Über die Rückgewinnung von Marktanteilen kann auch das Umsatzwachstum gesteigert werden.

Der **Marketing-Mix** bietet mit den Bereichen der **Preispolitik**, **Produktpolitik**, **Kommunikationspolitik** und **Distributionspolitik** verschiedene Instrumente, um das gesteckte Ziel zu erreichen.

Bei der **Preispolitik** sollte der Discounter sich markt-/konkurrenzorientiert verhalten. Er sollte die Preise so festlegen, dass diese unter den Preisen der Vollsortimenter liegen und nicht höher als bei anderen Discountern sind.

Im Bereich der **Produktpolitik** kann der Discounter auf Veränderungen des Kundenverhaltens reagieren. Da die Kunden in den letzten Jahren zunehmend Bio-Produkte gekauft haben, sollte der Discounter eine größere Vielfalt an Biolebensmitteln und frischen Produkten anbieten. Außerdem kann er durch wöchentliche Sonderangebote saisonal oder auf Feste bezogen (Weihnachten, Ostern) seine Produktpalette erweitern und zeitlich begrenzen. Er kann z. B. Luxusartikel wie Hummer und Champagner verkaufen. Eine weitere Möglichkeit besteht darin, das Angebot im Non-Food-Bereich zu erweitern und technische Geräte wie z. B. eine Version der Tablet-PCs anzubieten, die aktuell eine sehr hohe Nachfrage haben.

Die **Kommunikationspolitik** sollte der Discounter so gestalten, dass er vielfältige Medien verwendet. So sollte er nicht nur auf Anzeigen in regionalen Zeitungen setzen, sondern die Möglichkeiten des Internets nutzen. Auf einer eigenen Homepage können aktuelle Waren angepriesen werden, sie kann aber auch als Plattform dienen, um direkt mit dem Kunden in Kontakt zu treten: Sei es, dass es eine Möglichkeit für Reklamationen oder eine Online-Unterstützung für den Gebrauch technischer Geräte gibt oder dass Rezeptvorschläge gemacht werden können, die mit Produkten aus dem Discounter umzusetzen sind. Ein Prominenter (Testimonial) sollte gewonnen werden, der für die Produkte Werbung macht. Für Lebensmittel bieten sich Köche oder Sportler an, die auf sehr gute Produkte viel Wert legen. Während sportlicher Großveranstaltungen, z. B. einer Fußballweltmeisterschaft, sollte der Discounter zeitlich begrenzte Anreize setzen, damit die Kunden häufiger in die Filialen kommen. So könnte der Kunde über Sammelmarken, die ab einem festgelegten Einkaufswert vergeben werden, einen bestimmten Fanartikel bekommen.

Die **Distribution** hat ihre Grundlage in einem weit verzweigten Filialnetz. Die Läden sollten verkehrsgünstig liegen und genügend Parkplätze bieten, damit auch große Einkäufe erledigt werden können. Das Ambiente der Verkaufsorte sollte freundlich gestaltet sein, damit sich die Kunden wohlfühlen. Auch hier kann das Internet ein wertvolles Instrument (im Bereich des E-Commerce) sein. Waren können über das Internet vorbestellt werden und entweder in der Filiale abholbereit zusammengestellt oder mit einem Lieferservice zum Käufer nach Hause gebracht werden. Der Lieferservice bietet sich insbesondere für sperrige Waren aus dem Sonderangebot an, die von den Kunden nicht so einfach transportiert werden können. Darüber hinaus können Kunden auch angezogen werden, indem sie mehrere Einkäufe am selben Ort erledigen können. Der Discounter sollte einen Metzger und einen Bäcker in den Laden integrieren (Shop-in-Shop-Prinzip), die eine erweiterte Auswahl an frischen Wurst- und Backwaren anbieten können.

5. *„Erläutern“ bedeutet hier, dass Sie zuerst mit der Beschreibung der Karikatur beginnen und anschließend erklären, was der Karikaturist zur Strategie der Discounter für Biolebensmittel zum Ausdruck bringen will. Beachten Sie auch die formalen Kriterien.*

Die vorliegende Karikatur von Burkhard Mohr mit dem Titel „Grenzen des Bio-Wachstums“ wurde am 10. 1. 2010 in „Sonntag Aktuell“ veröffentlicht. Ihr Thema ist der **Strategiewechsel** der Discounter im Bereich der Biolebensmittel.
In der Karikatur sind zwei Mitarbeiter eines Discounters abgebildet. Sie stehen zwischen Lebensmittelregalen und einer Palette, die mit Produkten beladen ist. In der Bildmitte füllt die Angestellte gerade ein Regal auf. Auf diesem ist ein Schild mit der Aufschrift „Bio“ angebracht. Die Frau schaut nach rechts zu dem Mitarbeiter, der ein Schild mit der Aufschrift „Billig“ in seinen Händen hält. In seiner Sprechblase steht: „Das Bio-Schild zieht nicht mehr so richtig. Wir kehren zurück zu unseren Discounterwurzeln!“ Die beiden Schilder sind ähnlich gestaltet.
Mit der Karikatur wird zum Ausdruck gebracht, dass ein Strategiewechsel bei den Discountern stattfinde. Dies wird durch die Aussage des Mitarbeiters und durch den Titel unterstrichen. Das Umsatzwachstum bei den Bio-Produkten habe seine Grenzen erreicht und damit sei die besondere Präsentation der Bio-Waren im Laden nicht mehr sinnvoll. Das Kaufverhalten der Kunden habe sich geändert. Sie würden nicht mehr einen so großen Wert auf Biolebensmittel legen, sondern eher auf billige Preise. Die Discounter hatten mit ihren Angeboten von Bio-Waren auf eine Änderung der Produktvielfalt der Konkurrenz reagiert, um Marktanteile zu gewinnen. Die Kunden würden in den Filialen aber wegen der günstigen Preise einkaufen. Um dies hervorzuheben, wird das Schild „Billig“ für das Schild „Bio“ aufgestellt. Somit ist das Verhalten der Discounter durch **betriebswirtschaftliche Ziele** begründet. Sie verfolgen keine ökologischen Ziele. Eine weitere Erklärung für diesen Strategiewechsel wäre, dass die **Konsumentensouveränität** eingeschränkt werden soll. Denn durch den bloßen Austausch der Schilder und die Suggestion von billigen Preisen ließen sich auch Produkte mit höheren Preisen an die Kunden verkaufen.

6. *Bei der letzten Aufgabe wird durch den Operator „bewerten“ von Ihnen erwartet, dass Sie das Handeln der Unternehmen beurteilen, eine persönliche Stellungnahme abgeben und die eigenen Wertmaßstäbe offenlegen.*

Unternehmen verfolgen verschiedene Ziele, die unterschiedlich zueinander in Beziehung stehen: Sie können miteinander harmonieren, in Konflikt miteinander stehen oder indifferent sein. Damit ein Unternehmen existieren kann, muss es **betriebswirtschaftliche Ziele** verfolgen. Es muss **gewinnorientiert** handeln. Im

intensiver werdenden **globalen Wettbewerb** werden die Bedingungen dafür schwieriger. Die **Ressourcen** werden knapper, die **Standortbedingungen** ändern sich und der Druck auf die **Lohnkosten** steigt. Aber das Überleben eines Unternehmens hängt auch davon ab, inwieweit es **ökologische** und **soziale Ziele** verfolgt und damit Verantwortung übernimmt. Einerseits gibt es gesetzliche Vorschriften, die eingehalten werden müssen: So wird die ökologische Verantwortung durch Art. 20a des Grundgesetzes vorgeschrieben und im Bereich der sozialen Verantwortung gibt das Grundgesetz in Art. 14 die Sozialbindung des Eigentums vor. Andererseits haben auch **Stakeholder** wie Mitarbeiter, Kunden und Lieferanten durch ihr Verhalten Einfluss auf den Erfolg eines Unternehmens. So haben z. B. viele Konsumenten die Filialen der Dogeriemarktkette Schlecker gemieden, weil das Unternehmen lange seiner sozialen Verantwortung gegenüber den Mitarbeitern nicht vollständig nachgekommen ist.
Viele Unternehmen in Deutschland erfüllen ihre **rechtlichen Verpflichtungen**. Auch im Hinblick auf ihre **soziale Verantwortung** haben viele Unternehmen in Tarifverhandlungen gemeinsam mit Gewerkschaften soziale Standards gesetzt und diese über Jahrzehnte erweitert. Trotzdem gibt es aus den vergangenen Jahren auch Negativbeispiele. Der Bereich der **Leiharbeit** wurde ausgebaut. Oft hatten Leiharbeiter schlechtere Arbeits- und Lohnbedingungen als Festangestellte. Einige Unternehmen haben Gesetzeslücken ausgenutzt und sind ihrer sozialen Verantwortung nicht ausreichend nachgekommen. Viele Stakeholder haben darin eine Gerechtigkeitslücke erkannt.
Da sich die Unternehmen durch die Globalisierung zunehmend internationalisieren, müssen sie sich auch überlegen, wie sie ihrer ökologischen und sozialen Verantwortung global gerecht werden. Einige Unternehmen orientieren sich am **Global Compact**, einem Prinzipienkatalog der Vereinten Nationen zur Unterstützung von **Corporate Social Responsibility**. Die Prinzipien umfassen die Bereiche Menschenrechte, Arbeitsbedingungen, Umweltschutz und Anti-Korruption. Doch selbst wenn sich z. B. **transnationale Konzerne** dem Global Compact unterwerfen, tauchen immer wieder Schwierigkeiten bei der Umsetzung auf. Dies geschieht etwa dadurch, dass Aufträge an Subunternehmen vergeben werden, die sich nicht an die vorgegebenen Standards halten.
Viele Unternehmen haben aber erkannt, dass sie mit ökologischer und sozialer Verantwortung **Marketing** betreiben können und sich dies positiv auf ihre betriebswirtschaftlichen Ziele auswirkt. Automobilfirmen werben damit, dass der Verbrauch ihrer Motoren niedriger wird, ein hoher Anteil der Materialien recycelt werden kann und damit Umwelt und Ressourcen geschont werden können. Die Firma Trigema wirbt mit einer ausschließlichen Produktion in Deutschland und mit der Sicherung von Arbeitsplätzen.
Aber auch hier gilt es, aufmerksam zu sein und zu erkennen, ob ein Unternehmen nur „**Greenwashing**" betreibt und eigentlich keine ökologische Verantwortung wahrnimmt. Darüber hinaus sollen Unternehmen auch sozial verantwortlich handeln, indem sie sowohl ihre Steuern bezahlen und damit dem Staat ermöglichen, seinen Aufgaben nachzukommen, als auch Gewinne sinnvoll verteilen, etwa soziale Projekte unterstützen und dadurch den Staat entlasten.

Schriftliche Abiturprüfung Wirtschaft (Baden-Württemberg) 2012
Aufgabe II: Wirtschaftliches Handeln im Sektor Ausland

Aufgaben:

1. Arbeiten Sie aus M 1 heraus, welche Veränderungen des Welthandels der Autor beschreibt. 6 VP

2. Überprüfen Sie anhand von M 2, inwieweit Lamys Aussagen über den tiefgreifenden Wandel des Welthandels zutreffen. 12 VP

3. Charakterisieren Sie anhand von M 3 die global integrierte Produktionskette einer PC-Herstellung. 6 VP

4. Erläutern Sie mögliche Gründe für die Internationalisierung von Unternehmen. 10 VP

5. Begründen Sie mit Hilfe einer modernen Außenhandelstheorie, warum die „Vorstellungswelt von Adam Smith" (M 1, Z. 17) nicht der heutigen Wirklichkeit entspricht. 10 VP

6. Beschreiben Sie Auswirkungen, die die Internationalisierung von Wertschöpfungsketten auf Staaten hat. 6 VP

7. „Made in the World" (M 1, Z. 25) kommt allen zugute!
   Beurteilen Sie diese These aus Ihrer Sicht als gegenwärtiger und zukünftiger Akteur in der Weltwirtschaft. 10 VP

   60 VP

M 1 Aus einer Rede von Pascal Lamy[1] im Welthandelsinstitut in Bern am 1. 10. 2010

Die Strukturen und das Erscheinungsbild des Welthandels haben sich im letzten Jahrzehnt tiefgreifend verändert – tiefgreifender, vermute ich, als wir bislang verstehen. […] Ein Ergebnis dieses Wandels ist die andauernde und immer noch fortschreitende Globalisierung des Handels. Nicht alle Bereiche expandieren dabei mit gleicher Geschwindigkeit […]. Ein weiteres Resultat ist die rapide Verschiebung ökonomischer Macht nach Osten und Süden, dadurch dass sich die Entwicklungsländer anschicken, die Globalisierung zu nutzen, um wirtschaftlich zum industrialisierten Westen aufzuschließen. […]

Ein drittes Resultat des Welthandels ist die Ausbreitung global integrierter Produktionsketten – letztlich handelt es sich dabei um „globale Fabriken" – durch die global operierende Unternehmen und Konzerne die unterschiedlichen Produktionsschritte ihrer Produkte jeweils auf den kosteneffizientesten Märkten erledigen lassen. In diesem Prozess spiegeln sich enge Handelsverbindungen mit Entwicklungsländern in stärkeren (Direkt-)Investitionsbeziehungen wider: Das Wachstum des Handels befeuert Investitionen, und das Wachstum der Investitionen befeuert wiederum den Handel.

Wir denken immer noch in der Vorstellungswelt von Adam Smith an einen Handel zwischen Nationen. In Wirklichkeit findet der meiste Handel heute innerhalb der Netzwerke von multinationalen Unternehmen und ihren Zulieferern statt. Und dabei geht es nicht um den Wettbewerb zwischen China und den USA, sondern um einen Wettbewerb der Wertschöpfungsketten von Nokia und Samsung. Anstelle des Labels „Made in China" sollte angesichts japanischer Mikrochips, amerikanischen Designs, eines koreanischen Displays und der in China erfolgten Endmontage auf der Rückseite eines iPhones heute besser „Made in the World" stehen.

In: Wochenschau-Verlag (Hrsg.): Globalisierung. Wochenschau Sek. II, Heft 6/2010, S. 16 f. – Übersetzung von G. Weber

Anmerkung

1 Pascal Lamy: Generaldirektor der Welthandelsorganisation (WTO)

M 2a Warenexporte ausgewählter Länder und Ländergruppen in Milliarden US-Dollar

	1980	1990	2000	2005	2009
Welt	2 035,54	3 485,65	6 448,49	10 504,58	12 419,05
Afrika	121,88	110,67	149,38	317,93	383,63
Russland	–	–	105,57	243,80	303,39
China	18,10	62,10	249,20	761,95	1 201,79
Indien	8,59	17,97	42,38	99,62	162,62
USA	225,57	393,59	781,91	907,16	1 056,75
Europa	893,47	1 649,17	2 590,70	4 302,74	4 851,32

Quelle: UNCTAD, United Nations Conference on Trade and Development 2010

M 2b Zufluss von Direktinvestitionen in ausgewählte Länder und Ländergruppen in Milliarden US-Dollar

	1980	1990	2000	2005	2009
Welt	54,08	207,70	1 401,47	985,80	1 114,19
Afrika	0,4	2,85	9,83	38,20	58,57
Russland	–	–	2,71	12,89	38,72
China	0,06	3,49	40,72	72,41	95,00
Indien	0,08	0,24	3,59	7,62	34,61
USA	16,92	48,42	314,00	104,81	129,88
Europa	21,36	104,42	724,88	509,15	378,39

Nach: UNCTAD, United Nations Conference on Trade and Development 2010

M 3 Global integrierte Produktionskette einer PC-Herstellung

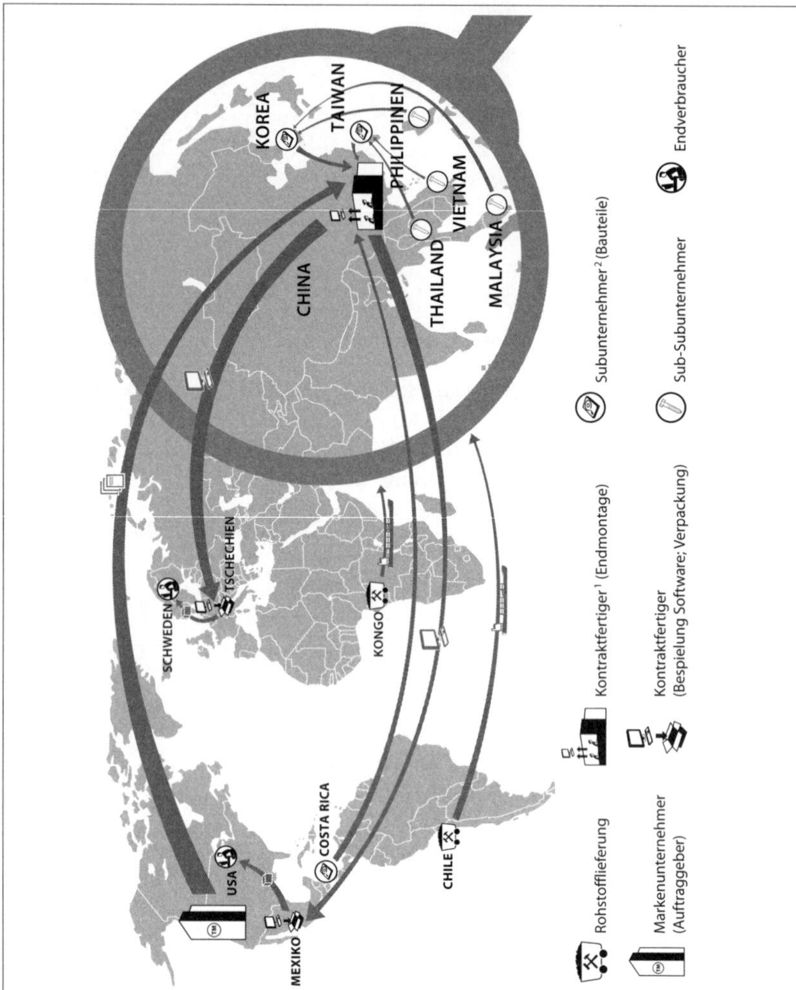

Nach: Weed[3] – Weltwirtschaft, Ökologie und Entwicklung e. V. (Hrsg.): Der Weg eines Computers – Von der globalen Produktion bis zur Verschrottung, 2. Auflage, Berlin 2011

Anmerkungen

1 Kontraktfertiger: Unternehmen mit internationalen Produktionsnetzwerken, die Fremd- oder Auftragsproduktion durchführen
2 Rechtlich selbstständige Unternehmen, die im Auftrag eines Hauptunternehmens produzieren
3 Weed: World Economy, Ecology & Development (Nichtregierungsorganisation)

Lösungsvorschlag

1. *„Herausarbeiten" heißt, Informationen aus dem gegebenen Text unter einem bestimmten Gesichtspunkt zu entnehmen – hier, welche Veränderungen des Welthandels der Autor beschreibt. Beschränken Sie sich dabei unbedingt auf die Informationen aus dem Text selbst und greifen Sie nur die Aussagen auf, die für die Aufgabenstellung von Bedeutung sind. Beginnen Sie mit einem Einleitungssatz (Wer schreibt wann und wo worüber?), verwenden Sie den Konjunktiv, wenn Sie Aussagen des Autors wiedergeben, und beachten Sie die Anforderungen des direkten Zitierens.*

   Pascal Lamy, Generaldirektor der Welthandelsorganisation, hat am 1. 10. 2010 im Welthandelsinstitut in Bern über Entwicklungen des Welthandels gesprochen. In einer Übersetzung von G. Weber ist die Rede in Heft 6/2010 im Wochenschau-Verlag erschienen.
   Lamy beschreibt als **Ergebnisse des Wandels** den fortwährenden Prozess der Globalisierung des Handels (vgl. Z. 3 f.), „die rapide Verschiebung ökonomischer Macht nach Osten und Süden" (Z. 5 f.), die Ausbreitung globaler Produktionsketten (vgl. Z. 9 f.) sowie den Wettbewerb transnationaler Unternehmen untereinander (vgl. Z. 18 ff.).
   Somit finde der Handel heutzutage nicht mehr zwischen Nationen, sondern v. a. innerhalb der **Wertschöpfungskette** „globale[r] Fabriken" (Z. 10) statt, was sich auch „in stärkeren (Direkt-)Investitionsbeziehungen" (Z. 14) zeige.

2. *Der Operator „überprüfen" verlangt hier, dass Sie die Aussagen des Autors von M 1 an den in M 2 dargestellten Sachverhalten messen und ein Ergebnis formulieren. Dazu müssen Sie zunächst das statistische Material formal analysieren (Thema, Erhebungszeitpunkt, Quelle, Darstellungsform usw.).*

   M 2a zeigt die Entwicklung der **Warenexporte** von sechs Ländern bzw. Ländergruppen sowie der Welt in Milliarden US-Dollar im Zeitraum von 1980 bis 2009 in unterschiedlichen Zeitabständen. In M 2b ist der Zufluss von **Direktinvestitionen** in dieselben Länder und Ländergruppen in denselben Jahren zu sehen. Beide Tabellen basieren auf Daten der UNCTAD von 2010.
   In M 1 spricht der Autor als erstes von der **fortschreitenden Globalisierung des Handels** (vgl. Z. 3 f.). Eine mögliche Messgröße dafür ist das globale Exportvolumen, welches sich laut M 2a von 1980 bis 2009 auf 12,4 Billionen US-Dollar versechsfachte. Allein im letzten Jahrzehnt (2000–2009) gab es eine Verdoppelung der weltweiten Warenexporte. Auch die Verzwanzigfachung des weltweiten Zuflusses an Direktinvestitionen im angegebenen Zeitraum laut M 2b ist als Beleg für die erste Aussage Lamys zu werten.
   Die „**Verschiebung ökonomischer Macht nach Osten und Süden**" (M 1, Z. 6) kann ebenfalls mithilfe beider Materialien überprüft werden. Laut M 2a konnte China seinen Export von 1980 an um das 66-Fache auf 1,2 Billionen US-Dollar steigern; Indien steigerte seinen Export um das 19-Fache. Die Werte für Russland liegen erst ab dem Jahr 2000 vor – bis 2009 verdreifachte sich Russlands Waren-

export ähnlich den afrikanischen Werten. Der Anteil dieser Länder am Weltexport lag im Jahr 1980 bei 7 %, bis ins Jahr 2009 steigerte sich dieser auf 17 %, wobei allein China einen 10-prozentigen Anteil hält. Obwohl die amerikanischen und europäischen Warenexporte „nur" um das 5-Fache gestiegen sind, macht deren Anteil am Weltexport 2009 zusammen immerhin 48 % aus. Laut M 2b weisen China, Indien, Afrika und Russland von 2000 bis 2009 im Gegensatz zu Europa und den USA dauerhaft Zuwachsraten auf. Obwohl China seinen Zufluss an Direktinvestitionen seit 1980 um das 1 583-Fache und Indien seinen um das 433-Fache steigern konnte, liegt auch hier der amerikanische und europäische Anteil an den weltweiten Direktinvestitionen bei insgesamt 46 %. Insofern muss die These von einer Verschiebung der ökonomischen Macht nach Süden und Osten relativiert werden, wenngleich Chinas Exportmacht unbestritten ist.
Die **Ausbreitung globaler Produktionsketten** und der damit zunehmende **Handel mit Entwicklungsländern** (vgl. M 1, Z. 9 ff.) lässt sich mit M 2b belegen. Der Zufluss an Direktinvestitionen steigt weltweit von 1980 bis 2000 um das 26-Fache auf einen Höchstwert von 1,4 Billionen US-Dollar. Bis 2009 sinkt dieser Wert auf 1,1 Billionen, was an den verringerten Zuflüssen der Direktinvestitionen in die USA und nach Europa liegt. China, Indien und Afrika weisen hingegen seit 1980 stetig Zuwachsraten auf.
Lamys Aussage zum **Wettbewerb transnationaler Unternehmen** untereinander (vgl. M 1, Z. 18 ff.) lässt sich anhand der Materialien nicht überprüfen. Hier müssten die (volkswirtschaftlichen) Länder- und Ländergruppendaten mit (betriebswirtschaftlichen) unternehmerischen Daten ergänzt werden.
Insgesamt bestätigt jedoch das Material die vom Generaldirektor der WTO angesprochenen Entwicklungen und Veränderungen des Welthandels.

3. *„Charakterisieren" verlangt hier, dass anhand des Materials typische Merkmale global integrierter Produktionsketten am Beispiel einer PC-Herstellung aufgezeigt werden.*

Das Schaubild M 3, herausgegeben von der Nichtregierungsorganisation Weed im Jahr 2011, zeigt die global integrierte **Produktionskette** einer PC-Herstellung.
Ein Markenunternehmen in den USA gibt den Auftrag zur Herstellung eines PCs (**Faktor Kapital**); die Rohstoffe kommen aus Chile und dem Kongo (**Faktor Boden**). Die Endmontage findet durch Kontraktfertiger in China statt, während Bau- und Kleinteile durch Subunternehmen in Costa Rica, Korea und Taiwan sowie durch Subsubunternehmen v. a. in südostasiatischen Schwellenländern (Malaysia, Thailand, Vietnam, Philippinen) produziert und von dort geliefert werden (**Faktor Arbeit**). Die anschließende Bespielung mit Software sowie die Verpackung erfolgen in Tschechien und Mexiko, von wo aus die PCs zum Kunden in Schweden bzw. in den USA geliefert werden.
In dem Schaubild wird somit die weltweite Ausdehnung der PC-Produktion über alle Kontinente mit Ausnahme Australiens deutlich, wobei die unterschiedliche Faktorausstattung der beteiligten Länder die **internationale Arbeitsteilung** bestimmt.

4. *Bei dieser Aufgabenstellung sollen die Gründe für die Internationalisierung von Unternehmen im Zusammenhang beschrieben und anschaulich mit Beispielen erklärt werden. Diese können z. B. aus der Automobil-, Textil- oder IT-Industrie stammen.*

Wenn sich Unternehmen internationalisieren, kann dies **absatz-**, **kosten-**, oder auch **beschaffungsmotivierte** Gründe haben.
So kann ein deutsches Automobilunternehmen im Ausland (z. B. USA, Russland) neue Märkte erschließen und durch Kundennähe seine Position im dortigen Wettbewerb sichern (Ersatzteil- und Wartungsservice, Informationsaustausch mit Kunden u. v. m.). Direktinvestitionen dienen dabei dem Auf- oder Ausbau von Produktionskapazitäten oder Service- und Vertriebsstätten im Ausland. Darüber hinaus kann es auch für die Vermarktung eines Produkts wichtig sein, durch Nähe zum Absatzmarkt intensivere Markt- und Kundenkenntnisse zu erlangen.
Unternehmen z. B. aus der Textilbranche haben v. a. kostenorientierte Gründe für ihre Internationalisierung: Geringere Arbeitskosten (als Summe aus Lohn- und Lohnnebenkosten) führen zur Verlagerung arbeitsintensiver Produktionsprozesse ins Ausland. Des Weiteren können geringere Steuersätze oder gesetzliche Auflagen (wie beim Umweltschutz, bei Betriebszeiten oder beim Kündigungsschutz), aber auch das Ausschalten von Wechselkursrisiken etc. eine Rolle spielen.
Beschaffungsorientierte Internationalisierungsgründe sind z. B. die Versorgung mit Rohstoffen durch eigene Produktionsstätten oder durch Beteiligungen. Somit kann die Abhängigkeit von ausländischen Lieferanten reduziert werden. Außerdem kann der Zugang zu Technologien oder zu Know-how, also qualifiziertem Fachpersonal, v. a. für IT-Unternehmen von Bedeutung sein.
Ziel aller Internationalisierungsprozesse ist die Sicherung der internationalen **Wettbewerbsfähigkeit**.

5. *Diese Aufgabe verlangt die schlüssige Darstellung einer modernen Außenhandelstheorie unter Bezugnahme auf Adam Smith. Achten Sie darauf, Adam Smiths Theorie der absoluten Kostenvorteile kurz zu beschreiben sowie deren Defizite vor dem Hintergrund der aktuellen Welthandelsstrukturen zu verdeutlichen.*

Nach **Adam Smiths** Freihandelsidee liegen die Ursachen für den internationalen Handel darin, dass Güter nachgefragt werden, die im Inland nicht produziert werden (können) und Exporte ein „Ventil“ für die nationale Überschussproduktion sind. Dies erklärt Smith mit dem Prinzip der **absoluten Kostenvorteile**. D. h., die **Produktionskosten** für ein Gut sind aus klimatischen, technischen oder organisatorischen Gründen in einem Land geringer als in einem anderen. Bei Spezialisierung der Länder auf die Produktion des jeweils kostengünstigeren Gutes könnten durch den internationalen Handel die Handelspartner von der gesteigerten Produktivität und dem effizienteren Einsatz der Produktionsfaktoren profitieren und zu einer höheren Gesamtproduktion sowie zu mehr **Wohlstand** gelangen.

Somit beruht Adam Smiths Freihandelstheorie auf dem Gedanken, dass **Arbeitsteilung** zu **Spezialisierung**, erhöhter **Effizienz** und damit letztendlich zu **Produktivitätssteigerung** führe.
Allerdings konnte Smith nicht erklären, warum Länder, die in der Produktion aller Güter einen absoluten Nachteil haben, dennoch Güter exportieren. Daher ist die Theorie der komparativen Kostenvorteile von Ricardo entwickelt worden, auf die hier jedoch nicht näher eingegangen werden soll.
Smiths Theorie entspricht nicht mehr der heutigen Wirklichkeit: Tatsächlich findet der internationale Handel nicht zwischen Staaten, sondern „innerhalb der Netzwerke von multinationalen Unternehmen und ihren Zulieferern statt" (vgl. M 1, Z. 18 ff.). Somit ist auch aus der **betrieblichen** eine **transnationale Arbeitsteilung** geworden.
Ein weiteres Kennzeichen der aktuellen Welthandelsstruktur ist der **intraindustrielle Handel:** Bei diesem handelt es sich um den internationalen Austausch von Waren desselben Produktionssektors (z. B. Import französischer und Export deutscher Autos).
Mithilfe der moderneren **Produktlebenszyklus-Theorie** des internationalen Handels von **Vernon** lässt sich der gegenwärtige Welthandel daher besser erklären. Diese liefert nicht nur eine Erklärung für das Entstehen von Exporten, sondern auch für den Einfluss des Produktlebenszyklus auf das Verhalten von Unternehmen bei Investitionen im In- und Ausland. Veränderungen der Außenhandelsstrukturen erklärt Vernon dadurch, dass verschiedene Länder in einer bestimmten Phase des Produktlebenszyklus **komparative Vorteile** besitzen. Unterschieden werden dabei die **Innovationsphase**, die **Ausreifungsphase** und die **Sättigungsphase** eines Produkts.
Die **Innovationsphase** ist kapital- und know-how-intensiv und erfolgt hauptsächlich in den hoch entwickelten Industrieländern, wo das Produkt zunächst nur auf dem Inlandsmarkt eingeführt wird. In der **Wachstums- bzw. Reifephase** des Produktlebenszyklus kann der Produktionsprozess zunehmend vereinfacht und standardisiert werden. Daher wird es möglich, die Herstellungskosten zu senken und neue Käuferschichten zu erschließen. Oft lohnt es sich bereits in dieser Phase, Teile der Produktion ins Ausland zu verlagern. Dieser Prozess setzt sich in der **Sättigungsphase** fort: Die Märkte sind gesättigt, die Technologie ist standardisiert und stellt geringe Anforderungen an die Qualifikation von Arbeitskräften. Entwicklungsländer besitzen in dieser Phase komparative Kostenvorteile. Sie produzieren über den eigenen Markt hinaus und beginnen ihrerseits zu exportieren, darunter auch in das ursprüngliche Innovationsland.
Die Produktlebenszyklus-Theorie kann somit auch den **intraindustriellen Handel** erklären: Es gibt einen wechselseitigen Ex- und Import von Produkten innerhalb der gleichen Warengruppe, die sich allerdings durch ihren Neuheitsgrad unterscheiden.
Kritisch an Vernons Theorie anzumerken bleibt allerdings, dass multinationale, also weltweit agierende Unternehmen auch neue Produkte außerhalb der Hochlohnländer produzieren lassen.

6. *Bei dieser Aufgabe sollen Sie die Auswirkungen internationaler Wertschöpfungsprozesse auf Staaten zusammenhängend und schlüssig wiedergeben.*

Global operierende Unternehmen beachten bei ihren Standortentscheidungen Faktoren wie **Lohnkosten**, **steuerliche Belastungen**, **Umweltschutzauflagen**, **Sozialstandards** oder die **Infrastruktur** eines Landes.
Da die **Global Player** als Arbeitgeber und Steuerzahler einen großen Einfluss haben, kann einerseits eine drohende Standortverlagerung ausreichen, um unternehmerische Wünsche durchzusetzen und eventuell die Nationalstaaten gegeneinander auszuspielen. Dies kann zu einem staatlichen **Standortwettbewerb** führen, indem z. B. die Steuer- und Abgabenbelastungen für Unternehmen gesenkt werden. Hiermit verliert der Staat an **wirtschafts- und sozialpolitischen Gestaltungsmöglichkeiten:** Er reagiert nur noch, statt zu agieren, da die geringeren Unternehmenssteuern und -abgaben zu sinkenden staatlichen Einnahmen führen, was steigende Soziallasten und Staatsverschuldung mit sich bringen kann.
Andererseits kann die Internationalisierung von Wertschöpfungsketten eine **Initialzündung** für die heimische Wirtschaft sein. So schaffen Direktinvestitionen Arbeitsplätze, bringen Kapital und Know-how und generieren damit Wirtschaftswachstum, wovon der Staat durch steigende Konsum- und Verbrauchssteuereinnahmen profitiert.

7. *„Beurteilen" verlangt hier, die These aus Ihrer Perspektive eines gegenwärtigen und zukünftigen Akteurs in der Weltwirtschaft auf ihre Stichhaltigkeit hin zu prüfen und die Beurteilungskriterien offenzulegen. Hierbei können Sie verschiedene Akteursperspektiven berücksichtigen (z. B. Konsument, Arbeitnehmer, Staatsbürger). Achten Sie dabei – neben der sachlichen Richtigkeit – auf den Grad der Vernetzung zwischen den eingenommenen Perspektiven.*

„Made in the World kommt allen zugute!" – Tatsächlich? Die Beurteilung dieser These ist abhängig von den eingenommenen Perspektiven und muss daher differenziert beantwortet werden.
Als gegenwärtiger **Konsument** in einem Industrieland profitiere ich auf der einen Seite von den global integrierten Produktionsketten transnationaler Konzerne durch ein größeres, vielfältigeres **Warenangebot** sowie durch niedrigere **Preise**. Auf der anderen Seite ist die **Markttransparenz** für mich eingeschränkt, da „angesichts japanischer Mikrochips, amerikanischen Designs, eines koreanischen Displays […]" (M 1, Z. 22 f.) das Label oder Gütesiegel „Made in …" nicht mehr nachvollziehbar ist. Dazu kommt, dass der internationale Standortwettbewerb zu einem Abbau der **Umweltstandards** führen kann. Somit kann es sein, dass ich – obgleich ich ein ökologisch bewusster Konsument bin – unwissend Produkte erwerbe, deren Herstellung unter gesundheits- und umweltpolitischen Aspekten fragwürdig ist.
Als **Abiturient** und zukünftiger **Arbeitnehmer** sehe ich bei den multinationalen Unternehmen eine berufliche Perspektive, v. a. wenn ich bereit bin, einige Jahre oder auch für immer ins Ausland zu gehen. Die globalisierte Wertschöpfungskette hat dazu geführt, dass in Sektoren mit hoher Arbeitsintensität Arbeitsplätze abge-

baut werden. Insofern sind fachliche Qualifikationen durch ein entsprechendes Studium, gute Sprachkenntnisse sowie interkulturelle Kompetenzen wichtig, um **Arbeitsplatzsicherheit** zu gewährleisten. Bedenkt man die Folgen eines staatlichen Standortwettbewerbs, muss ich mich möglicherweise jedoch auf eine geringere **soziale Absicherung** bzw. **mehr Eigenverantwortung** einstellen. Damit einher gehen eventuell Steuererhöhungen, die mich als zukünftigen **Steuerzahler** betreffen.

Die internationale Arbeitsteilung führt zu Abhängigkeiten und lässt mich als gegenwärtigen und zukünftigen **Staatsbürger** letztlich in relativer **Stabilität** und in **Frieden** leben. Andererseits: Gerät ein Land in eine Krise, kann sich diese aufgrund der starken **internationalen Verflechtung** schnell global ausbreiten.

Letztendlich überwiegt meiner Meinung nach der **Nutzen** globaler Wertschöpfungsketten (großes Warenangebot, niedrigere Preise, vielfältige Berufsaussichten, politische Stabilität) gegenüber den **Kosten** (fehlende Markttransparenz, Arbeitsplatzunsicherheit, steigende Steuer- und Sozialabgaben).

„Made in the World“ kommt mir gegenwärtig v. a. als **Konsument** eines Industriestaates und als zukünftigem hochqualifizierten **Arbeitnehmer** zugute.

(Bitte blättern Sie um)

Abi in der Tasche – und dann?

Im Studi-Kompass werden die unterschiedlichen Fächergruppen genau unter die Lupe genommen: Egal ob Rechts-, Sprach-, Kultur-, Medien- oder Sozialwissenschaften. Hier erfahren Sie alles über Ihr Wunschstudium und Ihre Traum-Hochschule!

Und wenn Sie noch ganz unentschlossen sind, steht Ihnen unser **Online-SelfAssessment** zur Studienorientierung auf der STARK-Website zur Verfügung, bei dem Sie Ihre Interessen testen können und Ihre Tendenzen zu bestimmten Fächergruppen aufgezeigt werden. In der Broschüre **„So finde ich das passende Studienfach!“** wird erläutert, wie das genau funktioniert. Und mit dem Aktivierungs-Code, der mit dem Buch erworben wird, erhalten Sie direkten Zugang zum Online-SelfAssessment.

Starten Sie durch –
Mit STARK ins Studium!

Wirtschaftswissenschaften und Wirtschaftsingenieurwesen, Ausgabe Nord	Best.-Nr. 20088A
Wirtschaftswissenschaften und Wirtschaftsingenieurwesen, Ausgabe Süd	Best.-Nr. 20088B
Ingenieurwissenschaften, Ausgabe Nord	Best.-Nr. 20010A
Ingenieurwissenschaften, Ausgabe Süd	Best.-Nr. 20010B
Psychologie und Pädagogik	Best.-Nr. 20094
Biologie, Chemie, Pharmazie	Best.-Nr. 20073
Mathematik und Physik, Ausgabe Nord	Best.-Nr. 20030A
Mathematik und Physik, Ausgabe Süd	Best.-Nr. 20030B
Rechtswissenschaften, Ausgabe Nord	Best.-Nr. 20085A
Rechtswissenschaften, Ausgabe Süd	Best.-Nr. 20085B
Sprach- und Literaturwissenschaften	Best.-Nr. 20040
Kulturwissenschaften	Best.-Nr. 20076
Politik- und Sozialwissenschaften	Best.-Nr. 20020
Medien, Ethnologie und Journalistik	Best.-Nr. 20080
„So finde ich das passende Studienfach!“ Leitfaden zum Online-SelfAssessment inkl. Aktivierungs-Code	Best.-Nr. 20000
Aktivierungs-Code zum Online-SelfAssessment	Best.-Nr. 20000C

22-VM8

Bestellungen bitte direkt an:

STARK Verlagsgesellschaft mbH & Co. KG · Postfach 1852 · 85318 Freising
Tel. 0180 3 179000* · Fax 0180 3 179001* · www.stark-verlag.de · info@stark-verlag.de
*9 Cent pro Min. aus dem deutschen Festnetz, Mobilfunk bis 42 Cent pro Min.
Aus dem Mobilfunknetz wählen Sie die Festnetznummer: 08167 9573-0

Lernen • Wissen • Zukunft
STARK